가짜뉴스를 다루는 법

언론중재의 새로운 시선

이 책은 방일영문화재단의 지원을 받아 저술·출판되었습니다.

가짜뉴스를 다루는 법

언론중재의 새로운 시선

저자 **조준원**

가짜뉴스를 다루는 법

언론중재의 새로운 시선

지은이　조준원
펴낸이　김지연

초판 1쇄 펴낸 날　2024년 2월 28일

(주)도서출판 지금
출판 등록 제319-2011-41호
06924　서울특별시 동작구 장승배기로 128, 305호(노량진동, 동창빌딩)
전화 (02)814-0022　FAX (02)872-1656
홈페이지 www.papergold.net
ISBN 979-11-6018-379-5 93320

본서는 (주)도서출판 지금이 저작권자와 계약하여 발행했습니다.
본사의 서면 허락 없이 이 책의 내용의 일부 또는 전부를 무단 인용·전재·복제하면 저작권 침해로서 5년 이하의 징역 또는 5천만원 이하의 벌금에 처하거나 이를 병과할 수 있습니다.

• 책값은 책표지에 표시되어 있습니다.

● 일러두기

- 이 책은 국립국어원 표기법을 준수했습니다.
- 외국 인명이나 지명, 작품명은 될 수 있는 한 국립국어원의 외래어 표기법을 따르되, 굳어진 용례는 관행을 따라 표기했습니다.
- 출판 지침은 〈한국언론학보 논문 작성 규정〉을 준수했습니다.

추천의 글

이민규
전 한국언론학회장 · 중앙대 미디어커뮤니케이션학부 교수

　이 책은 언론중재위원회에서 30년을 헌신한 저자가 언론자유와 국민의 인격권을 보호하는 헌법적 가치의 조화로운 균형을 고민하면서 그동안의 경험을 토대로 언론중재제도를 핵심적으로 집대성한 명저(名著)이다. 세계에서 유일무이한 "대체적 분쟁해결 Alternative Dispute Resolution 제도"인 언론중재제도에 대해 내부자의 시선에서 사회적으로 논란이 커지고 있는 가짜뉴스에 대한 진솔한 진단으로 시작하여 언론조정신청 톺아보기 그리고 언론보도로 인한 손해배상에 대한 실태와 전망으로 마무리하고 있다.

　이 책은 그간 쉽게 접근하기 힘들었던 언론중재제도의 깊은 속살을 상세하게 살펴볼 수 있는 친절한 안내서이자 깊은 정책 제안서이다. 가짜뉴스, 추후보도청구, 전략적 봉쇄 소송, 징벌적 손해배상, 과도한 손해배상청구 등 언론자유의 폭을 넓히면서도 인격권 보호의 실질적인 개선 방안을 찾을 수 있는 여러 정책을 다각적이며 날카롭고 깊이 있는 시각으로 제안하고 있기에 언론정책 전문가, 학자, 입법부, 정부 관계자들이 소중하게 참고해야 할 필독서라 하겠다. 징벌적 손해배상제 도입과 관련한 명쾌한 해석 등을 통해 언론조정신청을 시작한 이용자 시각에서 조정신청의 배경과 실익에 대해 안내하고 있어 일반 시민들도 참고할 만한 내용이 많이 담겨 있다. 풍부한 실제 사례를 통해 언론중재 현장에 대한 이해는 물론 후학들에게 많은 연구 자료를 제공해 주고 있어 언론중재를 준비하는 사람들은 반드시 참고해야 할 저서이다.

김상우
전 JTBC 대외협력본부장·차병원·바이오그룹 홍보본부장

한 권의 책이 서가 상단을 차지하고 있다. 몇 번을 이사했는데도 같은 자리다. 조준원의 『언론소송과 판결 읽기』다. 2005년 출간 당시 나는 대학원에서 언론법제를 공부하고 있었다. 언론중재제도를 이해하고 연구하는 데 이 책은 나침반 역할을 했다. 언론소송의 판결문에 숨어 있는 법리, 쟁점, 의미를 일목요연하게 보여 준다. 내가 논문을 쓸 때마다 참고문헌에서 이 책을 빠뜨리지 못하는 이유다.

그는 생각이 깊다. 목소리가 나지막하지만 힘이 실려 있다. 언론의 '자유'와 '책임'이 균형 있게 날갯짓해야 한다고 강조한다. 이번에 그는 30년 동안 언론중재위원회에 재직하면서 보고 느낀 것을 담아 책으로 내놓았다. 언론중재·조정 현장의 역사이자 기록이다. 그의 목소리가 멀리, 오랫동안 퍼져 나가길 기대한다.

왕미양
한국여성변호사회 회장 · 변호사

"언론정책, 언론법제의 지향점을 제시한 책!"

먼저 언론중재위원회 사무총장으로 눈코 뜰 새 없이 바쁜 와중에 이 책을 썼다는 사실에 존경을 표합니다.

이 책은 가짜뉴스에 대한 바람직한 대응방안, 디지털 미디어 환경에서 최적화된 구제 수단으로 열람차단청구권의 제도화, 시사 유튜브 채널을 언론중재법상 인터넷신문으로 간주하여 "피해구제" 시각에서 언론조정 대상으로 편입, 범죄사건보도와 관련하여 확정판결 전 하급심 판결 내용도 추후보도 가능하도록 확대, 징벌적 손해배상보다는 전체적인 손해배상액 현실화가 더욱 시급하다는 등의 현실감 있는 언론정책, 언론법제 제안을 담았습니다.

이 책에 담긴 많은 제안들은 언론중재위원회에서 30년 가까이 재직하면서 레거시 미디어의 영역을 잠식해가는 디지털 미디어 시대의 언론피해구제 방안 등에 대한 그동안의 생각을 정리한 현장 실무가의 고퀄리티 제안이라는 점에 주목하여, 입법부와 정부 관계자들에 의해 즉시 실행으로 옮겨지기를 기대합니다.

장지원
국회 이사관 · 법학박사

오늘날은 정보통신기술의 발달과 언론환경의 변화로 개인 누구나 가짜뉴스를 생산하고 전파할 수 있는 디지털 미디어 시대이다. 이제는 사실상 신체의 일부가 되어 버린 스마트폰을 통해 시간과 공간의 제약 없이 자신도 모르게 가짜뉴스를 소비하고 있는 시대이기도 하다. 어쩌면 우리는 거짓이 진실을 압도하는 가짜뉴스의 시대에 살고 있는지도 모른다.

그런데도, 저자가 말하듯이 정작 우리는 가짜뉴스라는 실체에는 관심이 없고 그 프레임에만 갇혀 있는 실정이다. 나와 다르거나 불편한 주장은 가짜뉴스로 치부되어 버린다. 심지어 객관적인 사실도 마찬가지이다. 이에 저자는 "언론의 영역에서 나쁜 뉴스나 불량 뉴스는 있을지언정 가짜뉴스는 없다"고 단언하면서, 글을 시작하고 있다. 언론보도를 가짜뉴스로 규정하는 순간 언론의 순기능은 사라지고 가짜뉴스라는 늪에 빠져버리고 말기 때문이다. 저자가 가짜뉴스의 시대에 언론중재가 나아갈 방향을 가짜뉴스와 언론의 범주를 명확히 하고 바로 세우는 출발선부터 시작하는 이유이다. 민주주의를 지탱하는 핵심가치인 언론의 자유가 가짜뉴스라는 덫에 걸려서는 안 된다는 저자의 통찰이 날카롭다.

언론중재위원회에서 30년 가까이 재직한 저자는 그 마지막 직위인 사무총장으로서 소임을 마치면서, '언론중재의 새로운 시선'이라는 부제하에, 『가짜뉴스를 다루는 법』이라는 이 책을 세상에 내놓았다. 언론의 자유와 책임을 위해 헌신한 인생 제1막의 여정을 이 책과 함께 마무리할 정도로 저자의 치열한 고민과 해법이 고스란히 담겨 있다. 그러기에, 독자 여러분의 일독을 감히 제안드린다.

들어가는 말

**하나의 유령이 세상을 배회하고 있다.
가짜뉴스라는 유령이.**

첫째, 1848년 발표된 유명한 고전(古典) ≪공산당 선언≫의 첫머리가 떠오른다. 170여 년 전 공산주의라는 유령이 유럽을 거닐고 있었다면 지금은 가짜뉴스라는 유령이 세상을 뒤덮고 있다. 한 세기를 관통했던 철학사조와 감히 견줄 수 없겠지만 파급력만을 놓고 본다면 근래 국제적인 신드롬으로 부상한 가짜뉴스를 대체할 수 있는 그 무엇도 쉽게 떠오르지 않는다.

지난 10년은 가짜뉴스의 시대였다. 가짜뉴스는 소셜네트워크서비스SNS 등 디지털 미디어 플랫폼을 숙주 삼아 아메리카에서 유럽, 아시아 지구촌 곳곳을 유령처럼 누비고 있다. 이것은 신처럼 사회 모든 영역에 막대한 영향을 미쳤다. 가짜뉴스는 민주주의와 자유를 교란하고, 선거 등 민주주의 시스템을 위협하는 존재로 지목된다. 가짜뉴스 추방은 인권과 민주주의를 지키는 일이 되었다. 한·미·일 안보실장들이 모여 군사안보뿐만 아니라 가짜뉴스 대응도 협의하는 세상이다. 가짜뉴스가 이념적 색채를 띠면서 먼 옛날 유럽을 떠돌던 공산주의와 묘하게 닮아 있다.

이념이 세상을 둘로 가르듯 가짜뉴스도 세상을 가른다. 한때는 전 세계가 공산주의를 따르는 진영과 반대하는 진영으로 나뉘어 대립했듯이 가짜뉴스에 대한 태도는 정치적 진영을 구분한다. ≪공산당 선언≫의 두 번째 문장은 "옛 유럽의 모든 세력들이, 교황과 차르tsar, 프랑스 급진파와 독일 비밀경찰이 유령을 잡으려고 신성동맹을 맺었다"는 내용이다. 가짜뉴스를 잡기 위해 정치집단과 시민단체 등 제휴할 수 있는 모든 세력이 연대하는 모양새를 보면 공산당 선언 당시 사회 모습이 데자뷔deja vu로 돌아온 듯하다.

자유주의 세력이 공산주의와 전쟁을 벌이듯 가짜뉴스와 전쟁을 선포한다. 공산주의자 때려잡자는 반공 표어 자리에는 이제 가짜뉴스 때려잡자는 선동이 자리잡았다. 가짜뉴스는 정치적 수사로 진화하였고 이념으로 승화되었다. 정치적 적을 제거하는 데 공산주의자의 허울을 뒤집어씌우는 매카시즘McCarthyism만 한 것이 없었던 시절처럼 지금은 가짜뉴스라 선동하고 가짜뉴스라 터부시하는 것보다 나은 무기가 없다. 사상은 실체가 없고 공산주의자라는 프레임만 도구로 활용했듯 가짜뉴스 실체는 관심 없고 그 프레임만 활용하는 것도 그러하다. 사상적 지향과 무관하게 빨갱이라는 좌표만이 중요했던 것처럼 도구적 활용의 가치만이 남아있는 모습도 유사하다.

둘째, 가짜뉴스는 악마화되었고 한편으로는 신격화되었다. 가짜뉴스가 넘보지 못하는 영역은 없다. 못마땅한 주장은 물론 이성적 반박이나 과학적 증거도 가짜뉴스의 프레임만 씌우면 쉽게 무너져 버리고 만다. 나를 불편하게 하는 주장은 가짜뉴스로 치부하면 간단히 만사해결이다. 현대사회의 만능 코드, 가짜뉴스 프레임은 더할 나위 없는 훌륭한 도구이다. 정부 비판 보도는 가짜뉴스라는 낙인을 찍어 여론을 호도하고, 마녀사냥에 가짜뉴스라는 프레임이 동원된다.

　정보가 차고 넘치는 정보의 홍수 시대에 미디어 이용자는 정보 수용의 판별능력을 요구한다. 가짜뉴스의 횡행은 정보의 진위를 따지도록 한다. 〈가짜뉴스〉, 굉장히 선정적인 단어이다. 오보, 잘못된 기사, 허위보도 등이 가지는 어감보다 직선적이고 직관적으로 와 닿는다. 가짜뉴스 프레임을 활용하려는 정치세력에게는 놓치기 싫은 단어이다. 하지만 가짜뉴스의 대척점에 있는 표현은 〈진짜뉴스〉가 아니다. 진짜와 가짜로 대별하려는 것이 아니기 때문이다. 진짜와 가짜를 구별만 하면 된다면 세상은 그리 복잡하지 않을 것이다. 그렇지만 우리는 가짜뉴스 감별사가 필요하지 않다. 왜냐하면 가짜뉴스는 없기 때문이다. 나쁜 기사, 불량 기사는 있을 수 있어도 단언컨대 언론의 영역에서 〈가짜뉴스〉는 없다. 정부를 비판하는 언론보도는 가짜뉴스가 아니다. 대통령의 심기를 거스르는 기사도 가짜뉴스가 될 수 없다. 유력 정치인이나 대기업이 불편한 뉴스를 가짜뉴스라 지칭해서도 안 된다. 팩트에 벗어났다는 이유로 오보를, 가짜뉴스로 둔갑시켜도 곤란하다. 심지어 언론보도의 공익적 목적에서 다소 벗어난 보도라 할지라도 가짜뉴스라는 프레임을 씌우는 것만은 신중해야 한다. 가짜뉴스는 알맹이 없는 껍데기, 유령에 불과할 뿐이다.

　셋째, 역설적이게도 가짜뉴스를 다루는 법은 언론중재에도, 언론관계법 어디에도 없다. 엄밀히 보면 가짜뉴스는 언론보도가 아니기 때문이다. 가짜뉴스를 다루는 지점은 언론 영역 밖에서 찾아야 한다. 「언론중재 및 피해구제 등에 관한 법률」('언론중재법'), 「신문 등의 진흥에 관한 법률」, 「방송법」을 비롯한 언론관계법 조항을 고치거나 억지로 적용하려 애쓰지 말 것을 주문한다. 가짜뉴스는 언론을 사칭하는, 언론의 외양을 본뜬 거짓정보이다. 언론이 생산한 뉴스는 그 자체로 가짜뉴스에서 벗어난다. 가짜뉴스에 대한 사회적 개념의 궤로부터 일탈을 경계한다. 언론이 터무니없는 정보를 의도를 가지고 퍼뜨린 경우에도 이는 가짜뉴스가 아니다. 언론의 공익성을 저버린 함량 미달의 나쁜 뉴스이고, 터무니없는 오보로 평할 수 있어도 이를 가짜뉴스로 칭하는 순간 우리는 가짜뉴스 프레임에 갇히고 만다.

　가짜뉴스 프레임으로 언론을 통제하려는 시도가 한때는 언론개혁의 이름으로, 때로는 자유민주주의의 수호라는 포장하에 숨겨져 왔다. 특히 징벌적 손해배상제는 가짜뉴스를 잡는 가장 유용한 도구로 제시되었다. 쉽게 버릴 수 없는 치명적 매력을 지닌 카드였던 것이다. 현저히 품질이 떨어지는 나쁜 뉴스는 그에 합당하는 죗값을 치르도록 하면 된다. 허위사실로 비방의 목적이 있다고 인정되는 공익성이 부정된 보도는 적어도 다른 일반적인 명예훼손소송에서 산정하는 손해배상보다 더 큰 책임을 지도록 법원의 관행을 개선해야 한다. 보통의 상식을 가진 시민이 느끼는 법원의 위자료 산정액은 지나치게 낮다. 가짜뉴스라 비난해도 용인될 수준의 악의적인 보도뿐만 아니라 일반적인 언론소송에서도 대법원이 마련한 〈불법행위 유형별 적정한 위자료 산정방안〉의 기준을 엄격하게 적용한다면 징벌적 손해배상과 관련한 반복된 논쟁을 피할 수 있을 것이다.

넷째, 언론중재법의 목적은 "실효성 있는 구제제도를 확립함으로써 언론의 자유와 공적 책임을 조화함"에 있다. 따라서 언론중재법과 언론조정제도를 운용하는 언론중재위원회가 언론자유와 책임에 관한 사회적 논의의 중심에 놓이는 일은 자연스럽다. 하지만 정치적 입장에 따라, 정확히는 정치적 위치에 따라 언론중재제도는 때로는 보완되고 강화해야 하는 제도로 평가되고, 때로는 언론자유를 침해할 소지가 있는 위험한 제도로 평가절하되기도 한다. 언론중재법과 관련한 이슈를 어떻게 바라보는가는 정치적 입장을 가늠할 수 있는 유력한 기준이 되기도 한다.

우리나라는 세계에서 유일하게 법적 효력을 지닌 언론분쟁조정제도를 운용하고 있는 국가이다. 언론중재위원회는 법원의 소송 절차 이전에 언론보도로 인한 제반 분쟁을 신속하고 간이한 절차를 통해 해결하는 제도적 장점을 지녔다. 그럼에도 불구하고 언론조정제도에 대한 평가는 언론계나 정치권의 시각과 이해에 따라 그 평가가 좌우되었다. 이 제도가 우리 사회에서 가지는 의미를 진단하고 디지털 미디어 시대의 언론피해구제 제도와 제도 운용이 어떻게 개선되어야 하는지, 제도와 기관을 아우르며 종합적으로 제시하는 첫 시도가 될 것이다.

다섯째, 언론조정신청은 평범한 언론보도 피해자가 취할 수 있는 가장 쉽고 편한 방법일 뿐이지만 누구에게는 정치적 의사 표현과 행동으로 변질되기도 한다. 언론조정신청 그 자체만으로도 정치적 수사로 포장하며, 온갖 정치적 해석을 가하는 행동은 생소한 일이 아니다.

언론보도로 인한 법적 분쟁으로 인한 언론조정신청의 사회적·정치적·경제적 의미를 언론보도 생산자와 소비자 시각, 언론조정에 대한 양 당사자의 기대, 언론조정신청에 대한 언론계의 인식과 태도, 제도 운용의 경제적 효과 등 다각도로 분석, 그 사회적 함의에 대하여 짚어 보았다. 언론조정신청은 기본적으로 언론사가 생산한 언론보도의 상품성에 대한 문제 제기이다. 콘텐츠의 내용과 형식에 불만을 제기한 상황이다. 보도 피해자들이 다양한 불만제기 통로 가운데 언론조정신청을 택하게 된 배경을 제도 운용자나 생산자(언론사) 중심의 시각에서 벗어나 이용자의 시각에서 조정신청의 배경과 실익을 살펴본다. 특히 적극적 제도 이용자들의 언론조정신청 현황과 결과를 통해 콘텐츠 생산자와 전달자에 대한 관점의 변화까지도 이끌어낼 수 있을 것이다.

정치적 의미는 언론계와 정치권에서 언론조정신청을 바라보는 시각과 입장의 변천을 통해 언론조정에 대한 사회 전반의 지배적 분위기가 어떻게 변화하고 있는지 고찰한다. 언론조정신청은 미디어 사회의 변화를 어느 정도 반영하지 않을 수 없으며 사회 구성원의 인식과 평가도 기반하고 있다고 보기 때문이다.

사회적 갈등으로 인한 분쟁 건수가 해마다 증가하고 있고 언론보도로 인한 분쟁도 그 궤를 같이하고 있다. 언론조정제도 운용의 경제적 효과가 어느 정도인지 가늠해본다.

여섯째, 언론 생태계는 끊임없이 그리고 빠르게 변화하고 있다. 매체 간 융합은 언론의 경계를 무디게 하고 미디어 활동의 문턱은 그 의미가 없을 정도로 낮아졌다. 레거시 미디어의 영역을 빠르게 잠식해가는 인터넷 미디어의 영향력은 그 세기를 예측할 수 없을 정도로 커지고 있다. 반면 인터넷 미디어가 생산하는 콘텐츠의 질적 저하는 사회 각계의 우려를 불러일으키고 있다. 충분한 자질을 갖추지 못한 기자가 대중을 현혹하고 클릭 수에 매몰된 나머지 출처 불명의 SNS나 유튜브 정보를 가감 없이 전파하여 가짜뉴스에 편승하기도 한다. 이는 수치로도 증명된다. 언론중재신청 사건의 70% 이상은 인터넷 기반 미디어를 대상으로 한 것이며, 언론중재위원회가 결정한 시정권고의 절대다수가 인터넷신문에 집중되고 있다. 언론피해를 유발하는 미디어가 인터넷 매체에 집중되고 있음에도 불구하고 피해구제는 신문과 방송 등 레거시 미디어만을 염두에 둔 제도에 기반하고 있는 현실이다. 디지털 미디어 생태계에 적합한 새로운 구제 방안을 고민해야 하는 이유이다.

일곱째, 언론중재위원회에서 30년 가까이 재직하며 언론자유의 확장과 위축의 반복된 과정을 지켜보았다. 언론중재위원회의 존재 가치를 어디서 찾아야 하는지 고민하고 켜켜이 쌓아두었던 정책 제안의 보따리를 풀었다. "언론자유와 책임"에 대한 균형 잡힌 시각을 흩트리지 않으며, 제도 운용의 사회적 가치를 높일 수 있는 안을 찾고자 했다. 이 책의 시선이 가짜뉴스나 징벌적 손해배상 등 뜨거운 화두를 냉철하게 바라볼 기회를 제공하기를 기대한다. 또한 언론조정제도의 사회적 가치에 대해 작은 울림과 공감을 주기를 희망한다.

이제 떠나야 할 때이다. 제법 길었던 여정을 마무리할 즈음 언론중재위원회 구성원으로 있으면서 가졌던 여러 짧은 생각들을 정리할 기회를 가진 것에 감사한다. 어스름한 새벽마다 이어지지 않는 사고의 단편들을 엮어내기 쉽지는 않았다. 욕심이지만 행간 곳곳에 있는 고민의 흔적이 전달되었으면 한다. 내 삶의 여정에 든든한 길동무가 되어준 아내 時雨 정순용, 두 딸 주현, 정현에게 이 책을 가장 먼저 전하고 싶다. 위원회 이석형 위원장님과 사무처 동료들에게 감사의 마음을 전한다. 특히 기꺼이 첫 독자를 자청해 준 최명진 님, 임미숙 님을 비롯, 부침 속에서도 한결같이 곁을 내준 후배들에게 고마운 마음을 표현할 길이 없다. 부족한 글에 감당하기 버거운 과분한 찬사를 전해주신 이민규 교수님, 김상우 본부장님, 왕미양 변호사님, 장지원 이사관님과, 거친 원고를 잘 다듬어 주신 도서출판 지금의 김지연 대표님께도 감사의 마음을 전하고 싶다.

2024년 2월
광화문 프레스센터에서 조준원 씀

이 책에서 담은 정책 제안들

1 가짜뉴스에 대한 바람직한 대응
- 가짜뉴스의 범주에 언론보도를 제외하고, 언론관계법이 아닌 정보통신망법으로 규율
- 정보통신망법의 정보 정의를 신설하되, 언론보도 제외
- 정보통신망법상 임시조치를 언론보도에 적용하려는 시도 매우 부적절
- 공익성을 상실한 보도는 징벌적 수준으로 손해배상액 산정

2 대법원이 인정한 기사삭제청구권에 근거한 열람차단청구권의 제도화 시급
- 일방의 주장에 의한 사전금지 조치가 아니며
- 정보통신망법상 임시조치와 전혀 달라
- 디지털 미디어 환경에 최적화한 구제 수단

3 시사 유튜브 채널, 규제 대상이 아닌 '피해 구제' 시각에서 언론조정 편입이 우선
- 언론중재법상 인터넷신문으로 간주하고 조정대상에 편입

4 정정보도문의 주목도를 높이는 방법
- 원 기사제목과 동일한 크기의 정정보도문 기사제목 유도, 방송매체는 '방송' 자체에 집중
- 해당 기사와 관련 다툼이 있다는 사실을 알리는 표시보다는 정정보도 등이 이뤄진 사실을 인터넷 기사제목에 표시하는 것이 효율적

5 범죄사건보도에 특화된 추후보도, 영역 확대
- 확정판결 전 하급심 판결 내용도 추후보도 가능하도록 제도 운용
- 잘못된 행정처분도 추후보도 가능하도록 법 개정

6 **시정권고제도 개선 방안**
- 허위사실을 단정적으로 보도하여 독자들의 혼란을 야기한 가짜뉴스라 비난받을 만한 보도는 적극 시정권고
- 시정권고 심의 대상 보도 시한 규정
- 인터넷뉴스서비스(포털과 방송사닷컴), 언론사 유튜브 계정도 시정권고 심의 대상에 포함

7 **심의만으로 정정보도도 명할 수 있는 선거보도 심의체계 전환**
- 선거보도에 대한 특칙 조항을 언론중재법에 규정하고, 선거보도 피해구제 창구는 언론중재위원회로 일원화
- 기존의 선거보도심의기구는 심의 기능에 집중

8 **언론조정 신청 시 과도한 손해배상청구**
- 조정과정의 손해배상청구는 법원의 소액심판청구와 같이 3,000만 원으로 제한

9 **징벌적 손해배상제 논란, 법원의 언론소송 손해배상산정액 현실화가 관건**
- 법원이 마련한 손해배상 산정기준을 적극 반영하는 사법정책 실현
- 법원이 마련한 산정기준만 제대로 운용한다면 도입 필요성 크지 않아
- 극히 일부 보도에 대한 징벌적 손해배상보다는 전체적인 손해배상액 현실화가 더욱 시급

10 **정부·공직자, 대기업의 전략적 봉쇄 소송 대처 방안**
- 소송 제기 전 반드시 언론중재위원회의 조정을 거치도록 필요적 전치주의 도입

11 **정부·지방자치단체의 언론조정 결과 활용의 유의점**
- 조정신청 자체나 조정성립(합의)을 언론지원기준의 감점 요인으로 활용하는 것 매우 부적절

차례

추천의 글

들어가는 말

이 책에서 담은 정책 제안들

Part 01
디지털 미디어 시대의 가짜뉴스와 언론중재

Chapter 01
말만 많은 가짜뉴스, 공허한 논란 속 그 해법은   24

Chapter 02
인터넷 미디어 특성을 반영한 최적의 구제 방안, 열람차단청구권   41

Chapter 03
시사 유튜브 채널의 언론조정대상 편입 방안   60

Chapter 04
쥐꼬리만 한 정정보도, 주목도 높일 수 없나   73

Chapter 05
잘못된 행정처분 보도, 구제받을 길은   87

Chapter 06
권고적 효력에 그치는 시정권고, 하나 마나 한가   97

Chapter 07
일관성도, 효율성도 없는 선거보도 관련 공직선거법 규정   109

Part 02
언론조정신청에 담긴 함의

Chapter 01
언론조정신청의 정치적 함의: 언론조정신청 데이터는 언론자유 측정의 바로미터?   124

Chapter 02
언론분쟁 조정의 사회적 함의: 뉴스 생산자와 소비자 간 분쟁의 시작   132

Chapter 03
언론조정의 경제적 함의: 조정제도의 경제적 가치 측정   144

Chapter 04
양면적 성격을 지닌 언론조정결과와 통계 바로 읽기   156

Chapter 05
언론사 평가에 활용되는 언론중재위원회 조정 및 심의 결과   169

Chapter 06
언론중재위원회 운영재원 논란의 시작과 끝, 위원회 독립성 제고   177

Part 03
언론보도로 인한 손해배상, 현실과 과제

Chapter 01
언론조정과정에서의 과도한 손해배상청구, 개선방안   188

Chapter 02
시대를 거스르는 언론소송 손해배상액   195

Chapter 03
언론보도로 인한 손해배상은 왜 이리 적은가   205

Chapter 04
언론을 겁박하는 전략적 봉쇄 소송을 막을 방안은   221

Chapter 05
반복되는 징벌적 손해배상제 도입 논란   231

자 료

참고문헌

Part 01

디지털 미디어 시대의 가짜뉴스와 언론중재

Chapter 01 말만 많은 가짜뉴스, 공허한 논란 속 그 해법은
Chapter 02 인터넷 미디어 특성을 반영한 최적의 구제 방안, 열람차단청구권
Chapter 03 시사 유튜브 채널의 언론조정대상 편입 방안
Chapter 04 쥐꼬리만 한 정정보도, 주목도 높일 수 없나
Chapter 05 잘못된 행정처분 보도, 구제받을 길은
Chapter 06 권고적 효력에 그치는 시정권고, 하나 마나 한가
Chapter 07 일관성도, 효율성도 없는 선거보도 관련 공직선거법 규정

Chapter 01
말만 많은 가짜뉴스, 공허한 논란 속 그 해법은
누구나 말하지만 실체 없는 가짜뉴스, 그 덧없는 논쟁에 마침표를!

정치적 공격의 무기로 전락한 가짜뉴스

가짜뉴스fake news가 전 지구적으로 통용된 시점은 그리 멀지 않다. 2016년 미국 대통령 선거 당시 여러 가짜뉴스가 강력해진 영향력을 지닌 소셜 미디어SNS를 타고 여론의 향배를 주도했다. 프란치스코 교황Pope Francis이 트럼프Donald John Trump 후보 지지 선언을 했다는 가짜뉴스가 대표적이다. 이 밖에 미국 대선을 흔든 여러 가짜뉴스가 트럼프 후보에게 유리하게 작용했고 선거 결과도 다르지 않았다. 트럼프 후보가 미국 대통령으로 당선되면서 가장 중요한 사회과학 연구주제 중 하나로 떠오른 것이 바로 가짜뉴스다. 가짜뉴스 덕을 톡톡히 본 트럼프 미국 대통령은 자신을 비판하는 보도를 끊임없이 가짜뉴스 취급하며 가짜뉴스 논란의 확산과 지속을 이끌었으니 '가짜뉴스' 용어의 대중화에 크게 기여한 셈이다. 여파는 컸다. 우리는 지금도 가짜뉴스에 관해 논쟁 중이며, 사회적 해악으로 지목된 가짜뉴스와의 전쟁을 진행하고 있다. 정치권에서 '맘에 들지 않는 주장'이나 '반대편 진영의 주장'을 가짜뉴스라고 지칭하는 모습은 일상이 되었다. 가짜뉴스에 대한 개념은 더욱 혼란에 빠지고 논의는 방향을 잃어가고 있다.

"자유민주주의 체제를 파괴하는 가짜뉴스와의 전쟁에 각국 정부와 시민단체들이 골몰하고 있다." (2023년 7월 28일, 이동관 방송통신위원회 위원장 지명자가 지명발표 후 기자회견 발언)

"가짜 좌파들의 위선은 이제 더 이상 묵인이나 포용의 대상이 아니라 철퇴를 내려야 할 '공공의 적'"이라며 "가짜뉴스와 괴담으로 멍든 비정상적 사회를 정상으로 되돌릴 것"이라고 강조했다. (2023년 7월 21일, 여당 대표, 가짜뉴스와의 전쟁 선포)

윤석열 정부 출범 이후 '가짜뉴스' 대응을 강조하고 있는 문화체육관광부(문체부)가 전문가 중심의 '가짜뉴스 신속 대응 자문단'을 꾸려 운영에 들어간다고 4일 밝혔다. (한겨레, 2023년 7월 4일, "문체부, 후쿠시마 오염수 등 관련 '가짜뉴스 자문단' 구성")

정치적 수사로서 '가짜뉴스'를 사용하는 정치권은 국내외에서 '가짜뉴스'를 어떻게 정의하고 있는지, 관련 논의의 진행 방향이나 성과가 무엇이든 관계없다. 2018년 유럽집행위원회European Commission가 〈허위정보에 대한 다차원적 접근〉 보고서에서 우려했던 대로 '가짜뉴스'라는 용어는 여야를 막론하고 정치인들과 정부 관계자들이 자신들의 입맛에 맞지 않는 보도를 묵살하고 공격하기 위해 사용하는 일종의 무기가 되었다.

'가짜뉴스'라는 단어는 지극히 선정적이고 자극적이다. 그만큼 정치적 효과가 극명하다. 국민(유권자)에게 간결하고 선명한 메시지를 전달해야 하는 정치인은 쉽게 이 용어를 버릴 수 없다.

오보는 incorrect report일 뿐 fake news가 아니다.
가짜뉴스 논의를 더욱 혼돈에 빠트리는 정치

'가짜뉴스'는 정치권이 자신을 방어하고 상대진영을 공격하는 가장 유효한 수단으로 등극하였다. 정치적 유불리(有不利) 상황을 돌파하는 데 '가짜뉴스'는 일종의 전가(傳家)의 보도(寶刀)이다. 정치적으로 곤란한 상황에 처하면 '가짜뉴스' 탓으로 돌리며 거짓 선동을 한 자들에게 그 책임을 묻는 것은 자연스러운 행위가 되었다. '가짜뉴스'는 사회적 여론을 심각하게 왜곡하고 국가 정책의 정당한 수립과 시행을 방해하는 제1의 사회적 해악으로 지목받고 있다.

우리가 겪는 여러 사회 문제 중 하나로 그 대책을 마련해야 할 이슈이기는 하나 정치적 활용 가능성의 크고 작음에 따라 과장되고 부풀려지기도 한다. 따라서 가짜뉴스에 대한 해법도 정치적 처지가 어떠한지가 가장 중요한 관건이다. 표현의 자유 영역에서 자율규제로 풀자던 이상적 입장을 취했던 정치 집단도 권력을 쥐게 되면 가짜뉴스는 현실적인 문제로 심각하게 다가온다. 그 정치적 성향과 관계없이 정부여당이 되면 가짜뉴스 폐단을 더욱 강조하고 그 대책에 골몰하는 것이 한국 정치의 현실이다.

가짜뉴스가 사회적 이슈로 부상한 지 수년이 지나면서 여러 연구와 논의가 진행되었고 개념조차 불분명했던 모습에서는 많이 벗어났다. 유럽연합은 2018년부터 공식적으로 가짜뉴스fake news라는 용어 대신 허위정보 disinformation라는 용어를 사용하기로 했다. 우리나라는 방송통신위원회가 '허위조작정보'라는 용어를 2019년 6월부터 사용하였다. 하지만 '허위(虛僞)'의 국어사전적 의미를 살펴보면 "진실이 아닌 것을 진실인 것처럼 꾸민 것"으로 '허위'의 의미에는 이미 '의도'가 내포된 것으로 보아야 한다. 따라서 '가짜뉴스'를 '허위조작정보'라 표현하는 것보다는 '허위정보'라는 표현이 사전적으로는 보다 적확하겠다.

가짜뉴스에 대한 지금까지의 학술적 논의나 성과도 상당하거니와 공통적인 요건으로 제시되고 있는 측면을 고려하면 더 이상의 개념 정의에 대한 논의가 필요한지 의문이다. 가짜뉴스에 대한 개념 정의를 시도한 여러 논의의 공통 요소는 '허위정보, 의도성, 기사 형식의 차용'으로 정리할 수 있다. "타인을 속이려는 의도를 가지고 만들어진 뉴스 형태의 거짓정보"(정세훈, 2017), "일정한 정치적·경제적 목적을 달성하기 위하여 허위의 내용을 그것이 허위임을 알면서도 작성하여 유통하는 기사 형식의 정보"(이문한, 2021, 44쪽) 등이 가짜뉴스에 대한 대표적 정의들이다. 특히 박아란(2017)은 '작성 주체', '작성 내용', '작성 목적이나 의도', '작성 형식' 등 네 가지 범주에서 "가짜뉴스는 작성 주체(온라인 이용자, 1인 미디어, 정통적 언론사)에 상관없이 '허위 사실을', '고의/의도적으로 유포하기 위해', '기사 형식을 차용한 것'"으로 정리한 바 있다.

그럼에도 곧 혼란스러운 지점에 다다르게 된다. 가짜뉴스가 언론의 오보

(誤報)를 포함하거나 동일시될 가능성은 없는지, 아니면 언론사의 오보는 배제하는 것인가? 앞서 논의를 되짚어 보면 기사 형식을 차용한 것이라는 주장에는 언론사가 생산한 기사는 배제된 것으로 보이지만 다른 정의에는 레거시 미디어legacy media 기사도 허위사실의 의도적 유포가 목적이라면 가짜뉴스에 해당한다고 본다. 가짜뉴스를 둘러싼 혼란은 기존 언론사가 생산한 뉴스의 포함 여부가 주요한 변수이다. 가짜뉴스에 대한 법적 규제의 출발선을 완전히 달리 가져오기 때문이다.

가짜뉴스 개념에 기존 언론사가 정상적인 프로세스를 거쳐 생산한 기사까지 포함하는 것은 부적절하다. 첫째, 사실과 다른 기사, 즉 오보까지 가짜뉴스라는 오명(汚名)을 뒤집어쓰게 될 가능성이 짙기 때문이다. 이는 언론의 신뢰를 저하시키며 저널리즘의 정상적 기능 저하로 연결될 수 있다. 둘째, 가짜뉴스에 대한 법적 규제가 언론자유와 책임의 영역으로의 편입을 유도하기 때문이다. 가짜뉴스 논란은 포괄적인 표현의 자유와 연계되어 논의될 수는 있겠지만 언론의 자유와 책임 논의로 이어져서는 곤란하다. 취재와 데스킹desking을 거쳐 미디어 시장에 유통되는 뉴스와 가짜뉴스는 분명히 구별되어야 가짜뉴스 규제에 대한 논의가 꼬이지 않는다.

규제 관련 논의에서 가짜뉴스라는 용어를 사용하는 것 자체가 부적절하다는 지적이나(김민정, 2019) 가짜뉴스 대응방향과 관련해 가짜뉴스 대신 허위정보disinformation라는 표현을 사용하는 것이 적절하다는 주장[1]에 수긍이 가는 이유이기도 하다. 하지만 가짜뉴스를 '허위조작정보'나 '허위정보'

---

1) 한국기자협회, 2018년 10월 17일, "가짜뉴스 아닌 '허위정보'라고 표현해야"
　https://www.journalist.or.kr/news/article.html?no=45008

라는 용어로 대체하자는 주장에 전적으로 동의하기 위해서는 대체 개념에도 언론보도는 제외되어야 한다. 언론보도를 허위조작 '정보'의 개념으로 보는 순간 가짜뉴스의 허물을 뒤집어씌우고 언론관계법이 아닌 「정보통신망 이용촉진 및 정보보호 등에 관한 법률」(이하 '정보통신망법')로 규율하고자 하는 시도가 전개될 가능성이 있기 때문이다.

정리하자면 언론의 오보는 그 수위를 떠나 '가짜뉴스', '허위조작정보', '허위정보' 등 그 어느 것도 적절한 용어가 아니다. 때로는 언론보도를 'fake news'라 쑥덕거리며 욕할 수 있을지언정 오보는 incorrect report일 뿐 fake news가 아니다.

하지만 유튜브나 소셜 미디어에 난무하는 가짜뉴스보다 마음에 들지 않은 언론에 대한 규제가 시급했던 정치권은 언론에 가짜뉴스의 멍에를 씌운다.

야당일 때는 자율규제, 언론자유를 우위에
여당이 되면 법적 규제, 사회적 책임 우선

정치권은 '가짜뉴스'에 대한 규제를 시도하기 시작한다. 제20대 국회 (2016년 5월 30일~2020년 5월 29일)에서 발의된 허위정보에 대한 개념 정의를 제시하거나 규제를 시도한 법안은 총 14개였다(김민정, 2019). 이 가운데 당시 야당이 발의한 법안은 단 두 개에 지나지 않는다. 제21대 국회에서도 별반 다르지 않다. 2023년 8월까지 국회의안정보시스템에서 '허위정보', '가짜뉴스'를 열쇳말로 '제안이유나 주요내용'을 통한 검색을 이용한 결과 9건의 발의안을 찾았다. 대표발의한 의원을 기준으로 여야를 따져 보면 정필모, 정청래, 서영교, 최강욱, 박정, 김용민, 김종민(이상 더불어민주당), 주호영, 허은아 의원(이상 국민의힘)이었다. 이 가운데 발의 당시 야당이 허위정보를 규제하고자 하는 법안은 주호영 의원 대표발의안이 유일하다. 허은아 의원은 오히려 가짜뉴스에 대한 법적 규제 움직임에 맞서 존 밀턴John Milton의 "사상의 자유롭고 공개적인 시장free and open market of ideas" 주장을 따르는 듯한 개정안을 내기도 했다. 당시 야당의원 신분이던 2021년 1월 가짜뉴스에 대한 규제는 표현의 자유를 옥죌 수 있다며 현행법에서 불법정보로 규정하고 있는 정보 외에는 정보 유통을 자유롭게 해야 한다는 정보통신망법 개정안을 발의했다.2) 11명의 '국민의힘' 의원이 동조했으나 이 같은 입장을 변함없이 유지하기 어려운 처지일 듯싶다. 2022년 5월 10일 윤석열 정부가 출범한 이후 정부와 여당은 지속해서 가짜뉴스와의 전면전에 나서겠다고 엄포를 놓고 있으니 말이다.

---

2) 허은아 의원이 대표발의한 「정보통신망 이용촉진 및 정보보호 등에 관한 법률」 일부 개정안 제안이유는 "최근 사회적 영향력이 있는 주요 인사들이 가짜뉴스 등 법에서 명확하게 규정하고 있지 않은 개념들에 대하여도 그 유포자를 엄정 처벌하겠다는 의지를 시사하였다는 언론보도가 있는바, 이는 국민이 누려야 할 표현의 자유를 심각하게 침해할 소지가 있음. 이에 누구든지 정보통신망을 통하여 유통되는 정보가 현행법에서 불법정보로서 열거된 어느 하나에 해당함이 명백한 경우를 제외하고는 해당 정보를 게재한 이용자의 권리를 방해하여서는 안 됨을 명시적으로 규정하려는 것임"이라고 밝히고 있다.

가짜뉴스 때려잡겠다고 언론보도를 정보통신망법으로 규율하면 안 되는 이유

　국회나 정부를 중심으로 논의되는 '가짜뉴스' 담론은 어떻게 하면 '가짜뉴스' 생산을 가로막고 이를 유통하지 못하게 할 것인가에 초점이 있다. 법적 규제 틀 내에 담을 수 있는 방안 모색이 목적이다. 그런데 무엇을 규제할 것인지 그 대상이 여전히 불명확하다. '허위조작정보'를 어떠한 시각으로 보는지에 따라 어떠한 법률로 규제할지 그 방도가 달라진다. '허위조작정보'에 대한 규제의 입법 시도는 크게 언론중재법과 정보통신망법을 통해 이뤄진다. 포괄적 의미로 정보의 유통과 규제에 대한 입법 체계는 이 두 법에 규정되어 있는데 '허위조작정보'를 어떻게 규정하는가에 따라 규제의 도구가 달라진다. '허위조작정보'를 언론보도 범주로 포함한다면 언론중재법으로 규율해야 한다. 언론보도가 아닌 '정보'로 인식한다면 정보통신망법을 손대는 것이 맞다.

　언론보도를 정보통신망법으로 규율하려 해서는 안 되는 이유는 이러하다.

　첫째, 정보통신망법으로 가짜뉴스 때려잡겠다고 가짜뉴스에 언론보도를 포함하는 순간, 우리 법 체계에 부합하지 않기 때문이다.

　우리 법 체계는 언론은 「언론중재 및 피해구제 등에 관한 법률」(이하 '언론중재법'), 「신문 등의 진흥에 관한 법률」(이하 '신문법'), 「방송법」 등 언론 관계법률에 진흥과 규제 관련 내용을 담고 이를 통해 규율한다. 정보통신망법은 언론보도를 애초 상정하고 있지 않다. 그럼에도 불구하고 정보통신망법상 정보에 언론보도가 포함된다고 잘못 해석하는 경우가 종종 있다.

정보통신망법에 '정보'에 대한 개념 정의는 없으나 정보의 범주가 워낙 폭넓어 언론보도도 포함되는 것으로 이해할 수도 있다. 정보통신망(전기통신설비를 이용하거나 전기통신설비와 컴퓨터 및 컴퓨터의 이용기술을 활용하여 정보를 수집·가공·저장·검색·송신 또는 수신하는 정보통신체제)을 통해 정보를 제공하거나 정보의 제공을 매개하는 자에 '인터넷언론', 즉 언론중재법상 인터넷신문이나 인터넷뉴스서비스가 포함되는 것으로도 해석하는 경우이다. 하지만 이는 명백히 잘못된 해석이다. 정보통신망법 제5조(다른 법률과의 관계)에 따르면 다른 법률에서 특별히 규정된 경우 외에는 이 법으로 정하는 바에 따른다고 명시하고 있다. 정보통신망을 통해 정보를 제공하거나 매개하는 '인터넷언론'은 언론보도에 관해 규정하고 있는 언론중재법을 따라야 함을 분명하게 인식해야 한다. 그래야만 정보통신망법을 통해 언론보도를 규율하려는 우(遇)를 범하지 않는다.[3]

보다 더 중요한 문제는 언론자유를 중대하게 침해하기 때문이다. 언론의 허위정보를 가짜뉴스로 규정하고 정보통신망법 적용 대상으로 보는 순간 언론기사를 정보통신서비스 제공자(인터넷을 통해 정보를 제공하거나 매개하는 사업자)가 임의로 삭제 등 임시조치를 할 수 있다(정보통신망법 제44조

---

[3] 2021년 더불어민주당은 정보통신망법 개정을 통해 가짜뉴스에 대한 징벌적 손해배상을 추진하면서 기존 언론사도 포함하기로 한 바 있다.
MBC, 2021년 2월 9일, "민주당 "가짜뉴스 징벌적 손해배상 대상에 '언론·유튜브·SNS 등' 포함"" https://imnews.imbc.com/news/2021/politics/article/6083280_34866.html

의4). 이에 근거하여 어떤 사람이 블로그 등 SNS에 타인을 비방하는 명예훼손적 게시물이나 사생활을 침해하는 게시물을 올렸다면 권리를 침해받은 사람은 대표적인 정보통신서비스 제공자인 포털에 자신과 관련한 게시물의 삭제를 요청할 수 있다. 이러한 요청을 받는 경우 포털 사는 대부분 게시물을 보이지 않게 내리는 임시조치를 취한다.

개인이 올린 게시물과 동등한 수준에서 언론기사도 이와 동일한 절차를 통해 기사가 내려지거나 삭제될 수 있는 것이다. 따라서 인터넷신문을 비롯한 인터넷언론을 정보통신망법으로 규율하고자 하는 것은 대단히 위험한 시도로 절대 있어서는 안 될 일이다.

**정보통신망법에 '정보' 정의를 신설하고
언론중재법상의 '언론보도 등'은 제외한다고 명시해야
논란 재연을 막을 수 있어**

제20대 국회에서 발의된 허위조작정보에 대한 규제를 시도한 입법 노력은 대부분 이러한 원칙을 벗어나지 않았다. "거짓 또는 왜곡된 사실을 언론중재법상의 언론보도로 오인하게 하는 정보", "거짓의 사실을 언론보도의 형식으로 제공해 이용자들이 오인하게 하는 정보" 등 언론보도로 오인하게 하는 정보를 가짜뉴스로 개념 짓는 경우에 한하여 정보통신망법을 통해 규율하고자 했다. 다만 언론보도로 오인하게 하는 거짓 정보를 언론중재법으로 다루고자 한 법안4)이나 허위의 언론보도와 언론보도로 오인하게 하는 허위 정보를 함께 묶어 가짜뉴스로 정의하고 규율하려는 시도5)가 일부 있었다.

제21대 국회에 들어서도 언론보도를 가짜뉴스로 규정하는 시도가 이어졌다. 언론이나 인터넷뉴스서비스(포털) 등이 고의 또는 중과실로 허위의 사실에 대한 언론보도 등을 한 경우 문화체육관광부 장관이 가짜뉴스를 보도 또는 매개한 언론사 등에 대하여 시정명령을 할 수 있도록 하자는 법안,6) 허위·조작보도란 허위의 사실 또는 사실로 오인하도록 조작한 정보를 언론, 인터넷뉴스서비스, 인터넷멀티미디어방송을 통해 보도하거나 매개하는 행위로 정의한 법안7) 등이 발의되었다. 가짜뉴스 범주에 언론보도를 포함하며 정보통신망법으로 규율하려는 법안이 눈에 띄지 않은 것은 다행스럽다.

하지만 개념적 혼선은 가시지 않았다. 같은 정당 내에서도 가짜뉴스를 사실검증이라는 저널리즘 기능이 배제된 정보8)로 바라보는 시선과 언론의 영역으로 인식하는 시각이 공존하고 있다. 더 나아가 법 개정도 없이 정보통신망법에 따라 신문법에 의거하여 등록된 인터넷신문 기사를 방송통신심의위원회 심의대상에 포함하여 제재하려는 시도가 이어지고 있어 안타깝고 심히 우려스럽다.

법률적 해석의 다툼 소지를 없애고, 심각한 언론자유 침해를 방지하기

4) 강효상 의원 대표발의 언론중재법 일부 개정안(의안번호 2013494)
5) 가짜뉴스대책위원회의 구성 및 운영에 관한 법률안(의안번호 2013496)
6) 정청래 의원 대표발의 언론중재법 일부 개정안(의안번호 2012829)
7) 김용민 의원 대표발의 언론중재법 일부 개정안(의안번호 111047)
8) 정필모 의원 대표발의 정보통신망법 일부 개정안(의안번호 2100815)

위해 정보통신망법에 정보의 정의를 신설하고 정보통신망법에서 규율하는 정보의 개념에 '언론보도 등'(언론중재법 제7조 제1항의 언론보도등)은 제외한다고 명시하는 것이 절실하다. 이미 정보통신망법에 다른 법률과의 관계 조항에 따라 언론보도는 언론중재법을 우선 적용하도록 규정하고 있으나 불필요한 논란이 반복적으로 제기되고 있으니 확실하게 법적 규정을 보완하자는 취지이다.

이러한 조치를 진행할 경우에도 주의해야 할 사항이 있다. 정보의 개념에 언론중재법상 '언론보도'에 한하여 적용을 배제하는 경우이다. 언론중재법상 언론보도는 언론의 사실적 주장에 관한 보도를 말하는데 이를 포털이 매개하는 경우가 불명확하게 된다. '언론보도'만 제외하게 될 경우 언론중재법상 언론에 해당하지 않는 포털 등 인터넷뉴스서비스가 언론보도를 매개하는 경우 다시 정보통신망법을 적용할 가능성이 있다. 따라서 '언론 등의 보도 또는 매개(언론보도 등)'로 정보통신망법 적용 배제 영역을 분명하게 설정해야 더 이상의 소모적인 논란을 막을 수 있다.

가짜뉴스 생산주체에 따라 구분되는 용어 사용해야
언론 기사를 '정보'의 범주에 포함해서는 곤란

허위조작정보는 '의도성'을 지니고 있다. 허위조작정보를 언론보도의 범주에 포함하든 언론의 영역 밖에 두든 가장 중요한 공통된 지점은 잘못된 정보임을 인식하고도 의도적으로 전파하려는 데 있다. 전파자가 누구이든 허위임을 알고도 널리 전하고자 한다면 그 형식과 관계없이 가짜뉴스라 비난할 수는 있어도 언론과 비언론의 경계를 구분해야 한다. 언론이 생산한 콘텐츠는 언론중재법으로 규율하고, 개인이 전파하거나 매개한 콘텐츠는 정보통신망법으로 각각 규율해야 한다. 이와 관련한 혼선을 방지하기 위해 정보생산주체에 따라 용어를 명확히 구분해서 사용해야만 한다. 이러한 맥락에서 언론사가 생산한 콘텐츠를 '보도'나 '기사'가 아닌 '정보'로 칭하는 것은 적절하지 않다. 언론의 영역 내에 포함되는 콘텐츠는 '악의적 오보'로 칭하고 정보생산주체가 언론이 아닌 정보는 '허위정보'로 구분하고자 한다.

언론의 오보와 악의적 오보도 명확하게 선을 그어야 한다. 그 구분이 분명해야 언론의 공익적 가치를 훼손하지 않으며 언론자유를 침해하지 않는다. 오보와 악의적 오보의 구분은 '공익성'이라는 선으로 경계 지을 수 있다. 언론은 기본적으로 공익적 가치를 추구한다. 명예훼손 소송에서 명예훼손 성립 여부를 다투는 위법성 조각 사유, 세 가지 기준은 진실성, 상당성, 공익성이다. 이 가운데 가장 기본이 되는 것은 공익성이다. 공익성이 인정된다고 하여 명예훼손의 책임이 면해지는 것은 아니지만 공익성을 부정당하면 그 책임에서 자유로울 수 없다. 명예훼손 소송에서 우리 법원의 공익성에 관한 태도를 분석한 연구에 따르면 공익성을 인정하지 않은 경우 언론사가 승소한 사례는 단 한 건도 없었다(이재진·이성훈, 2003).

'공익성'은 「형법」 제310조에서 "적시한 사실이 진실하고 오로지 공공의 이익에 관한 때는 명예훼손죄로 처벌하지 아니한다."는 조항에 근원을 둔다. 대법원이 밝힌 "오로지 공공의 이익에 관한 때"는 이러하다.

적시된 사실이 객관적으로 공공의 이익에 관한 것이며, 행위자도 주관적으로 공공을 위하여 그 사실을 적시한 것이어야 한다. 공익에 관한 것에는 널리 국가나 사회 기타 일반 다수인의 이익에 관한 것뿐만 아니라 특정한 사회집단이나 그 구성원 전체의 관심과 이익에 관한 것도 포함된다. 또 행위자의 주요한 동기 내지 목적이 공공의 이익을 위한 것이라면 부수적으로 다른 사익적 목적이나 동기가 내포되어 있더라도 공익성이 있는 것으로 볼 수 있다. (대법원 1998. 10. 9. 선고 97도158 판결)

객관적 내용이 사회 구성원의 관심과 이익에 관한 것이어야 하며 행위자의 주관적 의도 역시 공공의 이익을 위한 것이어야 한다. 언론의 자유와 공익성의 관계에 대해 언론중재법 제3조와 제4조에 잘 표현하고 있다. 언론의 자유와 독립은 보장되어야 한다. 또한 언론의 자유와 독립은 헌법과 법률에 의하지 않고 제한할 수 없다. 이러한 언론의 자유는 그 사회적 책임을 동반하는 것이다. 언론은 공적인 관심사에 공익을 대변하고 민주적 여론형성에 이바지해야 하는 사회적 책임을 부여받고 있다.

공익성이 인정되는 언론보도를 보호하는 취지에 대해 법원은 "우리 사회의 어두운 면을 파헤치고 이를 국민들에게 알려 그에 관한 건전한 여론을 형성, 전달, 집약함에 따라 사회의 전체적인 건전한 발전을 도모하고자 하는 의도로써 그러한 역할을 수행할 경우에는 그 보도가 타인의 명예를 침해하게 된다고 하더라도 표현의 자유로서 보호하고자 하는 데" 그 취지가 있다고 밝혔다. 따라서 "보도가 그 목적이나 내용에 있어 사회의 전체적인 건전한 발전을 위한 것이 아니라 어느 특정인을 비방 내지 비난하는 데 초점이 맞추어져 있다면 이는 공익성이 인정되는 보도라고 볼 수 없다"고 판시하였다(서울지방법원 2001. 8. 22. 선고 98가합107982 판결). 언론보도의 공익성이 부정 받는 대부분의 경우는 보도경위나 보도의 내용과 양 및 그 표현방법 등 여러 사정에 비추어 볼 때, 비방의 목적으로 이뤄졌다고 판단될 때이다(대법원 2000. 5. 12. 선고 2000다5510 판결).

언론보도 중 이렇듯 공익성이 부정되는 보도는 언론으로서 우리 사회에서 부여하는 권리와 책임의 경계 밖에 놓인다고 볼 수 있다. 가짜뉴스의 발원지로 지목받는 유튜브 등 SNS의 확인되지 않은 사실을 중계방송 하듯 전파하는 언론은 이미 언론의 존재 가치를 스스로 저버린 것이나 다름없다. 언론이 유튜버나 블로거의 발언 또는 게시글을 사실확인도 하지 않고 보도하는 경우는 허위정보 생산과 유통에 적극 가담한 것으로 봐야 한다.

공익성이 인정되지 않는 기사는 '악의적 오보'로 구분하고
손해배상액을 징벌적 수준으로 다루어야

2021년 더불어민주당이 언론의 허위조작정보에 대해 징벌적 손해배상 책임을 지우려 한 언론중재법 개정 논란이 뜨거운 쟁점이 되었다. 당시 징벌적 손해배상제를 언론중재법에 규정하려 한 것도, 허위조작보도에 대한 정의도 쉽게 이해하기는 어렵다. '징벌적 손해배상' 도입에 대한 논란은 잘못된 언론보도로 인한 피해구제 강화를 주된 목적으로 한 개정안의 모든 쟁점을 블랙홀처럼 빨아들였기 때문이다. 징벌적 손해배상제는 언론중재위원회의 조정절차와도 사실 무관하다. 법원에서 위자료를 산정할 때 허위조작보도에 대해서는 금액 상향을 적극 고려하라는 취지이다. 그럼에도 불구하고 마치 징벌적 손해배상제가 도입되면 언론조정절차에서도 적용되는 것이 아니냐는 오해를 샀다.

법률로써 징벌적 손해배상제를 도입하면 인격권 침해로 인한 법원의 위자료액이 늘어날까? 그 가능성도 높지 않을 것으로 본다. 법원은 위자료 인정액이 우리 국민의 법 감정 등 현실과 상당히 괴리되어 있음을 진즉 인식하고 있었다. 법원이 2017년 1월에 마련한 〈불법행위 유형별 적정한 위자료 산정방안〉을 보면 일반적인 명예훼손 및 신용훼손 피해의 기준 금액은 5천만 원, 중대피해는 1억 원으로 제시하였고 특별가중사유에 해당하는 경우 2배 또는 그 이상도 가능하다고 제안하였다. 특별가중사유로는 허위사실에 기한 행위, 특정인을 포함하여 그 직업이나 사회적 지위를 유지하지 못하도록 하는 행위 또는 경쟁자에게 영업상 타격 등을 입히거나 그의 이익을 가로채기 위한 행위 등 악의적·모해적·영리적 행위, 전파성·인지도·신뢰도 등을 고려할 때 영향력이 상당한 정도에 이르는 사람이나 단체의 행위 또는 이를 수단으로 하는 행위 등을 열거하고 있다. 법원이 마련한 이 정도의 위자료 산정 기준이라면 징벌적 손해배상제 도입 논란이 무색해질 수 있다. 징벌적 손해배상과 관련한 더 이상의 논의가 무의미할 정도의 기준이라 하겠다.

하지만 아쉽게도 명예훼손과 관련한 위자료액은 상향되지 않았다. 사안의 성격에 따라 달라지겠지만 2022년 법원이 인정한 위자료 인용액 중앙값은 345만 원, 평균액 570만 원에 불과하다. 법원이 제시한 명예훼손 피해

기준액 5천만 원의 10분의 1 수준에도 미치지 못하고 있다. 언론중재위원회가 2020년부터 2022년까지 3년 동안 언론 관련 손해배상청구판결을 조사한 결과, 법원의 손해배상청구 인용액 중앙값은 2020년 500만 원, 2021년 475만 원, 2022년 345만 원으로 나타났다(언론중재위원회, 2023). 변호사 수임료도 지불하지 못할 정도로 너무나 적은 금액이 믿기지 않을 정도이다. 이 정도 금액이라면 언론의 자유를 맘껏 향유하고 책임은 뒤따르지 않으니 언론기사가 깃털처럼 한없이 가벼울 수밖에 없다. 양식 없는 유튜버들이 가짜뉴스로 조회 수를 올려 얻는 수익이 법적 책임에 따른 벌금보다 몇 배나 많은 구조나 유사하다. 법원이 미디어시장의 악화를 조장하고 있는 측면도 있다고 비판해도 할 말 없는 상황이다.

더구나 해가 갈수록 하향 추세를 보이고 있으니 징벌적 손해배상제라도 도입해야 한다는 목소리가 커질 만도 했던 상황이다. 징벌적 손해배상제가 이러한 법원의 태도 변화를 불러올 계기가 될 수도 있겠지만 보다 시급한 것은 일반적인 명예훼손 소송의 손해배상 인용액을 현실화하는 것이다. 법원이 마련한 명예훼손 위자료 기준액의 인용액 현실화만으로도 미디어시장의 정상화에 크게 기여할 것으로 보인다.

일반적인 명예훼손의 위자료 산정 기준을 보다 적극적으로 적용하여 실질적인 위자료액을 높이고자 하는 법관의 인식 전환과 사회적 공감대 형성이 무엇보다 중요하다. 이를 바탕으로 특별가중사유에 해당하는 보도의 공익성이 부정되는 언론보도는 악의적 오보로 간주하고 더 엄중하게 산정 기준을 적용한다면 징벌적 손해배상제 도입 논란은 사그라질 것이다.

Chapter

02

인터넷 미디어 특성을 반영한 최적의 구제 방안, 열람차단청구권

한때는 지하철에 탄 승객 상당수가 신문을 펼쳐 읽던 시절이 있었다. 그리 오래전 일도 아니다. 스마트폰이 종이신문을 대체하기 전 익숙한 풍경이기도 했다. 새로운 소식이나 사회적 관심사를 나누고 싶을 때는 "오늘 아침 신문 봤냐."고 묻곤 했다. 일종의 관용 어구였다. 종이신문이 우리 사회 구성원의 주된 정보창구로 자리잡고 있던 시절의 신문기사는 사회적 관심사를 공유하는 거의 유일한 수단이었다. 당연히 신문기사는 막강한 영향력을 가지고 있었다. 방송도 종이신문 못지않은 영향력을 가졌다. 조간 내지 석간으로 하루에 한 번 발행되는 신문과 특정 시간대 뉴스 프로그램으로 전하지 못하는 중요한 기사는 '호외'와 '속보'로 공백을 메웠다. 중요한 뉴스를 전달하기 위해 임시로 제작한 발행호수 없는 신문인 '호외'는 20대 청년들은 접하지 못한 대상이며, 어쩌면 그 단어조차도 생경할 것이다. 방송은 여전히 정규 뉴스 프로그램 외 시간에 '속보' 형식으로 신속성을 보완하지만 종이신문은 더 이상 '호외'를 발행하지 않는다. 호외보다 속보 기능이 우수한 미디어, 인터넷의 등장으로 더 이상의 가치를 상실했기 때문이다.

미디어 환경이 인터넷으로 재편되기 전 과거를 회상하는 이유는 언론 환경의 변화에 따른 오보의 정정 방식도 바뀌어야 한다는 점을 전하고 싶어서다. 종이신문과 방송뉴스는 일과성 전파의 성격을 지닌다. 당장 오늘 기사를 접하지 못한 이에게 그 사실을 전달하려면 기사를 오려 스크랩하거나 방송뉴스를 녹화해 보관해야만 했다. 그 시절, 잘못된 언론보도로 피해를 입은 자의 치유의 흔적은 쉽게 잊히고 잘못된 사실만 사람들의 뇌리에 깊숙이 박혔다.

종이신문과 방송이 주류 미디어로서 대부분의 뉴스 소비 창구 역할을 담당했던 시절의 정정·반론보도 형식과 전파는 일반 기사와 다르지 않다. 신문지면 모퉁이에 실린 정정보도나 반론보도는 그다지 주목받지 못하고 하루 지난 신문지처럼 생명을 다해갔다. 잘못된 언론보도로 인한 피해를 호소하면 정정·반론보도와 손해배상이 전부였다. 인터넷 미디어가 주된 뉴스 소비 창구로 역할하는 지금도 언론의 잘못된 보도로 인한 피해구제 방식은 예전이나 별반 차이가 없다. 미디어 환경 변화를 모두 인식하고 공감하고 있으나 그 피해구제 방안이 동일하다면 한 번쯤 생각해 볼 일이다. 주류 미디어 속성이나 뉴스 소비방식이 바뀌었다면 이러한 변화를 반영한 피해구제 방안을 찾는 것은 당연한 일이다.

열람차단청구권이 제기된 배경

　종이신문이나 방송과 달리 인터넷 미디어의 가장 큰 특징은 전파의 반복성과 신속성, 확장성에 있다. 종이신문이나 방송이 일과성(一過性)적 전파라면 인터넷언론은 무한 반복적인 전파가 가능하다. 전파의 속도나 영역도 신문과 방송에 비할 수 없다. 잘못된 보도도 예외일 수 없다. 언제든 검색해서 기사를 찾아 SNS를 통해 전파하고 확산시킬 수 있다. 시간과 지역의 제약 없이 가능하다. 잘못된 언론보도도 마찬가지이다. 새로운 문제가 발생하는 지점은 바로 여기이다.

　잘못된 기사로 피해를 입은 사람은 자연스레 정정이나 반론보도를 요구하며 언론중재위원회나 법원을 찾는다. 다행히 정정보도나 반론보도가 이뤄졌다 해도 잘못된 원보도가 여전히 인터넷에 남아 계속 확산되어 그 피해가 증폭되는 현실을 마주하게 된다. 정정보도나 반론보도가 올바른 정보의 유통으로 자유롭고 공정한 여론 형성을 위한 것이라면 잘못된 원보도가 계속 인터넷에 부유하는 사태를 방치하는 것은 왜곡된 여론 형성으로 민주주의를 저해할 수도 있다. 이러한 인터넷 미디어 환경을 고려한 실질적인 피해구제 방안으로 부상한 것이 '열람차단청구권'이다.

　열람차단청구권은 인터넷 미디어의 특성을 고려하여 온라인상의 잘못된 기사가 더 이상 전파되지 않도록 언론사에 조정대상 기사를 내려 달라고 요구하는 것이다.

　언론보도 피해자가 정정이나 반론보도청구권과 같이 언론중재위원회에 언론조정을 신청할 수 있는 권리로 추가하자는 논의가 2021년 언론중재법 개정이 사회적 화두로 떠오른 시기, 징벌적 손해배상제 도입 논란과 함께 뜨거운 이슈 중 하나로 떠올랐다. 하지만 징벌적 손해배상제와 달리 열람차단청구권 논란은 제도에 대한 오해가 불필요한 논란을 불 지핀 측면이 있다.

열람차단은 기존의 종이신문과 방송에는 해당하지 않는다. 인터넷신문과 인터넷뉴스서비스 등 인터넷을 통해 기사를 유통하는 언론에만 적용되는 독특한 구제 방식이다. 언론중재위원회는 열람차단청구권이 법제화되기 이전에도 당사자 간 합의를 통해 열람차단이라는 구제방식을 적극 조정에 활용하고 있다. 2022년 언론중재위원회가 처리한 사건의 무려 77.4%가 인터넷 기반 매체(인터넷신문, 뉴스통신, 인터넷뉴스서비스)이다. 이 가운데 피해구제가 된 사건의 34.9%가 신청인과 피신청인의 합의 도출로 인터넷상에서 조정대상 기사를 볼 수 없도록 조치하였다. 인터넷언론에 대한 조정신청이 절대 다수를 이루고 있는 현실 속에서 인터넷 미디어에 적합한 피해구제 방안을 적극적으로 모색하는 것은 바람직하다. 초상권 침해와 같이 정정이나 반론보도로 구제하기 어려운 권리 침해에 가장 효과적인 구제 방법이 될 것이다.

다만 현재는 조정과정에서 여러 피해구제 방안 중 하나로 중재부나 당사자가 제안하고 이를 수용하는 형식이라면 법제화가 되면 잘못된 보도로 피해를 입은 사람들이 법적 청구권을 행사하고 중재부가 조정에 적합한지를 판단하고 당사자에게 권유하게 될 것이다. 양 당사자 간 원만한 조정에 이르지 못할 경우 중재부가 직권으로 열람차단을 결정할 수도 있다.

열람차단청구의 현실과 법제화되었을 때의 모습을 대략 그려보았다. 권리행사 방식이나 조정 과정에서 정정보도청구나 반론보도청구, 손해배상청구와 다를 바가 없다. 내막을 살펴보더라도 별다른 것이 없기 때문에 오해의 여지는 없을 듯한데 의외로 잘못 이해하거나 곡해하는 경우도 있다.

열람차단청구권에 대한 오해와 곡해

> 반론 및 정정보도 등을 통해 해당 기사가 전과 어떤 차이가 생겼는지 독자들이 온라인 등을 통해 알 수 있는 기회를 차단해 과잉 규제라는 지적도 나온다. (동아일보, 2021년 8월 24일)

기사 내용의 극히 일부가 잘못되었는데도 기사 전체를 내리는 것은 과도하다는 지적이다. 10개의 문단 가운데 1개가 잘못되었다면 1개만 내리면 된다. 사실관계가 잘못된 것으로 판명 났거나 언론사도 이를 인정했다면 잘못된 원 기사가 계속 전파되고 확산되어 피해가 커지는 것을 막자는 것이 열람차단의 취지와 목적이다. 원보도의 극히 일부가 잘못되었는데 전체 기사를 내리라고 언론중재위원회가 권할 수 없으며, 피신청인인 언론사가 이 같은 제안을 받아들일 일도 없을 듯하다. 따라서 열람차단은 정정보도나 반론보도와 병행하여 행사될 것이다.

피해 주장만으로 기사 삭제가 가능하다거나 사전검열이라는 표현으로 독자를 현혹하는 사례도 있다. 이러한 기사를 접하면 참으로 답답하다. 사전검열이라니, 단어가 주는 뉘앙스로 사안 자체를 과장하고 왜곡하는 것이다. 이런 용어를 함부로 사용하면 안 된다. 독자나 시청자에게 전달되기 전에 언론중재위원회가 보도를 차단하는 것이 아니지 않는가.

> 손쉽게 '열람차단청구' ⋯ "보도제약·사전검열" (SBS, 2021년 8월 24일)

> 피해 주장만으로 '기사삭제' 가능⋯ 국민의 알권리 막힐 위험 (동아일보, 2021년 8월 24일)

피해 주장만으로 기사 삭제가 가능하다는 기사도 마찬가지이다. 언론중재위원회가 조정과정에서 일부 활용하는 열람차단 사례나 열람차단과 관련한 언론중재법 개정안 어디에도 일방의 주장만으로 기사 삭제까지 가능하게 한 법안은 없다. 그런데도 열람차단은 피해자의 '청구'나 '주장'만으로 가능하다고 언론은 믿고 싶었던 걸까? 다수의 언론은 열람차단청구권의 도입으로 권력을 비판하는 건강한 기사가 사라지게 될 것이라며 입을 모았다.

> 열람차단청구권에 대한 반발도 나온다. 고의·중과실로 '추정'되거나 문제가 있는 보도라는 '청구'만 들어간 상태에서도 언론 보도 열람을 차단할 수 있기 때문이다. 전문가들은 법이 시행된다면 인터넷 플랫폼들이 손배 책임에서 벗어나기 위해 쉽게 열람을 차단할 것이라고 전망한다. (뉴시스, 2021년 7월 31일, "설익은 언론중재법 개정안 갈등 양산 우려")

법안에는 열람차단청구권도 신설됐다. 고의와 중과실로 '추정'되거나, 문제가 있는 보도라고 '청구'만 들어간 상태에서도 인터넷포털이나 동영상 플랫폼 등은 언론 보도를 열람하는 걸 차단해야 한다. (이데일리, 2021년 7월 29일, "기사가 갑자기 사라졌어요… 언론중재법으로 달라지는 점")

기사열람차단청구권 조항 또한 언론의 권력 견제를 무력화할 조항이다. 피해자의 자의적인 주장으로 가치있는 고발 보도를 사장시킬 수 있기 때문이다. (경인일보, 2021년 8월 11일, "[사설] 민주당 언론중재법 개정 중단하라")

언론중재법 개정안 문제 중 하나인 '열람차단청구권 신설'이 주목을 받고 있다. 이 법안에는 열람차단청구권이 신설됐다. 이에 따르면 고의나 중과실로 '추정'되거나 문제 있는 보도라고 이용자의 '청구'가 들어갈 경우 인터넷포탈 및 동영상 플랫폼 등에서는 해당 보도를 열람하는 걸 차단해야 한다. 고의적이라고 추정되거나 청구만 들어가도 기사 작성자가 이유도 모른채 사라지는 기사들이 발생할 전망이다. (미디어펜, 2021년 8월 6일, "기사가 갑자기 사라졌다, 이유는?")

언론은 자신의 무기로 자기 뜻에 부합하도록 여론전을 펼쳤다. 지극히 의도적이며 왜곡된 여론 형성에 힘을 모았다. 왜 이토록 객관적 사실과 동떨어진 주장을 한목소리로 외칠 수 있었던 걸까. 대체 무엇을 봤기에 내가 본 것과 전혀 다른 이야기를 하는 건지 이해할 수 없었다. 열람차단청구권을 제도화해야겠다는 법 개정안을 아무리 뒤져봐도 이러한 주장을 뒷받침할 만한 조항은 찾지 못했기 때문이다. 팩트 확인에 기자의 사명과 책임이 있다던 자들의 이 정도의 아우성이라면 '의도된 왜곡'은 아닐지 의심스러운 대목이다.

열람차단청구권의 입법을 추진한 정당도 열람차단에 대한 이해의 깊이도 실망스럽기는 매한가지다. 법안을 추진한 민주당 중진 의원조차 열람차단청구권에 대해 "사전 차단보다는 사후 삭제 개념으로 바꾸는 게 옳다"는 발언을 하여 뒷목을 잡게 했다.9)

사실 열람차단청구권의 입법 움직임은 민주당이 아닌 '국민의힘'의 전신인 '새누리당' 국회의원인 곽상도 의원이 대표발의한 언론중재법 개정안에서 기원한다. 2021년 징벌적 손해배상제와 함께 열람차단청구권 도입을 적극 반대했던 정당이 불과 5년 전에는 먼저 손을 들고 나섰다. 이에 대해서는 민주당도 별 할 말이 없을 것이다. 당시 여당인 보수정당이 들고 나온 열람차단청구권의 제도화에 민주당은 반대의 목소리를 높였던 이력이 있다. 민망하고 쑥스러운 상황은 늘 이렇게 반복된다. 부끄러움은 왜, 여전히 국민의 몫인지…

---

9) 중앙일보, 2021년 9월 2일, "이상민 '징벌손배가 언론개혁인가 … 조급한 개혁 반드시 실패'" https://www.joongang.co.kr/article/25003742

국민의 언론피해구제는 뒷전, 정치적 이해에 따라 입장 선회

아주 간단한 퀴즈를 풀어 보자. 국회에서 열람차단청구권 신설에 대한 여야의 입장을 엿볼 수 있는 발언이다. 발언 당시 국회의원이 어느 당 소속인지 가늠해 보자.

🧑 언론중재위원회가 사법기관이 아니라 행정기관인데 삭제 판단권을 갖는 것은 좀 문제가 있지 않냐, 이런 부분들에 대한 지적도 있어서 … 언론중재위원회가 거대한 심의기구가 되려고 하는 것은 아니냐, 이런 우려가 언론에도 나오고 있고

🧑 열람차단청구권이라는 것은 정정보도나 반론과 달리 갑자기 공론의 장에서 그 뉴스 자체를 사라지게 만드는, 나중에 재판을 걸어서 복구될 수도 있겠지만 일단 공론의 장에서 사라지면 그것이 민주주의 담론에서 굉장히 심각한 문제가 있다라는 그런 문제 제기를 하셨고, … 이게 사실은 사법기구가 아니기 때문에 중요한 것을, 열람 차단을 언론중재위원회에서 결정하는 정도는 옳지 않다라고 피해자 단체도 이야기했습니다.

🧑 (열람차단청구는) 그래서 바로 차단되는 것이 아니라 중재위에서 조정하고 언론사도 … 언론사가 필요해서 거부하면 이것은 또 할 수가 없는 것 아닙니까? 그래서 이것을 자꾸 독소조항이라고 비판하는 것은 과하다고 생각하는데

첫 번째 발언은 당시 야당이었던 민주당 소속 의원의 발언이다(제346회 문화체육관광법안심사소위원회 제2차, 2016, 11, 22). 두 번째 발언은 5년 후 야당의 처지는 같으나 국민의힘 소속 의원의 발언이며, 같은 시기에 있었던 세 번째 발언자는 발언 당시 여당이었던 민주당 소속 의원 발언이다(제391회 국회 언론미디어제도개선특별위원회 회의록, 2021, 11, 29).

정권이 바뀌면 과거 발언이나 입장을 손바닥 뒤집는 듯 쉽게 하는 것이 정치권의 일상이라 그리 어색한 일도 아니다. 언론정책에 대한 소신도 정책의 일관성도 없음을 다시금 상기시켜 주었다.

인터넷 미디어 특성을 반영한 새로운 피해구제방안을 처음 제시한 개정안은 김한표 의원 대표발의안이다. 2015년 3월, 새누리당 의원을 중심으로 발의한 개정안은 언론의 환경변화에 대응하는 실효성 있는 구제방안이 필요하다며 기사삭제청구권 도입을 추진했다.

> **김한표 의원 대표발의 언론중재법 일부 개정안**
> 제15조의2 【기사삭제청구권】 ① 사실적 주장에 관한 언론보도등이 진실하지 아니함으로 인하여 피해를 입은 자는 그 언론보도등의 내용에 관한 삭제를 언론사등에 청구할 수 있다.
> ② 제1항의 청구에는 언론사등의 고의·과실이나 위법성을 필요로 하지 아니한다.
> ③ 기사삭제 청구에 관하여는 따로 규정된 것을 제외하고는 정정보도 청구에 관한 이 법의 규정을 준용한다.

이후 본격적인 논의는 2016년 발의된 언론중재법 개정안에서 비롯되었다. 이 법안 역시 2021년 열람차단청구권을 거세게 반대했던 국민의힘 의원들이 발의한 것이다. 당시 언론중재법 개정안을 대표발의한 곽상도 의원은 열람차단청구권의 도입 취지를 이렇게 말했다.

> 언론중재 신청해서 허위 사실로 쌍방 간에 합의가 된 것도 인터넷에 들어가면 옛날 보도들이 그냥 그대로 다 나와 있습니다. 지난번에 어느 신문사에서 얘기하는 것 들어보니까 '오보도 역사다' 그러면서 그냥 그대로 남아 있어야 된다 하는 얘기를 했다고 하는데요. 신문사라든가 거기에는 그런 자료가 남아 있는 것, 그것은 저희들도 이의 없습니다. 그것을 규제하려는 게 아니고 그게 외부에 표출되지 않게 해 달라는 겁니다. 역사는 그냥 신문사나 이런 데서 가지고 있으시면 되고, 인터넷이나 이런 데 검색해서 그게 떠 가지고 누구라도 명예가 손상되지 않게 하자는 취지입니다. (제346회 문화체육관광법안심사소위원회 제2차, 2016. 11. 22)

그렇다. 인터넷이 갖고 있는 신속한 전파력과 정보 보관성, 정보의 무한 복제성 등의 특징은 곧 인터넷상 잘못된 기사로 인한 인격권 침해가 계속 전파, 확산될 수 있음을 의미한다. 그래서 기존의 정정보도청구나 반론보도청구만으로 부족하다. 언론보도피해의 지속과 확대를 막을 다른 방안이 필요한 이유이다. 이러한 문제의식에 공감하여 그 대안을 찾고자 한 노력이 나타나기 시작한다.

인격권에 기한 방해배제청구권으로서 기사삭제청구권을 인정한 대법원

판결 취지를 반영한 개정안이 제출되었고 침해배제청구권으로 이름 붙여졌다. 열람차단청구권을 다룬 최근 언론중재법 개정안과 명칭은 다르지만 입법 취지는 크게 다르지 않다. 두 개정안 모두 인터넷 미디어의 특성을 반영한 피해구제 조치로서 '침해배제청구권'과 '열람차단청구권'을 제시하고 있다. 인터넷 기사의 수정·보완·삭제 및 피해확산의 방지에 필요한 조치 등을 제시한 침해배제청구권은 '이용자에게 노출되지 않도록 차단 관리하는 것으로 한정한 열람차단청구권'보다 포괄적이다. 권리 행사 요건으로는 두 개정안 모두 언론보도의 진실 여부와 사생활의 핵심영역 침해, 침해의 계속성을 제시하고 있다.

곽상도 의원 대표발의 언론중재법 일부 개정안의 열람차단청구권 관련 조항
제33조 【정보통신망에서의 인격권 침해배제청구권】 ① 정보통신망을 통한 언론보도등으로 인하여 위법하게 인격권 및 그 밖의 권리를 침해받았다고 주장하는 자(이하 '인격권피해자'라 한다)는 다음 각호의 어느 하나에 해당하는 경우에 해당 언론사등에게 해당 언론보도등의 수정·보완·삭제 및 피해 확산의 방지에 필요한 조치를 청구할 수 있다.
1. 언론보도등의 내용이 거짓이고 이로 인하여 인격권을 중대하게 침해하는 경우
2. 언론보도등의 내용이 사생활의 핵심영역을 침해함이 명백한 경우
3. 그 밖에 언론보도등의 내용이 인격권을 계속적으로 중대하게 침해하여 이를 방치하면 형평에 반하는 경우
② 언론보도등이 보도 전·후 사정변경에 의하여 현저히 부정확한 것으로 판명되어 인격권을 중대하게 침해하는 경우 인격권피해자는 관련 언론사등에 변경된 사정에 따라 해당 언론보도등의 내용을 수정·보완하도록 청구할 수 있다.
③ 제1항 및 제2항의 권리 행사에 관하여는 제14조 제3항 및 제4항을 준용한다.

> **신현영 의원 대표발의 언론중재법 일부 개정안의 열람차단청구권 조항**
>
> 제2조 17의2 '기사의 열람차단'이란 인터넷신문이나 인터넷뉴스서비스에 의하여 보도 또는 매개된 기사가 「정보통신망 이용촉진 및 정보보호 등에 관한 법률」 제2조 제1항 제4호에 따른 이용자에게 노출되지 않도록 차단·관리하는 것을 말한다.
>
> 제17조의2【열람차단청구권】 ① 인터넷신문이나 인터넷뉴스서비스를 통한 언론보도등으로 인하여 다음 각호의 어느 하나에 해당하는 사유로 피해를 입은 자는 해당 인터넷신문사업자, 인터넷뉴스서비스사업자에게 기사의 열람차단을 청구할 수 있다.
> 1. 언론보도등의 주요한 내용이 진실하지 아니한 경우
> 2. 언론보도등의 내용이 사생활의 핵심영역을 침해하는 경우
> 3. 그 밖에 언론보도등의 내용이 인격권을 계속적으로 침해하는 경우
> ② 열람차단청구권에 대해서는 제1항에 규정된 것을 제외하고는 정정보도청구권의 요건 및 행사에 관한 이 법의 규정을 준용한다.

대법원이 인정한 기사삭제청구권에 뿌리를 둔 열람차단청구권

　기사삭제청구권, 침해배제청구권, 열람차단청구권 등 그 명칭은 다르지만 인터넷 미디어 환경에 부합하는 새로운 권리를 지칭한다. 그 권리의 연원은 2013년 대법원이 인정한 기사삭제청구권에 두고 있다.

　그 뿌리를 살펴본다. 2013년 대법원은 인격권 침해를 이유로 한 방해배제청구권으로서 기사삭제청구권을 처음으로 다룬다(대법원 2013. 3. 28. 선고 2010다60950 판결). 대법원은 인격권 침해를 당한 자가 침해행위를 배제하거나 침해행위의 금지를 구할 수 있다며 이렇게 판시했다.

명예는 생명, 신체와 함께 매우 중대한 보호법익이고 인격권으로서 명예권은 물권의 경우와 마찬가지로 배타성을 가지는 권리라고 할 것이므로 사람의 품성, 덕행, 명성, 신용 등의 인격적 가치에 관하여 사회로부터 받는 객관적인 평가인 명예를 위법하게 침해당한 자는 손해배상(민법 제751조) 또는 명예회복을 위한 처분(민법 제764조)을 구할 수 있는 이외에 인격권으로서 명예권에 기초하여 가해자에 대하여 현재 이루어지고 있는 침해행위를 배제하거나 장래에 생길 침해를 예방하기 위하여 침해행위의 금지를 구할 수도 있다.

언론보도에 대한 사후적 방해배제청구권으로서 기사삭제청구의 요건을 제시했는데 명예훼손에 대한 일반적 위법성 조각사유(공익성, 진실성, 상당성)와 달리 적용했다. 즉 기사삭제청구권의 요건으로 첫째, 보도가 진실이 아니거나 공공의 이해에 관한 사항이 아닐 것, 둘째 원고의 명예가 중대하고 현저하게 침해받고 있는 상태일 것을 요구하며, 피고가 취재 당시 기사가 진실이라고 믿은 데 상당한 이유가 있었다는 등의 항변은 기사삭제 여부를 판단하는 고려요인이 아님을 분명히 했다.

인격권 침해를 이유로 한 방해배제청구권으로서 기사삭제청구의 당부를 판단함에 있어서는 그 표현 내용이 진실이 아니거나 공공의 이해에 관한 사항이 아닌 기사로 인해 현재 원고의 명예가 중대하고 현저하게 침해받고 있는 상태에 있는지 여부를 언론의 자유와 인격권이라는 두 가치를 비교 형량하면서 판단하면 되는 것이고, 피고가 그 기사가 진실이라고 믿은데 상당한 이유가 있었다는 등의 사정은 형사상 명예훼손죄나 민사상 손해배상책임을 부정하는 사유는 될지언정 기사삭제를 구하는 방해배제청구권을 저지하는 사유로는 될 수 없다.

기사삭제청구권에 상당성 요건을 적용할 수 없다고 보는 견해는 첫째, 기사삭제청구의 근거를 배타적 권리인 인격권에서 찾는 이상 객관적으로 인격권을 침해하고 있다면 방해배제청구권으로서 기사삭제청구권을 인정할 수 있다. 둘째, 위법성 조각사유는 행위자의 표현행위 당시의 행위 위법인 반면 기사삭제는 기사의 존재 자체로 인한 현재의 상태위법에 관계된 것이다. 셋째, 기사가 게재된 시점이 아니라 현재 시점을 기준으로 상당성을 판단해야 하며, 기사가 허위라는 것이 밝혀지면 그 시점을 기준으로 피고가 기사게재를 유지할 상당한 이유가 소멸된다. 넷째, 허위기사임이 밝혀져 명예에 심각한 타격을 주고 있음에도 기사삭제를 할 수 없다고 하는 것은 피해자의 입장에서 너무 가혹하다는 점을 들고 있다(권태상, 2020). 기사 작성 당시 진실이라고 믿을 만한 상당한 이유가 있었다는 이유로 민사상 손해배상책임이나 형사적 책임에서 벗어날 수 있었으나 기사삭제 여부를 두고 다툴 때에는 이를 주장하지 말라는 얘기다.

곽상도, 신현영 의원 대표발의안은 이러한 대법원 판결 취지를 충실히 따른 것이다. 언론중재위원회가 뜬금없이 인터넷상의 기사를 삭제하겠다고 덤벼든 것이 아니라 대법원이 인정한 기사삭제청구권을 조정과정에서 피해자 권리로 인정, 당사자 간 합의로 이끌어보겠다는 것이다. 그것도 사전적 방해배제청구가 아닌 사후적 방해배제로서 기사의 수정·보완·삭제 내지 열람차단을 피해구제 방안의 하나로서 활용 가능성을 타진했다.

열람차단청구권이 그 이름을 달리하여 기사삭제청구권, 침해배제청구권으로 달리 칭해질 수는 있으나 기본적으로 사전금지가 아닌 사후적 조치임은 분명하다. 또한 사후적 조치라 하더라도 청구만 하면 삭제 내지 독자의 접근이 차단되는 것이 아니다. 언론조정 단계에서는 당사자 간 합의, 즉 언론사 측의 동의가 있어야 조치가 가능하다. 정정보도나 반론보도, 손해배상청구와 같이 당사자 간 의견 조율이 이뤄지지 않는다면 기본적으로 조치는 실행되지 않는다. 물론 청구권이 법제화된다면 중재부가 직권으로 열람차단을 결정할 수는 있다. 이 경우는 전체 조정사건의 4~5% 정도이다. 또한 언론중재위원회 중재부는 조정대상 기사가 사실과 다름이 분명할 경우에 한하여 결정할 것이며, 이 같은 직권조정결정에 당사자가 이의를 제기하면 바로 효력이 상실되고 법원에서 다투게 될 것이므로 언론자유 침해 소지도 없다.

그럼에도 불구하고 오해의 불씨는 여전히 남아 있다. 열람차단청구권이 정보통신망법상 임시조치로 오해하는 경우가 대표적이다. 정보통신망법(제44조의2)에는 사생활 침해나 명예훼손 등 타인의 권리가 침해된 경우 침해 받은 자는 정보통신서비스제공자에게 삭제 등을 요청할 수 있고, 요청을 받으면 지체 없이 삭제·임시조치 등 필요한 조치를 하도록 규정하고 있다. 임시조치란 '해당 정보에 대한 접근을 임시적으로 차단하는 조치'로 블라인드 조치로 알려졌으며, 30일간 가능하다. 개인이 올린 게시물에 대한 정보통신망법상 임시조치가 언론중재법으로 옮겨와 언론보도에 대한 임시조치를 하려는 숨은 의도가 담겼다는 주장이다.

열람차단청구권 도입을 명문화하는 것은 현재 포털 플랫폼에 적용되고 있는 정보통신망법상의 블라인드 조치와 유사한 제도를 도입하려는 것으로 보인다. 블라인드 처리는 인터넷상 자극적인 댓글이나 토론문 등이 타인의 인격권을 침해하거나 그럴 가능성을 보일 때 플랫폼이 자발적으로 접속을 한 달 동안 차단하는 것이다. 그런데 개정안에서 말하는 열람차단의 대상은 악플이나 비판적이고 자극적인 주장을 하는 유사언론이 아닌 일반 언론의 '기사'이다. 언론 기사가 마음에 안 든다고 해서 이에 대한 접속을 아예 못하게 하는 것은 분명 국민의 알권리를 침해하는 결과를 가져올 수도 있다. (동아일보, 2021년 8월 30일, "여당 언론법, 피해구제보다 비판보도 재갈 채울 것")

기우이다. 일방의 주장이나 권리 제기만으로 언론보도를 사상의 자유시장에서 숨기려는 것이 아니며, 눈에 보이지 않게 할 수도 없다. 있을 수 없는 일이며, 있어서도 안 되는 불행한 일이다. 열람차단은 일방의 주장이나 제기에 의해 행사되고 실현되는 권리가 아님을 분명히 밝힌다.

또한 언론조정실무에서 정착된 관행으로 오랫동안 활용해 온 구제방안이다. 언론중재법상 청구권이 없음에도 불구하고 신청인들이 삭제를 요구하는 것은 인터넷 매체의 특성인 강한 전파력 때문이다. 다른 매체와 달리 기술적으로 가능한 측면도 바탕에 깔려 있다(김상우, 2010). 언론조정과정에서 기사삭제에 대해 최초로 합의한 사건은 '2005서울조정138사건'으로, 신문사 인터넷 홈페이지에 게시된 기사를 기자는 물론 일반인도 열람하지 못하도록 함과 동시에 포털사이트인 네이버, 야후, 다음 등에 대해 해당 기사삭제 통지를 발송하도록 합의사항에 포함시켰다(조준원, 2010). 열람차단청구와 관련한 논의가 시작되기 10년 전부터 이미 조정실무에서 활용되었다. 변화된 미디어 환경을 외면하기 어려운 현실적인 문제였던 것이다. 이후 인터넷 미디어에 대한 언론조정신청 증가와 비례하여 기사삭제나 열람차단은 유효한 피해구제 방안으로 활용되는 비중이 높아졌다.

정보통신망법상 임시조치를 언론보도에 적용하려는 시도 매우 부적절
열람차단청구권은 임시조치와 전혀 달라

열람차단청구권과 무관하지만 안타깝게도 언론계의 우려는 현실이 되었다. 언론보도를 언론조정신청만으로 접근을 차단하는 법안이 발의된 것이다. 인터넷상의 유해 게시물은 정보통신망법에 따라 게시물의 접근을 차단하는 임시조치가 가능하니 언론보도도 언론중재위원회에 조정신청을 하면 언론중재위원회가 해당 기사에 대한 접근을 차단하게 하자는 취지의 법안이다(김승남 의원 대표발의, 2023. 6. 29, 의안번호 22955). 정말 이러한 발상을 어떻게 이해해야 하는지 난감하다. 이 법안이 발의된 후 2023년 가을, 방송통신심의위원회가 가짜뉴스 폐해를 지적하며 정보통신망법에 따라 인터넷신문인 〈뉴스타파〉에 대한 심의를 하겠다고 나섰다. 언론보도도 정보통신망법상 인터넷을 통해 정보라며 유해정보나 불법정보 게시물과 같이 심의하겠다는 것이다. 하지만 더 큰 문제는 언론보도를 정보통신망법에 따른 정보에 포함할 경우 정보통신서비스 사업자가 언제든지 언론보도를 차단하는 임시조치를 행할 수 있다. 명확한 법적 근거 없이 언론보도를 임시조치하려는 방송통신위원회나 방송통신심의위원회, 정부, 여당에 대한 비판의 목소리가 높은 것은 당연하다.

야당과 일부 언론도 강하게 반발했다. 법적 근거가 없다는 것이 그 이유이다. 야당(더불어민주당)은 정부와 여당을 비난하며, 다른 한편에서는 그 법적 근거를 언론중재법에 마련해 주려는 심산이었나 보다. 도무지 이해할 수 없는 이율배반적 행태에 반성해야 한다. 방송통신심의위원회의 인터넷신문 심의를 비판하면서 언론중재법으로 언론보도를 차단하는 임시조치의 법적 근거를 마련하겠다는 야당의 자기모순적 입법 활동은 정부와 여당 못지않게 국민의 비판에서 자유롭지 못할 것이다. 언론 자유에 대한 철학의 부재에서 비롯된 이 법안과 이러한 법적 규제 시도에 반대한다. 이로 인해 열람차단청구권에 대한 오해와 불필요한 논쟁이 재연되지 않을까 걱정스럽다.

Chapter
03
시사 유튜브 채널의 언론조정대상 편입 방안

대세로 자리잡은 유튜브, 언론인가

 2022년 대통령선거를 앞두고 모든 유력 대통령 후보들과 인터뷰를 성사시킨 미디어가 있다. 지상파방송이나 유력 신문사가 아니라 더욱 주목받은 이 미디어는 경제·주식 전문 유튜브 채널을 표방하는 〈삼프로TV_경제의 신과함께〉(이하 '〈삼프로TV〉')이다. 가짜뉴스의 진원지 같은 유튜브 채널 앞에 유력 대선 후보들이 줄지은 낯선 장면이었다. 당시 구독자 수 200만 명에 달하는 유튜브 채널의 영향력은 막강했다. 조회 수는 1,200만 회에 달했다. 내용 측면에서도 호평받았다. 특정 분야에 집중하면서도 맥락을 끌어내는 인터뷰로 기성 언론의 낡은 문법과 관행에 경고를 주었다는 호평을 끌어냈다. 유튜브 채널이 기존 언론의 공론장 제공이라는 언론 영역까지 넓어진 현실을 상징적으로 보여줬다는 평가이다.[10]

10) 미디어오늘, 2022년 1월 5일, "삼프로TV현상, 2022년 대선 정국 뒤흔들다"; 한겨레, 2022년 1월 12일, "재미·의미·음미… 낡은 대선 보도에 '삼프로'가 던진 화두"

〈삼프로TV〉는 기존 언론 이상으로 그 역할을 훌륭하게 수행했지만 아직은 언론이 아니다. 유력 일간지 발행부수를 능가하는 구독자 수와 주기적인 새로운 콘텐츠 업로드, 콘텐츠 내용과 영향력 등을 고려할 때 언론이라 봐도 무방하겠지만 신문도, 방송도 아닌 미디어플랫폼 사용자에 불과할 뿐이다. 우리 법에서 유일하게 언론을 규정하고 있는 법은 언론중재법이다. 언론중재법은 "언론이란 방송, 신문, 잡지 등 정기간행물, 뉴스통신 및 인터넷신문"으로 규정하고 있는데 유튜브 채널은 그 어디에도 해당하지 않는다고 본다. 언론도 아닌 미디어플랫폼 사용자 앞에 대선 후보들이 줄지어 있는 낯선 풍경이 연출된 것이다.

유튜브를 통한 뉴스 이용도 자연스러운 일로 자리잡았다. 영국 옥스퍼드대 부설 로이터저널리즘연구소가 펴내는 〈디지털 뉴스 리포트 2023 한국〉에 따르면, 우리 국민의 약 53%가 유튜브를 통해 뉴스를 소비하고 있는 것으로 나타났다. 46개 조사대상국 평균보다 23%나 높은 수치이다. 한국은 2017년을 기점으로 기존 방송뉴스를 유튜브 채널에서 클립 형태로 이용하고, 관심 있는 뉴스 해설 기반 유튜브 채널을 구독 형태로 소비하는 방식이 보편화되고 있다.

뉴스 소비방식의 변화에 신문사의 발걸음이 바빠졌다. 지면과 인터넷 홈페이지를 통해 제공하던 뉴스 콘텐츠를 유튜브 채널로도 선보이기 시작한 것이다. 〈기자협회보〉가 2023년 7월, 신문 48개 사, 통신 3개 사 등 51개 언론사의 유튜브 채널 운영 현황을 조사한 결과 136개 유튜브 채널을 운영 중인 것으로 나타났다. 이 가운데 구독자 10만 명 이상을 확보한 채널이

32개였으며 이 채널을 운영하는 언론사는 19곳이었다.[11] 구독자 수 10만 명 이상이면 유튜브 본사가 실버버튼을 부여하는데 이는 유력 유튜브 채널로 인정되는 기준이다. 2018년 기준 발행부수 10만 부 이상인 일간신문은 전국에 18개 신문사에 불과한 현실에 비추어 보면 잰걸음으로 뛰어든 유튜브 시장에 빠르게 안착한 셈이다.

디지털 미디어 환경은 언론 개념의 확장, 변형을 요구

디지털 미디어 시대의 인터넷은 활자매체와 영상매체의 경계를 넘나든다. 인터넷 미디어는 활자든 영상이든 모든 형식의 콘텐츠를 담아서 전달하며 쌍방향성까지 가능하게 한다. 텍스트와 영상 콘텐츠가 혼재된 인터넷 미디어는 전통적인 신문과 방송의 경계를 무의미하게 만들고 있다. 미디어 융합의 시대이다.

하지만 현행 언론법제는 신문과 방송이라는 기존 언론의 큰 틀을 고수한 채 이원화된 체계를 유지하고 있다. 유튜브 채널을 통한 뉴스 이용이 보편화되고 일상 속으로 빠르게 파고들고 있지만 유튜브는 언론인지, 언론으로 본다면 신문으로 봐야 하는지 방송에 포함해야 하는지 의견이 분분하다. 언론법이 신문법과 방송법이라는 두 기둥으로만 지탱된 까닭이다.

---

[11] 기자협회보, 2023년 8월 8일, "신문·통신사 유튜브 10년… 골드버튼 1개, 실버버튼 31개"
https://www.journalist.or.kr/news/article.html?no=54061

미디어 환경이 빠르게 변화하고 있다는 사실은 그 체감 속도를 일상에서 느낄 수 있기에 이를 언급하는 것 자체가 오히려 진부할 지경이다. 미디어 환경 변화의 속도와 방향은 가늠하기 쉽지 않고 현재도 진행형이다. 디지털 미디어 환경은 기존 언론의 개념을 무의미하게 만들고 있다. 과거에는 신문을 발행하려면 윤전기나 인쇄시설 등을 갖추어야만 했다. 디지털 미디어 환경은 뉴스생산과 유통의 접근성을 획기적으로 낮추어 뉴스생산에 필요한 인프라를 그다지 요구하지 않는다.

단적인 예가 인터넷신문의 발행 요건이라 할 수 있다. 애초에 「신문법 시행령」은 인터넷신문 요건으로 인터넷신문 취재, 편집 인력 3명 이상 상시 고용과 주간 게재 기사 건수의 100분의 30 이상 자체 생산할 것을 요구하였다. 이후 정부는 2015년 11월, 인터넷신문의 폐해가 크다며 인터넷신문 기사 품질 제고를 위해 상시 고용해야 할 취재, 편집 인력을 3명에서 5명으로 늘리도록 개정했다. 그러나 인터넷신문의 등록 요건을 강화하려던 시도는 헌법재판소에서 제동이 걸려 오히려 인터넷신문의 설립 요건을 한결 낮추는 결과를 낳았다(헌재 2016. 10. 27.자 2015헌마1206, 2016헌마277(병합) 결정).

과거 3명(취재기자 2명, 편집기자 1명)으로 돼 있는 인터넷신문 취재 및 편집 인력 등록기준을 5명으로 상향조정한 「신문법 시행령」은 헌법재판소의 위헌 결정에 따라 해당 조항이 아예 삭제된 것이다. 이제 인터넷신문은 주간 단위로 새로운 기사를 보도하고 자체 생산 기사 30% 이상이라는 요건만 충족하면 된다. 법적으로 1인 미디어 시대가 활짝 열린 셈이다. 인터넷신문 발행을 위한 취재, 편집 인력의 상시 고용 조항의 삭제는 언론의 진입 장벽을 획기적으로 낮추었다. 인터넷신문 등록 현황을 보면 상시 고용 취재, 편집 인력을 3명에서 5명으로 강화한 시기인 2015년에는 6,347개에서 2016년 6,090개로 인터넷신문 등록이 유일하게 감소하였다. 취재, 편집 인력에 대한 규제가 풀리면서 2017년 6,885개, 2018년 7,894개, 2019년 8,878개, 2020년 9,584개로 인터넷신문은 해마다 1,000여 개 이상 폭발적으로 늘어났다. 이후에도 인터넷신문사는 계속 증가 추세를 멈추지 않았고 2023년 기준으로 인터넷신문사만 11,667개에 달한다(문화체육관광부 정기간행물등록관리시스템).

유튜브의 가짜뉴스 생산·유통 폐해를 줄이는 방안

가짜뉴스에 대한 기준과 정의는 여전히 불분명하고 이에 대한 사회적 합의 역시 과제로 남아 있다. 자신의 입맛에 따라 가짜뉴스 범주를 확장하거나 축소하여 개인이 퍼트린 조작정보부터 언론사의 오보까지 범주가 확장되고 있다. 가짜뉴스에 대한 법적 정의가 불분명한 상태에서 이에 대한 규제는 표현의 자유와 언론의 자유 침해 논란을 낳을 수밖에 없다. 이 가짜뉴스의 진원지로 지목받는 미디어가 유튜브 채널이다.

가짜뉴스의 법률적 정의가 불분명한 상황이지만 현 상황에서 유튜브의 가짜뉴스로 인한 피해를 줄일 수 있는 가장 합리적인 방안은 시정명령 등 행정적 조치가 아니라 언론조정대상에 편입하여 양 당사자의 의견 조율 과정을 거쳐 정정이나 반론보도를 구할 수 있도록 하는 것이다.

현행법은 기존 언론의 범주에 포함되는 신문, 방송, 인터넷신문뿐만 아니라 인터넷뉴스서비스의 오보까지 언론조정대상으로 함으로써 잘못된 보도의 경우 정정이나 반론보도를 통해 올바른 여론형성에 도움을 주고 있다. 일부 시사 유튜브 채널도 언론의 기능과 요건을 충족한다면 현행 언론중재법상의 조정대상에 포함하여 잘못된 정보로 인한 피해를 크게 줄일 수 있을 것으로 기대된다. 영향력이 급속하게 커진 유튜브를 중심으로 가짜뉴스가 기승을 부리고 SNS를 통해 파급력이 커지고 있다는 것은 주지의 사실이며, 일부 유튜브 채널은 이미 언론의 기능을 수행하고 있다고 판단되기 때문이다.

가짜뉴스의 법적 기준을 어떻게 설정하든 간에 시사 유튜브 채널을 언론중재법상 조정대상에 포함한다면, 유튜브 채널의 잘못된 정보로 인해 피해를 입은 자는 정정이나 반론보도 등을 구하는 조정신청을 통해 그 피해를 구제받을 수 있는 길이 열린다. 또한 조정대상은 언론의 사실적 주장, 즉 증거에 의하여 그 존재 여부를 판단할 수 있는 사실관계에 관한 주장에 국한되므로 표현의 자유나 언론자유 침해 논란에서 벗어날 수 있다. 객관적 사실관계에 근거한 의견, 논평의 자유는 최대한 허용하되 잘못된 사실관계를 전파하거나 잘못된 사실에 근거한 의견, 논평에 대해서만 언론조정대상에 편입하여 그릇된 여론 형성을 바로잡는 데 도움이 될 것이다.

언론조정신청은 잘못된 정보로 피해를 입은 당사자만이 할 수 있고 피해를 입은 자와 해당 정보를 생산한 자와의 자율적인 조정과정을 거쳐 합의를 도모한다는 점에서 정부의 직접적인 개입이나 통제 논란도 비켜 갈 수 있을 것으로 보인다.

시사 유튜브 채널 논란은 15년 전 포털에 대한 사회적 논의와 유사 과거에서 교훈을 얻어야

포털의 영향력이 커지면서 포털에 대한 규제 논의가 진행될 때 포털이 언론인가, 아닌가로 사회적 논쟁이 전개된 적이 있다. 마치 시사 유튜브 채널의 사회적 영향력이 기존 언론의 지위를 넘보면서 그 정체성에 대한 논란이 일고 있는 것과 흡사하다. 지금은 다수의 국민들이 직접 기사를 생산하지 않더라도 기사를 매개하는 포털을 당연히 언론으로 여기고 있지만 20년 전에는 달랐다. 포털이 언론인가는 뜨거운 화두였다. 논의는 수년을 이어갔고 결론은 쉽게 나지 않았다.

> 인터넷 포털은 언론인가, 아닌가. 현행 법령상으로는 아니지만 실질적으로는 이미 언론 기능을 하고 있다는 의견이 지배적이다. 포털이 하고 있는 기사 선택과 화면 배치 등은 언론 행위에 해당하며, 수용자들은 포털을 언론으로 받아들이고 있다는 것이다. 포털에 책임성을 요구하는 목소리도 높아지고 있다. … 포털은 오보의 유통에 대한 책임에서도 비켜 서있다. 신문법상 포털은 인터넷 신문이 아니기 때문에 언론중재위원회를 통한 정정보도 청구 등의 문제 제기가 원천적으로 불가능하다. (경향신문, 2006년 6월 12일, "포털社, 뉴스 전재하며 입맛대로 가공")

'비즈니스 프렌들리'를 강조하는 정부여당이 인터넷 포털의 뉴스 서비스를 언론 영역에 포함시키는 방향으로 신문법(「신문 등의 자유와 기능 보장에 관한 법률」) 개정을 추진해 논란이 일고 있다. 특히 피해구제를 고려한다면 언론중재법 적용만으로도 가능한 일을 불필요하게 신문법까지 개정해 적용하려 한다는 지적이다. (미디어오늘, 2008년 8월 20일, "포털도 언론? 신문법 개정추진 논란")

결국 논란은 종결되었고 포털은 언론이 아닌 인터넷뉴스서비스라는 새로운 정의로 언론중재법에 규정되었다. 포털은 언론은 아니지만 언론의 기능을 수행하고 있으므로 언론중재법상 조정대상에 포함하여 정정이나 반론보도 등의 의무를 부여하자는 나름 합리적으로 논의를 마무리 지었다.

15여 년 전 인터넷포털과 관련 논란은 지금의 시사 유튜브 채널에 대한 사회적 쟁점과 매우 유사하다. 정치적 편향성 논란, 표현의 자유 문제, 언론으로 볼 수 있는지 여부까지 닮았다.

시사 유튜브 채널은 그 영향력에 비례하여 허위조작정보의 유통 창구로 지목되면서 법적 규제를 둘러싸고 논란이 거세지고 있다. 한 조사에 따르면 국민들 대다수가 시사 유튜브 채널을 언론으로 인식하고 있는 것으로 나타났다. "시사 유튜브 채널이 언론에 해당하느냐"는 질문에 언론이라는 응답은 50%에 달했고, 언론이 아니라는 응답은 33%에 불과했으며, 이 같은 응답결과는 보수든 진보든 정치적 성향과 관계없이 큰 차이가 없었다는 것이다.[12]

---

12) 미디어오늘, 2019년 11월 1일, "국민 절반이 '유튜브는 언론이다'"
https://www.mediatoday.co.kr/news/articleView.html?idxno=203362

국민들의 인식이 법과 제도의 공백을 메우고 있는 형국이다. 시사 유튜브 채널이 언론인가, 아닌가에 대한 논쟁은 한동안 계속될 것이며 쉽게 결론이 나지 않을 거라고 예상된다. 과거에서 교훈을 찾는 지혜를 발휘할 때다. 과거를 팔아 오늘을 살지 말아야 할 것이나 과거를 너무 쉬이 잊어버리고 묻어버리는 우를 범해서는 안 된다.

법 개정 없이 시사 유튜브 채널을 인터넷신문으로 보고 조정대상에 편입하는 방안이 현실적

시사 유튜브 채널에 대한 대략적 논의의 지점은 이러하다. 첫째, 시사 유튜브 채널의 언론의 기능과 역할에 대해서는 다수의 국민들도 인정하고 있다. 둘째, 하지만 그 영향력이 커지면서 잘못된 정보를 양산하고 퍼뜨리는 부작용도 발생하고 있다. 셋째, 심지어 가짜뉴스를 생산하여 돈벌이로 이용하는 경우도 있으니 규제가 필요하다. 넷째, 막상 규제하려고 하니 신문법이나 방송법 그 어느 것도 딱히 마땅해 보이지 않는다.

대두되고 있는 문제를 해결할 수 있는 실현 가능한 현실적인 접근을 과거에서 찾아보자. 먼저 시사 유튜브 채널에 대한 법적 규제를 어떻게 할 것인지에 대한 시선에서, 시사 유튜브 채널로 인한 피해를 어떻게 구제할 수 있는지에 대한 시각으로 전환할 것을 제안한다. '법적 규제'에서 '피해구제'의 시선으로 문제를 바라봐야 한다, 과거 포털에 대한 언론 여부나 규제에 대한 논의에서 배웠듯이 신문법이나 방송법에 구겨 넣지 말고 언론중재법 적용 가능성을 가장 먼저 타진하는 것이 현실적이다.

방안은 두 가지다. 먼저 10여 년 전 포털에 대한 논쟁의 결말을 참조하여, 언론중재법상 언론에 포함하지 않으면서도 언론조정대상에 포섭하여 피해구제가 가능하게 하는 방안이다. 구체적으로 현행 언론중재법에 시사 유튜브 채널에 대한 정의를 새롭게 신설하여 '언론 등'으로 규정하는 것이다. 언론중재법은 '언론 등'을 "언론, 인터넷뉴스서비스 및 인터넷멀티미디어 방송"으로 규정하고 있다. 시사 유튜브 채널의 언론 여부에 대한 논쟁을 비켜가면서도 시사 유튜브 채널에서 전파한 잘못된 사실관계나 명예훼손, 사생활 침해 등으로 인한 피해를 신속히 구제할 수 있을 것이다. 하지만 이 방안은 언론중재법에 언론이 아닌 '언론 등'으로 새롭게 정의한다고 해도 다른 언론관계법에 등록 등 세부절차에 관해 규정하고자 할 때 다시 신문이냐 방송이냐를 두고 해묵은 논란을 재연할 우려가 있다. 신문, 방송, 잡지, 통신, 인터넷신문 외 또 다른 언론매체의 탄생을 두고 그 진통이 반복될 소지가 커 논의의 진전을 기대하기 어렵다.

보다 현실적인 대안으로는 시사 유튜브 채널을 언론중재법 및 신문법상 인터넷신문으로 간주하는 방안이 있다. 시사 유튜브 채널 가운데 현행 인터넷신문의 정의와 같이 정치·경제·사회·문화 등에 관한 보도·논평 및 여론·정보 등을 전파하기 위하여 독자적인 기사 생산과 지속적인 발행 등 기준을 충족하는 시사 유튜브 채널은 언론중재법상 인터넷신문으로 해석, 언론조정대상에 포함하는 것이다. 이미 인터넷신문의 법적 요건에 취재 및 편집 인력 기준은 없어졌다. 과거 취재 및 편집 인력 등록기준 조항이 삭제되어 시사 유튜브 채널이 1인 미디어라 해서 인터넷신문으로 보는 데는 전혀 지장이 없다. 주간 단위로 새로운 기사를 보도하고 자체 생산 기사 30% 이상이라는 요건만 충족하면 된다. 다만 동영상 방송의 형식을 띠고 있는 미디어를 신문법상의 인터넷신문으로 간주하는 것에 대한 사회적 통념이 걸림돌이다.

통념은 잠시 뒤로 하고, 시사 유튜브 채널에 인터넷신문의 정의 적용이 부합하지 않은지 살펴볼 필요가 있다. "컴퓨터 등 정보처리능력을 가진 장치와 통신망을 이용하여 정치·경제·사회·문화 등에 관한 보도·논평 및 여론·정보 등을 전파하기 위하여 간행하는 전자간행물", 인터넷신문에 대한 현행법의 정의이다. 포털(인터넷뉴스서비스)의 정의는 "신문, 인터넷신문, 「뉴스통신 진흥에 관한 법률」(이하 '뉴스통신법')에 따른 뉴스통신, 「방송법」에 따른 방송 및 「잡지 등 정기간행물의 진흥에 관한 법률」(이하 '정기간행물법')에 따른 잡지 등의 기사를 인터넷을 통하여 계속적으로 제공하거나 매개하는 전자간행물"이다. 전자간행물에 대한 개념은 분명치 않으나 정기간행물법에서 정의하고 있는 CD-ROM 등 별도 저장매체의 형태가 아닌 것은 명확하다.[13]

전자간행물의 개념을 유튜브 채널에 적용하는 것이 그다지 어색하게 보

---

13) 전자간행물에 대해서는 유일하게 「잡지 등 정기간행물의 진흥에 관한 법률」에 정의가 있다. 하지만 "통신망을 이용하지 아니하고 컴퓨터 등 정보처리장치를 이용하여 읽거나 보고 들을 수 있도록 전자적으로 발행한 간행물"이라 정의하고 있어 흔히 말하는 CD-ROM 등 별도의 저장매체를 염두에 둔 것으로 보인다.

이지 않는다. 이미 수많은 동영상 콘텐츠를 매개하고 있는 인터넷포털을 '전자간행물'로 규정하고 있다. 따라서 시사 유튜브 채널을 인터넷신문으로 보고 정치·경제·사회·문화 등에 관한 보도·논평 및 여론·정보 등을 전파하기 위하여 콘텐츠를 제작·전파하는 시사 유튜브 채널 운영자는 인터넷신문으로 등록할 것을 계도하고 유도하는 정책을 수립하면 된다. 지배적 시선만 극복한다면 현행법 개정 없이 시사 유튜브를 조정대상에 포함할 수 있는 가장 현실적인 대안이다.

   2023년 4월 대통령 직속 국민통합위원회〈팬덤과 민주주의 특별위원회〉는 온라인에서의 혐오 표현을 막기 위해 개인 유튜버 등을 언론조정 대상에 추가할 것을 제안하기도 했다. 언론조정 대상에 '미디어플랫폼 사용자'를 추가하자면서 구체적으로 '방문자, 영향력(추천·공유) 등이 일정 기준을 초과하는 미디어플랫폼 사용자(개인 유튜버 등)를 추가'하는 방식이다. 이 안은 기준을 초과하는 여러 성격의 유튜브 채널을 일률적으로 언론조정 대상으로 포함하게 되고, 유튜버가 언론조정 대상이 되지 않기 위해 '방문자, 영향력(추천·공유)' 등 일정 기준을 충족하지 않도록 여러 개의 소규모 유튜브 채널을 만들어 빠져나갈 수 있어 허점이 있다고 비판받는다.[14] 무엇보다 인터넷신문의 경우 구독 또는 방문자나 영향력 등의 기준이 인터넷신문 등록에 어떠한 조건으로도 작용하지 않는 데 반해 유튜브 채널에만 선별적으로 적용하는 문제를 안고 있다.

---

14) 미디어오늘, 2023년 4월 24일, "유튜브도 언론중재대상, 말처럼 쉽지 않다"
   https://www.mediatoday.co.kr/news/articleView.html?idxno=309738

인터넷신문의 정의를 적용하고 발행인, 주소, 연락처를 채널에 공개하도록 하면 언론조정 대상에 새롭게 편입시키는 데 어려움이 없다.

언론중재위원회는 2022년부터 언론사가 운영하는 유튜브 채널을 조정대상으로 포함하여 제도를 운용하고 있다. 기존 언론사가 지면이나 전파, 인터넷을 이용하여 전달한 언론보도를 언론사 유튜브 채널에도 게시하였다면 해당 유튜브 콘텐츠도 조정대상으로 보고 있다. 더 나아가 유튜브 채널 게시를 위해 별도로 제작한 언론사가 지면이나 방송을 통해 전하지 않은 콘텐츠도 언론사가 제작한 것이므로 언론보도로 보고 조정을 하고 있다. 다만 기존 언론사가 아닌 개인이나 법인이 유튜브에 시사 콘텐츠를 주기적이고 지속적으로 올린 채널은 아직 적극적으로 나서지 못하는 실정이다.

시사 유튜브 채널의 사회적 영향력이 이미 기존 언론과 어깨를 견주고 있거나 능가하고 있다고 평한다 해도 지나친 과장이라 볼 수 없을 정도이다. 비대해진 사회적 영향력과 비례하여 사회적 책임을 져야 하는 것은 이론의 여지가 있을 수 없다. 잘못된 정보를 생산 유통했다면 마땅히 바로잡아야 하고 그로 인해 누군가가 피해를 입었다면 구제받을 수 있도록 하는 것이 민주사회의 바람직한 공론장의 모습이라 하겠다.

Chapter

04

쥐꼬리만 한 정정보도, 주목도 높일 수 없나

법원과 언론중재위원회를 거친 정정보도문의 절반 이상 400자도 안 돼

정정보도에 대한 불만은 어제오늘 일이 아니다. 정정보도에 인색하다는 평가에서 좀처럼 벗어나지 못하는 우리 언론은 정정보도를 대단한 치부로 여기는 듯하다. 정정보도나 반론보도는 언론중재위원회 조정을 통해 제법 이뤄지고 있음에도 불구하고 현실 속에서 정정보도나 반론보도를 접한 경험이 있는 사람은 드물다. 대문짝만한 보도에 대한 정정보도는 주목도가 덜한 지면의 한쪽 귀퉁이에 작게 게재되는 것이 일상이기 때문이다. 최대한 노출을 줄일 수 있는 정정보도 편집 방침은 이런 면에서는 성공적이라 할 만하다. 정정보도 자체에 대해서도 인색하지만 정정보도를 하더라도 생색내기 정도에 그치고 있는 현실의 한 단면이다.

실제 법원 판결과 언론중재위원회 조정을 거쳐 정정보도가 이뤄진 사례를 살펴보니 단지 느낌에 그치지 않고 현실을 자각하게 된다. 2022년 법원에서 정정보도를 명한 판결 가운데 무려 40%가량은 보도문 분량이 300자에도 미치지 않은 것으로 나타났다(2022년도 언론관련판결 분석보고서). 이어 400자 초과 500자 이하가 25%, 300자 초과 400자 이하가 14.3%로 200자 원고지 2매 이내의 짧은 보도문이 절반 이상을 차지했다. 소송까지 가서 긴 시간을 들이고, 변호사까지 선임해서 겨우 승소했건만 그 결과는 초라하기 그지없다. 부족해도 너무 부족한 정정보도문을 보며, 언론보도 피해자는 자괴감이 들고 괜한 헛심만 썼다는 후회가 몰려올 것이다.

언론중재위원회 조정결과도 사정은 별반 다르지 않다. 2022년 언론조정을 통해 정정이나 반론보도 등이 이뤄진 806건의 사례를 살펴보니 300자 이하의 시늉만 낸 정정보도로 조정이 이뤄진 경우가 27.8%로 가장 많았고, 300자 초과 400자 이하가 26.9%로 두 번째로 큰 비중을 차지했다. 400자 이하의 짧은 보도문이 차지하는 비중이 공교롭게 법원 판결에 의한 경우 거의 비슷하게 54%로 조사되었다(2022년도 언론조정중재 사례집). 다만 700자 이상의 장문의 정정보도문은 법원보다 언론조정과정이 더 많은 것으로 나타났다. 언론조정을 거친 806건 중 94건(11.7%)의 보도문 분량이 700자를 초과한 반면, 법원판결에 의한 경우는 56건 중 3건(5.4%)에 불과했다.

일반 국민들이 언론중재위원회나 법원을 거쳐 이뤄진 정정보도 등의 실재를 확인하면 깊은 탄식이 나올 법하다. 그런데 언론사가 자체적으로 한 정정보도는 더욱 야박하다. 〈조선일보〉, 〈중앙일보〉, 〈한겨레〉, 〈경향신문〉 등 일간지가 1년 동안 '바로잡습니다'에 게재한 정정기사를 분석한 연구를 보면 평균 글자 수는 111자에 불과한 것으로 나타났다(김은혜, 2009).

언론중재위원회와 법원의 정정보도문 분량 비교

보도문 분량	언론중재위원회	법 원
300자 이하	224건(27.8%)	22건(39.3%)
301~400자	217건(26.9%)	8건(14.3%)
401~500자	168건(20.8%)	14건(25.0%)
501~600자	69건(8.6%)	5건(8.9%)
601~700자	34건(4.2%)	4건(7.1%)
700자 초과	94건(11.7%)	3건(5.4%)
계	806건	56건

출처: 언론중재위원회 (2023), 〈2022년도 언론조정중재 사례집〉, 〈2022년도 언론관련판결 분석보고서〉

정정보도문의 보도방식 개선을 시도한 법 개정안들
정정보도 크기에 대한 집착에서 벗어나
미디어 특성을 고려한 정정보도 노출도를 높일 수 있는 방안 검토해야

　법 규정의 부재로 이러한 현상이 발생하는 것만은 아니다. 언론중재법은 정정보도 등의 보도가 공정한 여론 형성에 기여할 수 있도록 보도 내용과 방법에 대해 규정하고 있다. 바로 언론중재법 제15조 제5항과 제6항이 그것이다. 정정보도 내용에 관해서는 "언론사 등이 하는 정정보도에는 원래의 보도내용을 정정하는 사실적 진술, 그 진술의 내용을 대표할 수 있는 제목과 이를 충분히 전달하는 데에 필요한 설명 또는 해명을 포함하되, 위법한 내용은 제외한다."고 명시하고 있다(제15조 제5항). 보도 방법도 "사실 공표 또는 보도가 이루어진 채널, 지면 또는 장소에서 같은 효과를 발생시킬 수 있는 방법으로 하여야 하며, 방송의 정정보도문은 자막과 함께 통상적인 속도로 읽을 수 있게 하여야 한다."고 규정하고 있다(제15조 제6항).

법문에 명확하게 규정하고 있음에도 불구하고 정정보도문의 크기나 위치, 내용은 개선되지 않았고 국회의 문제의식도 커졌다. 이 정도의 규정만으로는 정정보도에 대한 언론계의 뿌리 깊은 관행에 변화를 기대할 수 없다고 판단하고 관련 법 조항을 바꿔야 한다는 움직임이 법 개정안으로 표출되기 시작했다.

2020년 5월 개원한 제21대 국회에서 언론의 정정보도문 개선과 관련한 언론중재법 개정안도 이러한 고민의 산물이다.

정청래 의원은 언론사가 정정·반론·추후보도 할 경우에 "원보도의 지면 및 분량으로" 하도록 언론중재법 개정안을 발의했다. 박광온 의원은 보다 구체적으로 매체별 특성을 고려하여 세부적인 기준을 마련하고 이를 위반할 경우 벌칙조항을 신설, 과태료를 부과하도록 했다. 매체별로 정정보도문을 게재 내지 방송할 때 위치 내지 순서를 지정하는 방법이다. 방송은 프로그램 시작 시, 신문은 첫 면에, 인터넷신문은 초기화면으로 지정하는 방식이다.

1. 방송 및 인터넷 멀티미디어 방송: 채널의 프로그램 시작 시 자막(라디오방송은 제외한다)과 함께 통상적인 속도로 읽을 수 있게 할 것
2. 신문: 신문의 첫 지면에 게재할 것
3. 잡지 등 정기간행물: 정기간행물의 본문이 시작되는 첫 지면에 게재할 것
4. 뉴스통신·인터넷신문 및 인터넷뉴스서비스: 해당 언론사 등의 인터넷 홈페이지의 초기화면에 게재할 것

언론사가 보도피해자의 정정보도 요구 시 협의사항에서 정정보도문의 '크기'는 협의 대상에서 아예 제외시키는 법안도 제출되었다. 김영호 의원은 개정발의안 제안이유에서 언론사의 정정보도가 "분량이 매우 짧거나 그 크기와 글씨가 매우 작아 시청자가 이를 정확히 인지하지 못하는 경우가 대부분"이라며 정정보도청구를 규정하고 있는 입법취지가 잘 지켜지지 않고 있다고 비판했다. 내용은 협의할 수 있되, 그 크기는 정정의 대상인 언론보도와 같은 시간·분량 및 크기로 보도하도록 하고 이를 어길 시 역시 과태료를 부과할 수 있도록 한 안이다.

김원이 의원은 언론중재위원회가 정정보도 등의 보도방식에 대해 지침을 마련하고 언론사에 권고하도록 하는 안을 마련했다.

> 중재위원회는 언론사 등이 방송 또는 게재하는 정정보도, 반론보도 및 추후보도를 통하여 공정한 여론형성이 이루어질 수 있도록 정정보도, 반론보도 및 추후보도의 방식 등에 대한 지침을 마련하여야 하며, 언론사 등에 해당 지침을 준수하도록 권고하여야 한다. 이 경우 언론사 등은 특별한 사유가 없으면 이에 따라야 한다. (김원이 의원 대표발의 언론중재법 개정안)

최강욱 의원도 정정보도 방식이 구체적으로 명시되지 않아 대다수 독자가 정정보도문을 제대로 확인하지 못하고 있다며 원보도와 '같은 크기, 같은 위치, 같은 방송시간 등 원보도와 같은 효과'를 발생시킬 수 있는 방법으로 해야 한다고 규정했다.

정정보도문의 크기, 분량, 위치 등 정정보도문 자체뿐만 아니라 인터넷상의 잘못된 원보도에도 정정보도 흔적을 남겨 노출도를 높이는 방안에 관심을 둔 안도 있다. 현행법은 인터넷뉴스서비스 사업자는 자신이 매개한 기사에 대해 정정보도청구 등이 제기되면 이 같은 사실을 알리는 표시를 하도록 규정되어 있다(언론중재법 제17조의2 제1항). 하지만 정정보도 등을 하기로 결정된 후의 조치는 관련 규정이 없다며, 기사제공 언론사가 정정보도 등을 하는 경우에도 인터넷뉴스서비스 사업자나 인터넷신문 사업자가 해당 기사의 제목 및 내용에 정정보도 등이 있음을 표시하고, 정정보도 등의 내용을 쉽게 검색·확인할 수 있도록 필요한 조치를 취할 것을 강제하였다(김영호 의원 대표발의 언론중재법 개정안).

기사제공 언론사보다는 이를 매개한 인터넷뉴스서비스 사업자에게 더욱 주목하기도 한다. 정정보도청구 등이 있었음을 알리는 표시를 '인터넷 기사 제목 및 본문상단'에 구체적으로 명시하고 나아가 독자 등이 그 표시를 클릭하면 정정보도청구 등의 내용을 열람할 수 있도록 조치를 의무화한 것이다. 정정보도 크기 등에 대한 주문도 잊지 않았는데 앞선 다른 개정안과 달리 방송과 지면신문은 제외하고 인터넷언론에 대해서만 정정보도 크기, 분량 등을 요구한 것이 특이하다(김용민 의원 대표발의 언론중재법 개정안).

> 인터넷신문사업자 및 인터넷뉴스서비스사업자는 정정보도청구 등이 인용된 경우에는 원보도와 일치하는 구역 및 화면순서, 분량, 방법으로 기사를 제공하거나 매개하여야 한다. 이 경우 원보도의 기사 제목 및 본문 상단에 정정보도 등이 있음을 표시하여야 한다. (김용민 의원 대표발의 언론중재법 개정안)

이 개정안(김용민 의원 대표발의)은 언론조정신청 대상 기사 제목에 알리는 표시를 하도록 하되 그 위치를 기사 제목과 본문 상단으로 지정하였다. 또한 표시를 클릭하면 정정보도청구 등의 내용을 볼 수 있도록 규정했다. 마지막으로 정정보도 방법은 원보도와 일치하는 구역, 화면순서, 분량으로 하도록 하여 제출된 개정안 가운데 알림 표시의 실효성을 가장 높였다고 평가된다. 기존의 신문이나 방송 기사는 일회적이고 불가역적이라 알림 표시를 할 수도 없기에 항시적인 접근과 제공이 가능한 인터넷 미디어에 집중한 것으로 보인다.

신문은 원 기사 제목 크기와 동일한 제목 크기로, 방송은 방송 자체에 집중해야

여러 개정안은 소관 상임위원회인 문화체육관광위원회 의결을 거치면서 '대안'으로 정리되었다. '대안'에서 정리된 내용을 중심으로 진정 대안이 될 수 있는지 검토해 본다.

정정보도 크기는 획일적인 기준을 다소 유연하게 수정했다. 정정보도 크기는 원보도와 같은 시간, 분량 및 크기로 보도하되 정정보도청구 내용이 보도의 일부인 경우에는 원래의 보도보다 작게 보도할 수 있으나 이 경우에도 원보도의 시간, 분량, 크기의 2분의 1 이상으로 하여야 한다고 규정했다. 정정보도 크기에 대해 무조건 원보도와 동일한 조건을 제시하며, 전혀 양보할 준비가 없었던 것에 비하면 상당히 완화된 내용이다. 하지만 일률적인 정정보도 등의 방식의 고수 태도는 별반 달라지지 않은 안이다. 원보도의 극히 일부에 해당하는 내용에 대해 정정·반론보도 등이 이뤄지는 경우에 답이 없는 대안이다. 내용도 없는데 억지로 늘리는 것도 한계가 있는 법이다. 무리한 구석이 있지만 언론의 자업자득인 측면도 있어 이를 환영하는 국민들도 상당히 있을 듯하다.

그럼에도 정정보도 분량이나 크기를 늘릴 수 있는 현실적인 대안으로서 평가하자면 높은 점수를 줄 수 없다. 분량이나 시간은 인위적으로 늘리는 데는 분명한 한계가 있기 때문이다. 한 예를 들어보자. 200자 원고지 10장 가량의 분량의 기사 중 일부, 원고지 한 장도 아니고 그 절반인 약 100자 정도 분량이 팩트에서 벗어났다. 당사자는 언론중재위원회에 조정신청을 했고 사실과 맞지 않는 부분은 정정보도 하기로 조정이 이뤄졌는데 200자 원고지 한 장도 아니고 10장으로 정정보도 해야 한다면 황당하지 않겠는가? 정정보도 사안도 아닌 내용을 억지로 언급해야 하는 건지, 없는 내용을 가공할 수도 없는 난감하고 어처구니없는 상황이 연출될 것이다. 그나마 5장으로 낮춰준 걸 다행스럽게 여겨야 하는 것인가?

정정보도 등의 분량과 시간 부분을 일률적으로 구속하려 하지 말고 종이신문은 정정보도 '제목 크기'에, 방송은 동일 채널 '방송' 그 자체에 집중하는 것이 보다 현실적인 대안이라 생각한다. 정정보도문 등의 기사제목 크기는 원보도 기사제목과 동일한 크기로 하도록 하고, 방송은 원 방송 프로그램에 보도하도록 하는 것이 중요하다.

신문의 경우 원 기사 제목 크기와 동일한 제목 크기로 정정보도 등을 하도록 한다면 편집상 정정보도 내용도 제목 크기에 비례하여 자연히 늘어날 것이 예상된다. 제목은 비대하나 내용은 빈약한 기형적인 편집을 감수할 수도 있겠으나 취재경위나 정정보도를 하게 된 경위, 언론사 내부 조치, 재발방지 방안 등을 담아 구색을 갖추려 할 것으로 보인다. 방송보도에 대한 정정은 '방송' 그 자체가 중요하다. 방송뉴스나 시사프로그램에 대한 정정보도 요구를 수용하는 경우에도 방송사 입장에서는 '방송'은 여간해서는 받아들이지 않는다. 대신 방송사 인터넷 홈페이지 게재를 제안하는 경우가 많다. TV방송을 통해 정정보도를 접하기 어려운 이유가 여기 있다. 정정·반론보도 '방송' 자체를 부담스러워하는 방송사에게 그 분량과 시간까지 원보도와 동일한 수준으로 요구하는 것이 비현실적이라는 생각이 든다.

정정보도의 크기, 분량, 시간을 원보도와 동일한 수준으로 할 것을 의무화하면서 이를 지키지 않을 경우 과태료를 부과까지 한 것은 살짝 선을 넘어섰다. 벌칙 조항이 없으면 유명무실할 것이 분명한데 어떻게 정정보도문의 효과를 높일 것인지 다른 대안을 제시하라 하면 갑갑한 노릇이다. 하지만 답답해도 지켜야 할 것은 지키는 것이 맞다. 속이 얹혔다고 개복 수술하자고 덤비는 꼴이 될 수도 있다.

**알림 표시는 포털에서 인터넷신문 등 인터넷 미디어로 확대하되
정정보도청구 등이 제기된 사실을 알리는 것이 아니라
정정보도 등이 행해진 사실을 기사 제목에 표시하는 것으로 국한해야**

'대안'은 정정보도청구 등이 제기되었음을 기사에 알리는 표시와 관련해서 그 대상을 현행법상 인터넷뉴스서비스뿐만 아니라 인터넷신문으로 확대하고 그 방법에 대해서는 제목 및 내용에 표시를 하고 정정보도 내용이 쉽게 검색, 확인할 수 있도록 의무화했다.

알림 표시 의무 대상을 인터넷신문 사업자로 확장한 것은 알림 표시의 실효성을 높이고 법 적용의 형평성 측면에서도 바람직한 방향으로 평가된다. 인터넷 미디어의 특성을 고려한 조치라면 인터넷 미디어인 인터넷신문도 인터넷뉴스서비스 사업자와 동일하게 적용하는 것이 타당하다는 취지이다. 이러한 알림 표시를 한 기사를 접하는 독자들이 기사에 어떤 문제가 있다거나 기사 내용에 다툼이 있다는 부정적인 인식을 가져올 수 있다고 우려하는 시각도 있다. 하지만 보도 시점으로부터 일정 정도 시간이 경과한 시점에 알림 표시가 진행되는 점을 고려한다면 기사의 신뢰도에 치명적인 상흔을 남기는 것은 아닐 것이다. 다만 알림 표시의 등록과 해제 시점에 대해서는 어디에도 규정하고 있지 않아 보완이 필요할 듯싶다. 정정이나 반론보도청구를 받으면 '곧바로' 표시하도록 했지만 명확한 시점을 언급하고 있지 않다. 알림 표시 해제 시점은 아예 언급이 없다. 예를 들어 표시 시점은 '언론중재위원회 출석요구서를 송달받은 후 24시간 이내'로, 해제 시점은 '언론중재위원회 조정이 종결된 후' 등으로 표시 및 해제 시점을 명확히 규정해야 할 것이다.

그럼에도 이 안이 가지고 있는 한계가 분명하고, 우려스러운 지점을 지나칠 수 없어 강하게 주장하지 못한다. 단지 조정신청이 있었다는 이유로 알림 표시를 하게 되면 일부 악성 신청인은 자신의 심기를 어지럽히는 기사에 대해 일단 조정신청부터 제기하지 않을까 우려된다. 공직자나 거대 기업 등 언론의 항상적 감시와 견제, 비판의 대상이 되어야 할 당사자들이 정당하고 공적인 언론보도에 우선 조정부터 청구하도록 하는 '전략적 호도'

전술로 악용될 가능성이 있다는 지적이 그것이다.15) 기분 나쁜 기사에 대해 생채기라도 내고 싶은 심정에 언론조정제도를 악용하려고 들 가능성도 충분히 고려해야 한다. 괜한 기우로 그칠 것으로 보이지 않는다.

따라서 정정이나 반론보도청구가 제기되었다는 이유만으로 기사제목이나 내용 상단부에 이러한 사실을 알리는 표시를 하도록 하는 것은 최선의 방책이 아니다. 알림 표시 의무를 인터넷뉴스서비스뿐만 아니라 인터넷신문 등에도 동일하게 적용하되 분쟁 대상 기사임을 알리는 것이 아니라 해당 기사에 대해 정정이나 반론보도 등이 있음을 알리는 표시로 국한할 것을 제안한다. 정정보도의 노출도와 주목도를 높여 올바른 여론 형성에 이바지하고 알림 표시 의무와 관련 언론의 부담을 조금이나마 줄일 수 있을 것이다. 기사내용을 끝까지 살펴보는 독자는 드물다. 대다수 독자는 기사제목과 리드만 접하고 금세 시선을 다른 기사로 넘긴다. 따라서 정정보도에 시선을 가게 하기 위해서는 기사제목에 독자가 챙겨볼 만한 정정이나 반론기사가 있음을 표시하는 것이 매우 중요하다. 현재 언론중재위원회의 조정을 거쳐 행해지는 인터넷신문의 정정보도 등은 대부분 원 기사(조정대상기사) 하단에 위치시키고 있다. 정정보도 등이 행해진 시점에 원 기사는 처음 게재된 시점부터 일정 시간이 지난 후라 검색을 통해 노출될 가능성이 높다. 기사제목에 해당 기사에 대한 정정·반론이 있었음을 표시하여 독자에게 새로운 정보가 있음을 노출시키고 정보를 접할 수 있도록 유도해야 한다. 적어도 인터넷언론의 경우 이러한 방법이 정정보도 크기만을 고

---

15) 한겨레, 2021년 8월 5일, "언론피해 구제 시급하지만, '기사 열람차단' 등 악용 막아야"
https://www.hani.co.kr/arti/society/media/1006642.html

집하는 것보다 나을 수 있다.

정정보도 방식을 고민한 여러 개정안을 보면 일관되게 느껴지는 것이 한 가지 있다. 그건 오직 이 땅에 종이신문과 방송뉴스만이 존재하는 것처럼 정정보도의 '크기와 시간'에 지나치게 집착하고 있다는 점이다. 크기도 중요하지만 정정보도 크기에 대한 집착에서 벗어나 미디어 특성을 고려한 정정보도 노출도를 향상시킬 다양한 방안을 고민해야 한다.

정정보도 크기를 일률적으로 법률로 규정, 언론에 강제하는 것보다 법원에서 명하는 정정보도 방법을 명문화하는 것이 현실적

한편 언론에 정정보도 크기 및 분량 등 기준을 제시하고 의무를 지우는 방법보다 법원이나 언론중재위원회에서 이와 관련 기준을 세우도록 강제하는 방안이 보다 효율적이다. 사실 언론사가 자발적으로 자기 기사를 바로잡겠다는 데 현행 언론중재법에서 명시하고 있는 내용 이상의 것이 필요한지도 의문이다. 다시 한 번 해당 규정을 곱씹어 보자.

> "언론사 등이 하는 정정보도는 공정한 여론형성이 이루어지도록 그 사실공표 또는 보도가 이루어진 같은 채널, 지면(紙面) 또는 장소에서 같은 효과를 발생시킬 수 있는 방법으로 하여야 하며, 방송의 정정보도문은 자막(라디오방송은 제외한다)과 함께 보통의 속도로 읽을 수 있게 하여야 한다."

이 정도로는 많이 부족한가? 아니 어찌 보면 굉장히 이상적인 문구로 채워져 있다는 생각이 들 정도이다. 부족하지도 과하지도 않는 수준으로 더 이상의 가감이 필요하지 않다고 보인다.

법원 판결이나 언론중재위원회가 직권조정결정을 할 때 보도내용, 분량, 횟수, 방법 등을 구체적으로 제시하고 언론이 따르도록 하는 것이 더 실효적이다. 과거 법원은 반론보도청구 심판과 관련한 사항을 규율하는 「반론보도등청구사건심판규칙」을 운용했다. 신속한 재판을 위한 처리시한이나 보도문의 방법과 내용을 정하는 데 있어 기준 등을 제시한 규정이다.

> 제4조 【재판】 ① 반론보도청구사건 또는 추후보도청구사건에 대한 제1심 판결의 선고는 심판신청서가 접수된 날로부터 3월 이내에 하여야 한다.
> ② 법원이 반론보도심판 또는 추후보도심판의 신청을 이유있다고 인정하여 반론보도 또는 추후보도를 명하는 때에는 게재 또는 방송할 반론보도 또는 추후보도의 내용, 크기, 시기, 횟수, 게재부위 또는 방송순서 등을 정하여야 한다.
> ③ 법원이 제2항의 반론보도 또는 추후보도의 내용 등을 정함에 있어서는 신청취지에 기재된 반론보도문 또는 추후보도문을 참작하여 신청인의 명예나 권리를 최대한 회복할 수 있도록 정하여야 한다.

이 규정은 2005년 7월 13일 「정정보도청구 등 사건심판규칙」이 제정되면서 폐지되었는데 모두 삭제되었다. 재판의 신속한 처리 시한도, 법원이 명하는 보도문의 내용, 크기, 시기, 횟수, 게재 위치, 순서 등에 관한 규정 어느 것도 새로운 규칙으로 이어지지 않았다. 아마도 해당 규정이 언론중재법 제27조로 모두 옮겨지면서 법원 실무 규칙에서 사라진 것으로 보인다. 언론중재법에 법원 절차를 다룬 내용을 함께 규율하고 있는 것은 어색하다. 징벌적 손해배상제 논란과 같이 언론중재위원회의 조정중재절차와 무관한 내용을 언론중재법 개정을 통해 반영하고자 할 경우 고유의 언론조정 및 중재제도에 대해 국민의 오해를 살 우려가 있다. 제도 개선과 관련 시급한 개정 사안이 제도 운용과 거리가 먼 사안에 묻혀버리기도 한다.

오히려 법원 실무에서 다룰 기준을 보완해야 한다고 본다. 법원이 정정보도 등을 명할 때 그 기준을 구체적이고 명확하게 제시할 것을 주문하는 것이 보다 현실적이며, 효율적인 대안이 될 수 있다. 대법원규칙에 정정보도 등을 명할 때 원보도와 동일한 크기로 하도록 할지, 원보도 크기의 2분의 1 이상으로 할지를 법원이 정하도록 규정하고 따르지 않을 시 이행강제금을 부과하면 될 일이다.

언론중재위원회의 조정과정에는 이러한 원칙을 일률적으로 적용하기 곤란하다. 당사자 간 화해와 타협을 이끌어내야 하는 것이 조정의 본질이기 때문이다. 보도문의 크기 등을 획일적으로 강제한다면 피신청인(언론)이 조정에 제대로 응하려 하지 않고 법원에서 다투자고 으름장을 놓을 수도 있다. 따라서 당사자 간 합의를 끌어내기 어렵다고 판단되어 직권으로 조정 결정할 때에만 언론중재법 제22조에 별도 규정을 두어 적용하는 것이 바람직하다.

Chapter
05
잘못된 행정처분 보도, 구제받을 길은

권리구제의 사각지대 해소하는 특별한 반론권, 추후보도청구권

여전히 평범한 시민들에게 언론중재위원회는 낯선 기관이다. 병원이나 경찰서, 법원 등과 같이 살면서 들를 일 없는 게 좋다는 기관일 수도 있겠다. 연간 언론조정신청 건수가 4천여 건에 육박하지만, 언론인들을 제외하면 익숙한 존재가 아니다. 언론조정절차 가운데 추후보도청구라는 것이 있다. 정정이나 반론보도는 그나마 한 번쯤 들어봤지만 추후보도는 언론인들도 잘 모르는 경우를 접한다.

추후보도청구는 특별한 권리이다. 어떤 사람이 범죄혐의가 있어 수사가 진행되고 있다거나 구속되었다는 기사가 매일 쏟아진다. 이른바 범죄사건 보도이다. 당사자는 무죄추정의 원칙을 적용받아 공적 인물이 아니라면 당사자를 특정해서는 곤란하다. 범죄에 연루되었다는 의혹을 받는 단계일 뿐 범죄에 대한 유죄가 확정되지 않은 시기의 보도가 숱하게 이뤄지고 있다. 이러한 보도에도 공익성이 인정되기 때문이다.

문제는 범죄혐의가 있어 수사가 진행되고 기소가 되었다는 등의 보도를 했는데 나중에(추후에) 무죄로 판명난 경우를 상정한 권리가 '추후보도청구권'이다. 추후에 무죄로 드러났다면 범죄혐의가 있었다는 보도에 대한 후속 보도를 해 실추된 명예를 회복시켜 달라는 권리이다.

따라서 추후보도청구 대상은 대부분 오보가 아니다. 수사선상에 올랐다는 것은 사실이며, 수사가 진행되고 기소가 되고 구속이 되었다는 것까지 팩트를 전달했을 뿐이다. 오보가 아닌데 왜 추후 경과를 보도해 달라고 요구하냐고 반문할 수는 있겠다. 파렴치한으로 손가락질 받고 본인뿐만 아니라 가족들까지 온갖 비난의 대상이 되었는데 결백이 증명되었다면 억울하지 않겠는가?

그래서 추후보도청구는 정정이나 반론보도청구와 다르다. 먼저 관련한 보도 이후 무죄가 입증될 때까지 시간이 오래 걸리는 점을 감안하여 청구권을 행사할 수 있는 기간부터 다르다. 정정·반론보도청구는 보도 시점으로부터 6개월, 보도된 사실을 안 날로부터 3개월 이내에 해야 하지만 추후보도청구는 무죄판결 내지 무죄판결과 동등한 형태로 사건이 종결되었다는 사실을 안 날로부터 3개월 이내로 달리 설정하고 있다. 무죄가 확정되기까지 얼마의 시간이 걸렸더라도 이러한 사실을 안 날로부터 3월 이내에만 행사하면 가능하다.

이러한 추후보도청구제도는 언론의 범죄사건보도로 인해 발생할 수 있는 권리 침해의 심각성에 대한 특단의 고려를 통해 범죄사건보도 대상자들의 반론권 행사가 신속하게 이뤄질 수 있도록 고안한 반론보도의 특칙 조항(윤진희, 2019)이다.

언론중재법상 정정·반론·추후보도청구제도 가운데 오·남용 우려가 가장 큰 제도라고 비판하는 주장도 있다(윤진희, 2019). 그 이유는 언론의 본질적 기능 가운데 하나인 감시비판 기능은 물론 여론형성 기능을 무력화할 소지가 있다는 것이다. 범죄보도로 인해 침해될 수 있는 인격권에 대한 보호만큼이나 언론의 권력과 사회에 대한 감시, 비판, 견제 기능 역시 중요한 가치임에도 불구하고 이에 대한 숙고 없이 인격권 보호에만 지나치게 무게를 둔 형태로 고안되었다는 비판이다. 비판적 시각을 강하게 내비친 의견도 추후보도제도 자체를 폐기하자는 과도한 결론에 이르지는 않았다. 다만 반론보도제도 안에 포섭하고 범죄혐의 등의 일부 또는 전부가 사실에 부합하는지 여부를 병기할 필요가 있다는 개선방안을 제시하였다. 무혐의 처분 또는 무죄판결이라는 사법적 판단에만 시선을 빼앗겨 앞선 보도를 오보로 인식할 위험성을 낮춰줄 것이라는 기대이다. 추후보도청구권은 범죄사건보도와 관련하여 반론권 행사를 보다 용이하게 인정하기 위한 것으로 반론보도청구권과 행사시기가 상이할 뿐 전혀 다른 것이 없다(양경승, 1996)는 의견도 그 궤를 같이하고 있다. 물론 추후보도가 반론권의 일부이기는 하나 추후보도청구권을 폐기하고 반론보도청구권으로 포섭한다면 추후보도청구권 행사의 부작용이 해소될 수 있을지 상당히 의문이다. 이러한 측면에서 반론보도청구권과 확연히 구별되는 추후보도청구권의 의의를 간과했다(이예찬, 2022)는 반박이 제기되는 것은 자연스럽다.

추후보도청구권, 오스트리아, 독일 등에서 인정되는 권리

추후보도청구권은 범죄사건보도에 한해 적용되는 특별한 권리이다. 일반적인 반론보도나 정정보도만으로 구제할 수 없는 영역, 사각지대를 해소하기 위해 고안된 것으로 1987년 시행된 「정기간행물의 등록 등에 관한 법률」 및 「방송법」에 처음 도입되었다. 추후보도청구권이 도입되기 전에는 범죄혐의가 있다는 사실 자체가 보도 당시 팩트라면 정정보도청구 대상이 될 수 없고, 나중에 범죄혐의에서 벗어났다고 하더라도 신청기간이 지나 구제받을 수 없었다. 언론법학자이며 언론중재위원장을 지낸 박용상은 추후보도청구권의 도입에 대해 당시 정기간행물법 조항 중 가장 주목할 만한 내용으로 언론침해에 대한 피해구제제도에 있어서 진일보한 것으로 평가했다. 또한 추후보도청구권의 법적 성격과 의미에 대해 다음과 같이 설명했다.

> 추후보도청구권은 개인의 인간으로서의 존엄권에서 나오는 일반적 인격권의 한 표현으로서 이를 구체적으로 실현하는 권리로 생각되며, 언론사의 귀책사유(고의 또는 과실)나 위법성 여부에 불구하고 발생하는 권리로서 언론법상 개인에게 인정되는 고유한 청구권이라고 할 수 있다. 그 제도적 기능은 언론의 개인에 대한 인격권의 침해에 대한 구제제도일 뿐 아니라 쌍방의 주장을 들어야 정의가 발견될 수 있다는 원리로부터 공공에게 올바른 정보를 제공하여야 할 언론의 공적 과업 개념을 실현하는 제도라고도 할 수 있다. (박용상, 1987)

추후보도청구권이 도입되면서 범죄혐의 사실 등의 공표 이후 무죄판결을 받거나 무고함이 밝혀진 사람이 언론에 자신의 무고함을 보도해 줄 것을 요구할 수 있게 되었다. 추후보도청구제도는 범죄보도로 피해를 입은 자에게 명예를 회복할 수 있는 방편으로 꾸준히 이용되고 있다. 2020년부터 2022년까지 3년간 언론중재위원회가 처리한 추후보도청구 사건은 약 3.5%를 차지하였다. 이 가운데 75.2%가 피해구제되어 일반적인 보도로 인한 정정보도청구나 반론보도청구에 비해 10% 이상 피해구제율이 높다. 무죄판결 받은 사실이 명백한 경우 언론사는 언론조정 사건이 접수되면 관행적으로 조정심리 전이라도 관련 보도를 하는 경우가 많다. 언론사는 사실관계를 다툴 일이 없는 명백한 사안으로 받아들이는 경향이 짙기 때문이다. 다수의 추후보도청구 건이 취하되는 이유이다. 추후보도청구권은 제도 도입 취지에 벗어남이 없이 일반적인 정정이나 반론보도청구제도로 구제가 불가능한 영역에서 효과적인 구제 방안으로 안착하였다.

언론중재제도, 정확히는 법정기관에 의한 언론조정제도가 세계적으로 유례를 찾아볼 수 없는 제도이기는 하나 추후보도청구권은 우리만 운용하고 있는 것은 아니다. 우리의 추후보도청구권은 1982년 1월 1일 시행된 오스트리아의 언론매체법을 본받은 것으로 알려졌다.

오스트리아 언론매체법 제10조(형사절차의 경과에 관한 추후보도)는 다음과 같다(박용상, 1987).

> 제10조 【형사절차의 경과에 관한 추후보도】 ① 정기적인 언론매체에서 범죄혐의가 있다거나 형사절차가 개시되었다고 보도된 자의 요구가 있으면 검사가 공소를 취소하거나 형사절차가 유죄판결 이외의 형태로 종결된 때에는 해당 정기적인 언론매체에 그에 관하여 무료로 보도하여야 한다.
> ② 추후보도는 그 내용이 요청된 권리보호에 필요한 범위에 국한되며 관계된 보도에 쓰인 언어와 동일한 언어로 작성하여야 한다.
> ③ 추후보도의 정당성은 절차를 종결시키는 재판등본의 제출 또는 특별한 직무상 증명으로 입증하여야 한다. 그 증명서의 신청에 의한 발급은 공소취소의 경우에는 검사가, 기타의 경우에는 형사법원이 행할 의무가 있다.

독일도 민법 제823조 및 제1004조에 따라 추후보도청구권을 범죄보도에 대한 피해구제수단으로 인정하고 있다(이예찬, 2023).

행정기관의 잘못된 행정처분은 추후보도청구 대상이 아니어서 억울한 보도 피해자 양산

추후보도청구권이 억울한 범죄사건보도 피해자에게 명예를 조금이나 회복할 수 있는 방편으로 활용되어 왔음을 확인할 수 있었고 제도 운용의 가치는 충분히 입증되었다고 본다. 언론조정과정에서 다른 청구권 행사와는 달리 추후보도청구는 심리 전에 언론사가 자발적으로 무죄판결 등의 관련 보도를 하는 경우가 많은 것은 판결 사실을 객관적으로 보도하면 분쟁이 해소될 수 있기 때문이다. 사안의 성격이 명확하고 달리 쟁점도 없어 보이지만 전혀 없지만은 않다.

먼저 여러 혐의 가운데 일부에 대해서만 무죄판결 받은 경우 추후보도청구권이 인정될 수 있을까? 보도의 대상으로 된 혐의사실 중 일부에 대하여 무죄가 선고된 경우 그 범위에서 추후보도청구가 가능하다고 보는 것이 일반적이다. 온갖 범죄혐의 사실을 열거하며 범죄혐의자를 지면과 방송, 인터넷에서 난도질을 가한 후 열거한 범죄행위 중 일부는 유죄로, 일부는 무죄로 결론 났다면 마땅히 무죄판결된 사실을 보도해 주는 것이 타당할 것이다. 고의로 살인했다는 보도 후 단지 과실치사로 판결된 경우에도 보도된 범죄는 무고한 것으로 받아들이는 것이 일반인의 관념이므로 이러한 경우에는 추후보도청구권이 인정되어야 할 것이다. 핵심 범죄혐의 사실에 대해서는 죄가 인정되었고 부수적인 범죄에 대해 무죄판결이 난 경우도 추후보도청구권은 인정되어야 한다. 피고인에게 자신의 부분적인 무죄사실 보도가 설사 관련된 범죄행위와 관련 판결 소식으로 인해 재차 보도됨으로써 오히려 부정적인 인식을 확산시킬 수 있을지언정 추후보도는 인정되어야 한다. 주관적인 명예 감정을 타인이 함부로 재단해서는 곤란하기 때문이다. 이러한 기조는 조정실무에서도 그대로 적용되고 있고 이견이 제기되지는 않는다.

둘째, 하급심 판결에서 무죄 선고가 있었으나 항소 중이어서 최종 확정 판결 전이라도 하급심 판결 취지를 보도해 달라는 추후보도청구를 인정할지 여부이다. 이 쟁점은 그리 간단하지 않다. 언론중재법에는 "언론 등에 의하여 범죄혐의가 있거나 형사상의 조치를 받았다고 보도 또는 공표된 자는 그에 대한 형사절차가 무죄판결 또는 이와 동등한 형태로 종결되었을 때"라고 그 요건을 명시하고 있다. "무죄판결 또는 이와 동등한 형태로 종결되었을 때"를 판결의 확정을 의미하는 것으로 해석하는 경향이 강했다(박용상, 1997; 양경승, 1996). 수사기관의 처분에는 법원의 재판과 달리 일사부재리의 원칙이 적용되지 않으므로 엄밀히 말하자면 확정이란 있을 수 없으나, 그 내부 절차상의 불복절차 등이 종료된 경우를 절차가 종결된 것으로 해석된다.

어떤 범죄사건에 대해 특정인이 수사당국의 혐의를 받아 구속영장이 청구되었다는 보도가 있었다고 상정해 보자. 보도 대상자는 결국 구속이 되었으나 첫 보도가 있은 지 수개월 후 1심 판결 결과 해당 혐의에 대해 무죄 선고가 있었다. 검찰은 항소해 고등법원에 계류 중이다. 보도 대상자가 자신의 혐의에 대해 1심 판결에서 무죄로 결론 났다는 보도를 해줄 것을 요구하는 것이 무리한 것인가? 현행법 규정을 엄밀하게 해석한다면 해당 사건에 대해 확정판결이 난 후에야 범죄혐의가 있다고 지목된 자의 항변이 시작될 수 있다. 대법원까지 재판절차가 진행되어 사건 발생 시점부터 3년 이상 시간이 흐른 뒤에야 자신의 무죄를 주위에 알릴 수 있다면 이는 반론권의 기본인 무기 대등의 원칙에서 벗어난 것이다. 1심 판결이라 할지라도 이에 대해 보도해 줄 것을 요구하고 설사 항소심에서 뒤집어지고 다시 대법원에서 다른 판단에 이를지라도 범죄사건보도로 인해 피해자의 정당한 반론권 행사의 범위에 있다고 생각한다.

세 번째 쟁점은 법 개정이 따라야 해결될 수 있는 문제이다. 행정청의 행정처분 보도자료가 배포되었고 다수의 언론이 보도자료 내용을 인용보도했다. 그런데 행정청의 보도자료 내용이 잘못된 경우이다. 일례로

2018년 식품의약품안전처는 한 중소기업에서 생산한 현미유에서 발암물질인 벤조피렌이 기준치 이상이 검출되었다며 제품회수조치를 했다고 보도자료를 배포했다. 제품을 생산한 기업은 억울했다. 행정처분 무효소송을 제기했고 이듬해 법원에서 제품회수명령을 취소하라는 판결을 받았다. 이 기업에서 생산한 어느 제품에서도 기준치를 초과하는 제품이 발견되지 않았던 것이다. 이를 근거로 해당 기업은 자신의 억울함을 만천하에 알리고 싶은 마음으로 여러 언론 매체를 대상으로 언론중재위원회에 추후보도를 청구했다. 하지만 첫 사건을 다룬 중재부는 현행 언론중재법상 추후보도요건에 해당하지 않는다는 이유로 각하 결정을 했다. 어느 누구 하나 이 기업의 억울한 심정을 귀담아듣지 않을 때 당시 언론중재위원회 담당 조사관들이 이러한 사정을 언론사에 알리고 동의를 구해 여러 언론사에서 이 기업의 행정소송 승소 사실을 보도하고 다수의 조정신청 건은 취하로 종결지었다. 비록 법리적으로는 요건에 해당하지 않더라도 조정제도 운용의 묘미를 살린 사례이다. 이 기업은 국내 식품회사 중 처음으로 '회수명령취소'라는 의미 있는 결과를 얻었지만 이 사건으로 곤두박질친 매출액과 바닥에 떨어진 기업의 평판은 쉽게 회복하기 어려울 것이다. 이 사건과 관련 식약처의 보도자료를 토대로 보도를 한 기자는 나중에 해당 기업의 억울함을 다루면서 그 아픔에 공감하기도 했다. 검사 오류 가능성이 있거나 소비자에 대한 피해가 과장됐음에도 불구하고 보도가 이뤄지면 이를 되돌릴 수 없다며 식약처와 국회가 제도 개선에 나서야 한다고 촉구했다.[16]

16) 매경닷컴, 2019년 9월 22일, "[기자24시] 식품기업 세림현미의 억울한 눈물"
https://www.mk.co.kr/news/journalist/8990620

현행 언론중재법에서 규정하고 있는 추후보도청구권은 범죄혐의가 있거나 형사상의 조치를 받았다는 보도로 피해를 입은 자가 행사할 수 있다. 우리 법이 모델로 삼았다는 오스트리아도 행정상의 징계처분에 해당하는 사실의 보도에 관해서는 추후보도청구권이 인정되지 않는다(박용상, 1987).

그러나 앞의 사례와 같이 제품회수 결정이 내려졌다는 행정기관의 행정처분이 나중에 잘못되었다고 밝혀진 경우에도 추후보도청구권을 행사할 수 없는 문제가 발생한다. 이를 개선하기 위해 행정처분 보도로 피해를 입은 자도 추후보도청구권을 행사할 수 있도록 하는 언론중재법 개정안이 발의되었으나 최종 입법의 문턱을 아직 넘지 못했다. 개정안에는 형사상의 조치 외에 비위혐의와 관련된 행정처분을 받았다는 보도에 대해 관련 행정처분이 무효확인·취소판결 또는 이와 동등한 형태로 종결되었을 때는 추후보도청구가 가능하도록 했다. 언론피해구제의 영역을 확장해 조금이나마 억울한 시민의 아픔을 달랠 방안이니만큼 속히 법 개정이 이뤄지기를 바란다.

Chapter
06

권고적 효력에 그치는 시정권고, 하나 마나 한가
가짜뉴스 다루는 데 효과적 처방이 될 수도

 일반인들에게 잘 알려지지 않은 언론중재위원회의 역할이 있다. 바로 시정권고 기능이다. 그것도 엄연히 언론중재법에 명시된 법정 업무이다. 이 법에 따라 언론중재위원회는 언론보도를 심의하여 타인의 법익을 침해하거나 국가적·사회적 법익을 침해한 언론보도에 대해 시정을 권고하고 있다. 이미 보도된 언론 기사를 심의하는 사후적 조치이며, 향후 유사한 보도를 하는 경우에는 법익 침해 소지가 발생하지 않도록 개선을 요청하는 것이 주된 역할이다. 해당 조치는 법적으로 강제할 수 없으며 '시정권고'라는 표현처럼 권고적 효력에 그칠 뿐이다.
 권고적 효력에 불과하므로 언론사가 시정권고 결정문을 어떻게 활용하는가는 자유의지다. 결정문을 바로 쓰레기통에 처박아도 무방하고, 사내에 공유하고 바람직한 보도 방향에 대해 고민하는 계기로 삼을 수도 있다. 다행스럽게도 준사법기구인 언론중재위원회의 시정권고 결정을 그리 가볍게 여기지는 않는 것으로 확인되었다. 언론중재위원회가 시정권고 효과 및 개선방안을 마련하기 위해 2012년 언론인들을 대상으로 심층 인터뷰한 결과를 보면 시정권고 결정문은 편집국장, 데스크에 먼저 전달된 후, 부장단에서 내용을 숙지하고 해당 팀장과 기자, 동료 기자들에게까지 공유가 이뤄지는 것으로 나타났다. 부장단 회의나 부서 회의에서 논의 내지 검토하는 경우도 있었다.

언론중재위원회는 언론사별로 시정권고한 내용을 외부에 공표하여 언론사의 자발적인 보도 개선을 유도하고 있다. 때로는 공직후보자의 인사청문회에서 후보자가 관여한 언론사의 시정권고 건수와 내용이 문제되어 공직후보자를 낙마시키는 주요 요인으로 작용하기도 한다.

시정권고 대상에서 방송은 포함과 제외를 반복
방송보도에 대한 시정권고는 이중 규제 논란

시정권고의 역사는 깊다. 언론중재위원회 창립 당시부터 언론중재위원회 설치 목적에 언론침해에 관한 사항 심의를 분명히 밝히고 있다. 1980년 12월 31일 제정, 시행된 언론중재법 제50조 제8항에 "중재위원회는 언론침해의 내용을 심의하며 필요한 경우 당해 발행인 또는 방송국의 장에게 시정을 권고할 수 있다."고 규정하였다. 첫 시정권고는 법 시행 2년이 흐른 시점인 1983년에서야 세 건의 시정권고 결정이 이뤄졌다. 다시 2년 동안 전혀 실적이 없다가 1986년 다시 세 건의 시정권고가 있고 난 후에야 매년 시정권고 결정이 이뤄졌다. 초창기에는 제도 운용에 매우 소극적이었던 것으로 보인다. 언론중재제도 자체가 언론자유 탄압의 도구로 인식되던 군사독재정권 시절인 점을 감안하면 충분히 이해가 가는 측면이 있다.

언론기본법이 폐지된 후 언론중재위원회에 관한 규정은 1987년 11월 28일 제정, 시행된 「정기간행물의등록등에관한법률」(이하 '정기간행물법')에 명시되었다.17) 언론중재위원회와 관련된 규정은 정기간행물법에 고스란히 이어졌으나 시정권고 대상에 변화가 있었다. 언론을 규율하는 법이 정기간행물과 방송으로 나뉘면서 시정권고 대상 매체에서 방송이 배제된 것이다. 언론기본법에도 방송에 대한 심의는 방송심의위원회를 두고 공정성 여부를 심의하도록 규정하였으나 굳이 언론중재위원회에도 별도로 방송국의 장에게 시정을 권고할 수 있도록 한 이중 규제를 교통정리한 것이라 평가할 수 있다. 정기간행물법은 언론중재위원회의 시정권고 대상 매체를 정기간행물로 한정지으면서 시정권고 대상을 명확히 했지만 도로 사정은 다시 복잡해졌다. 종합적 언론피해구제법을 처음으로 제시했다고 평가받는 언론중재법에 다시 방송을 시정권고 대상에 포함한 것이다. 방송에 대한 시정권고는 언론중재법 시행 이후에야 처음 등장한다.

---

17) 정기간행물법 제17조 ① 정정보도청구에 의한 분쟁을 중재하고 정기간행물의 게재내용에 의한 침해사항을 심의하기 위하여 언론중재위원회를 둔다.

시정권고 대상 매체 변화

구 분	언론기본법 (1980. 12.~1987. 11)	정기간행물법 (1987. 11.~2005. 7)	언론중재법 (2005. 7.~2023 현재)
시정권고 대상 매체	언론 (신문, 통신 등 정기간 행물과 방송)	정기간행물 (신문, 통신, 잡지, 기 타 간행물)	언론 (**방송**, 신문, 잡지 등 정기간행물, 뉴스통신, **인터넷신문**)

인터넷뉴스서비스는 시정권고 대상에서 아예 빠져 있어

현재 언론중재위원회의 시정권고 대상은 언론중재법상 '언론의 보도'이다. 언론은 신문, 방송, 인터넷신문, 잡지, 뉴스통신이 해당한다. 방송은 언론에 해당하지만 방송통신심의위원회의 주된 심의대상인 탓에 이중 규제 논란이 있어 언론중재위원회는 특별한 경우가 아니면 가급적 방송보도에 대해서는 시정권고 결정을 하지 않고 있다. 방송보도 심의를 위해서는 물적·인적 인프라를 상당한 수준으로 갖춰야 하기 때문이기도 하다.

반면 언론중재법상 조정대상에 포함되어 있는 인터넷뉴스서비스(포털과 방송사닷컴)는 언론에 해당하지 않아 시정권고 대상이 아니다. 다시 헷갈리는 지점에 이르렀다. 언론중재위원회는 언론보도로 인한 분쟁을 조정하는 기관이고 인터넷뉴스서비스(포털과 방송사닷컴) 기사도 언론조정신청을 할 수 있는 것으로 아는데 시정권고 대상은 아니라는 얘기인가? 정확히 맞다. 현행법은 인터넷뉴스서비스(포털과 방송사닷컴)는 언론으로 보지 않는다. 다만 포털 등의 영향력을 고려할 때 조정대상에 포섭하여 피해구제대상 미디어에 편입시킬 필요성이 있었던 것이다. 하여 언론의 보도를 매개하는 인터넷뉴스서비스(포털과 방송사닷컴)는 시정권고 대상에서 빠져 있다. 이러한 입법 공백을 메우기 위해 포털도 시정권고 대상에 포함하는 언론중재법 개정안이 제출되기도 했으나 입법에 이르지는 못했다. 2011년 12월 30일 진성호 의원이 대표발의한 언론중재법 개정안은 '언론의 보도'를 '언론보도 등'으로 수정하여 시정권고 대상을 언론보도 또는 매개로 확장하고 대상 매체의 확대를 시도했다. 시정권고 대상에 인터넷뉴스서비스 사업자의 기사배열에 관한 사항을 추가하려는 시도도 있었다(이재영 의원 대표발의 언론중재법 개정안, 2015. 1. 30). 포털의 뉴스노출 알고리즘의 편향성이 사회적 문제로 대두되자 이를 해소하기 위한 방안으로 마련한 듯한 이 법안은 언론사의 기사배열까지도 시정권고 대상에 포함하여 편집권 침해 논란이 제기되었다.

 포털을 이용한 뉴스 소비방식은 이미 일반적이고 대중화된 지 오래다. 따라서 포털과 방송사닷컴 등 인터넷뉴스서비스도 자신이 매개한 기사가 어떠한 법익적 침해 가능성이 있는지 시정권고를 통해 살펴볼 기회가 필요하다. 포털이 매개한 기사에 법익 침해가 있었다면 마땅히 포털 사에도 그 시정을 권고하고 반복적인 침해를 방지하는 방안을 찾도록 해야 할 것이다.

물로 보는 시정권고제도 개선을 위한 다양한 시도로 실효성 크게 제고

말 그대로 시정을 권고하는 데 불과한 시정권고제도가 무슨 소용이냐며 볼멘소리가 나온다. 한마디로 법적 구속력이 없으니 아무리 시정권고를 한들 효과도 없는 의미 없는 제도라고 평가절하한다. 자율규제기구도 아닌 준사법기구에서 "따라주세요", "앞으로는 신경써주세요"라며 간청하는 모양새도 어색한 구석이 없지는 않다. '권고'가 문제이다. 입법권자들은 '권고'를 '명령'으로 바꾸고 싶은 유혹에 빠진다.

시정권고의 실효성에 의문을 제기하는 목소리는 늘 있어 왔다. 국회는 시정권고제도의 실효성을 높이라는 주문을 반복적으로 언론중재위원회에 주문했다. 법적 테두리 내에서, 법이 부여한 기능과 역할 범위 내에서 제도를 운용해야 하는 기관의 입장에서는 난감한 노릇이다. 언론사가 시정권고를 이행하지 않을 경우 강제이행 규정의 마련은 입법 소관으로 별도리가 없는데도 말이다. 입법화가 되어도 문제는 있다. 가짜뉴스에 대한 대책의 일환으로 시정권고의 실효성을 강화하고자 한 입법 시도를 살펴본다.

2017년 언론사의 허위왜곡보도에 대한 제재수단이 시정권고에 머물고 있는 현실을 지적하며 언론중재위원회가 언론사가 고의 또는 중과실로 허위의 사실이나 왜곡된 사실에 대한 보도를 한 경우에는 문화체육관광부 장관에게 그 시정을 명하도록 요청하는 두 건의 법안이 발의되었다. 이 명령을 따르지 않을 때에는 5천만 원 과태료 부과 조항도 포함하여 두 건의 발의안은 거의 동일하다(자유한국당 주호영, 송희경 의원 대표발의안).

시정권고를 물로 보는 일부 언론의 시각을 심각하게 받아들인 이 개정안은 법원이 아닌 정부가 최종적으로 언론보도가 문제 있으니 기사를 수정하고 이를 따르지 않으면 과태료를 부과하겠다는 위험한 발상이다. 그 과정에 언론중재위원회를 끼워 준사법 독립기구의 판단이라는 구실을 갖춘 것에 불과하다. 시정권고 수준을 넘어 직권으로 시정명령 요청 권한까지 행사하게 되면 심각한 언론자유 침해 논란이 일 것이 불을 보듯 뻔하다.

시정권고제도 운용 개선에 대한 국회의 주문도 지속되었다. 시정권고 결정 수용률 제고를 위한 언론사의 자발적 참여 방안을 강구할 것(2021년 국정감사), 사후적 조치에 머물 것이 아니라 사전예방이 가능하도록 대응방안을 마련할 것(2019년 국정감사), 인터넷신문의 자극적이고 선정적인 기사에 대한 대응 방안, 시정권고 불이행 시 제재 수단 부재(2018년 국정감사), 포털에 대한 시정권고 방안 마련(2015년 국정감사) 등을 언론중재위원회 국정감사에서 지적하였다.

실질적인 시정권고제도 운용의 변화를 이끌어 낸 의견도 있었다. 2019년 김재원 의원은 언론중재위원회 국정감사에서 인터넷신문의 시정권고 수용 여부에 대한 모니터링 강화를 주문했다. 이후 국회 지적 사항을 반영하여 언론중재위원회는 인터넷언론(인터넷신문, 뉴스통신)은 시정권고 결정 후에도 법익 침해에 해당하는 기사 내용의 수정이나 삭제 등이 가능하므로 시정권고결정에 따른 이행을 권고하고 수용 여부를 지속적으로 관리하고 있다.

종이신문은 시정권고결정 취지를 충분히 수용한다고 하더라도 향후 유사한 기사 작성 시 주의를 좀 더 기울여야겠다는 기자의 태도와 인식의 개선만을 기대할 수 있을 뿐이다. 하지만 인터넷언론(인터넷신문, 뉴스통신)은 언제든지 기사의 수정이 가능하므로 시정권고결정이 타당하다고 판단된다면 즉각적인 조치가 가능하다는 점에 착안한 것이다. 또한 시정권고 결정의 대부분은 인터넷언론이 차지하고 있다. 2020년부터 2022년까지 3년간 시정권고 매체의 무려 94.1%가 인터넷기반 매체(인터넷신문, 뉴스통신)이다. 따라서 인터넷언론의 시정권고 결정의 수용 여부는 시정권고제도 효과의 바로미터 barometer가 될 수도 있다.

시정권고 대상의 절대다수를 차지하는 인터넷언론에 대한 시정권고는 상당한 효과가 있는 것으로 나타났다. 인터넷언론이 시정권고 결정문을 수령한 후 수정이나 삭제 등의 조치를 취한 경우가 63%에 달했다. 특히 시정을 권고한 대로 조치한 경우가 해마다 증가하고 있다는 점은 더 고무적이다. 2019년 52.8%, 2020년 61.5%, 2021년 63.7%, 2022년에는 70%에 육박한 67.8%로 나타났다. 시정권고가 결코 대답 없는 메아리가 아니라는 것이 밝혀졌다.

시정권고를 언론지원 정책적 측면에서 활용하려는 시도도 이어졌다. 연간 1조 원이 넘는 정부광고의 집행기준에 언론중재위원회의 시정권고를 포함한 것이다. 2021년 정부는 정부광고를 집행하는 기준으로 광고효과뿐만 아니라 사회적 책임 이행 여부까지 포함하는 새로운 광고지표를 마련하며 언론중재위원회의 시정권고 건수와 직권조정결정을 반영했다. 2년 후 이와 관련한 사회적 논란이 일면서 그 시행을 장담할 수 없으나 정부광고 집행

기준에 활용된다면 제도의 실효성을 높일 것이라 기대된다. 이제 더 이상 시정권고를 물로 봐서는 안 되는 상황이다.

가짜뉴스라 비난받을 만한 보도, 시정권고로 다룰 수 있어
다만 심의결정일 전 3월 이내 보도로 심의대상 제한해야

언론의 보도는 기본적으로 가짜뉴스라 볼 수 없다. 정확한 보도와 사실에 부합하지 않는 오보가 있을 뿐이다. 하지만 가끔은 언론의 본분을 망각한 함량 미달의 기사가 생산되기도 한다. 이러한 보도는 사회가 언론에 부여한 가치와 사회 구성원이 언론에 기대하는 역할을 저버린 부산물이다. 극히 이례적이지만 이 부산물은 '가짜뉴스'라 칭해도 변론의 여지가 별로 없어 보인다.

언론중재위원회는 이러한 부산물에 대해 당연히 시정권고를 한다. 「시정권고 심의기준」 제10조(보도윤리) 조항 위반에 해당하기 때문이다.

> 제10조 【보도 윤리】 ① 언론은 선량한 풍속 기타 사회질서를 현저히 침해하는 보도를 하여서는 아니 된다.
> ② 언론은 객관적 사실이 아닌 내용을 진실인 것처럼 단정적으로 보도하여 독자를 혼동하게 하여서는 아니 된다.

이 조항 위반을 이유로 시정을 권고한 사례는 많지 않다. 시정권고제도를 운용하는 기간 동안 총 29건에 불과하다. 자칫하면 언론의 일반적인 오보까지 시정권고 심의기준을 위반했다고 확대해석할 우려가 있기 때문이다. 자칫 오·남용의 가능성이 있기에 이 조항의 적용에 신중한 태도를 보인 것은 바람직하며, 더 나아가 다행스러운 일이다.

보도윤리 위반으로 시정권고한 사례로는 헌법재판소의 박근혜 대통령의 탄핵 심판 선고를 앞두고 한 인터넷신문이 탄핵 심판 선고일 하루 전에 심판결과를 단정적으로 허위보도한 사안을 들 수 있다. 2017년 3월 10일 헌법재판관 8명 전원 일치로 박근혜 대통령 탄핵이 결정되었음에도 해당 신문은 헌법재판소 선고 전, 단독 기사임을 강조하며 '헌재, 박근혜 탄핵 확정, 대통령 파면 7대1 인용', '끝까지 한명의 재판관 기각 입장 유지' 등 단정적으로 허위사실을 기사화했다. 언론중재위원회는 해당 기사에 대해 "탄핵 심판이 임박한 시기에 독자들의 판단에 큰 혼란을 야기해 사회질서를 현저하게 침해할 우려가 있다"며 시정을 권고했다.

2018년 정세현 전 통일부 장관이 비공개로 북한을 방문 중이라는 보도가 있었다. 하지만 당시 정 전 장관은 국내에 있었던 것으로 확인되어 사실과 다른 보도를 한 통신사 보도에 대해 시정을 권고하기도 했다. 이 보도에 대한 시정권고 이유는 이러하다. "비록 정부의 대북정책은 공적 관심사에 해당하고 북한 관련 보도는 접근제한성 등의 특성상 취재 시 사실 확인의 어려움이 있다 하더라도 남북 및 국제관계에 미치는 영향과 국민의 판단에 혼란을 줄 수 있다는 점을 고려하여 보도윤리 준수에 신중을 기할 필요가 있다." 특이한 점은 「시정권고 심의기준」 제10조 제2항이 아닌 "언론은 선량한 풍속 기타 사회질서를 현저하게 침해하는 보도를 해서는 아니 된다."는 제1항 위반을 이유로 시정을 권고한 것이다.

이후 2018년 12월 19일 언론중재위원회는 보도윤리 관련 「시정권고 심의기준」을 보완하여 "객관적 사실이 아닌 내용을 진실인 것처럼 단정적으로 보도하는 경우"를 신설했다. 2020년 김정은 북한 국무위원장이 4월 25일 사망했다고 단정적으로 기사화한 인터넷신문에 대해서 2018년 신설 조항이 적용되었다. 사망하였다는 북한 최고지도자는 5월 초 공식 석상에 모습을 드러내며 보도 직후 사실이 아님이 밝혀졌다. 언론중재위원회는 앞에 예시한 전 통일부 장관의 방북 기사와 유사한 이유로 시정을 권고했으나 "객관적 사실이 아닌 내용을 단정적으로 보도하여 독자를 혼동하게 했다"는 이유를 들었다. 2020년 이후 보도윤리 위반을 이유로 시정권고한 사례는 없다.

이처럼 사실이 아닌 내용을 진실인 것처럼 단정적으로 보도하여 국민을 혼동케 한 보도는 시정권고 대상이며 시정을 권고할 수 있다. 허위임을 알고도 전파하는 가짜뉴스와 다소 결이 다르지만 기본적인 사실확인 절차도 거치지 않고 단정적이고 확정적으로 보도했다면 '가짜뉴스'와 다른 듯 다르지 않은 부류에 속한다. 이러한 보도에 대해서는 「시정권고 심의기준」 위반에 해당하므로 보다 적극적으로 시정을 권고할 필요가 있다.

다만 몇 가지 전제가 요구된다.

먼저 시정권고 심의대상 보도의 시한을 두어야 한다. 보도의 진실 여부는 불과 며칠 사이 드러나지 않는다. 수개월, 수년이 걸릴 수도 있다. 몇 년이 지난 후 오보로 드러났다고 시정권고 심의대상으로 삼을 수는 없다. 나중에 오보로 밝혀진 경우에는 정정보도로써 잘못된 사실관계를 바로잡아야지, 이런 연유로 뒤늦게 심의대상에 올리는 것은 바람직하지 않다. 현재는 보도 시점에 따라 심의대상 보도를 제한하고 있지 않으며 관련된 규정도 없다. 사실상 보도가 언제 이뤄졌든 언제든 심의대상이 될 가능성이 있다. 따라서 시정권고 결정일 전 3월 이내 보도로 심의대상을 한정할 것을 제안한다.

둘째, 보도시점에서 얼마 지나지 않은 기간 내에 오보로 밝혀졌다고 하더라도 단순한 오보에 대해서는 시정권고 대상으로 삼아서는 곤란하다. 일부 사실관계에 부합하지 않은 측면이 있더라도 기사의 핵심적인 내용이 아니라면 무방할 것이며, 의혹제기 수준에 머물렀다면 문제되지 않을 것이다. 기사 제목에 단정적이고 과장된 표현으로 전달하지 않은 경우에는 보도윤리 조항 적용에 신중해야 한다.

셋째, 언론의 유튜브 계정도 심의대상에 포함해야 한다. 언론중재위원회가 언론사의 보도를 그대로 게시한 유튜브 계정이나 언론이 유튜브 게시용으로 별도 제작한 콘텐츠도 언론보도로 간주하고 조정 대상에 포함하고 있는 만큼, 언론사가 운영하고 있는 유튜브 계정의 콘텐츠도 당연히 시정권고 심의대상에 편입해야 한다.

Chapter
07
일관성도, 효율성도 없는 선거보도 관련 공직선거법 규정

매체별로 심의대상, 심의절차, 심의기구, 운영기간, 청구주체 모두 달라

애당초 법은 현실을 앞서갈 수 없다. 사회에서 발생하는 여러 갈등에 대해 기준과 규범을 제시하는 법의 일반적인 성격상 현실을 반영할 수는 있으나 현재 사회가 직면한 문제와 변화를 제때, 제대로 반영하기에도 버겁다. 특히 급변하는 현대 사회의 속도를 법이 도저히 따라갈 수 없다. 이러한 한계를 고려하더라도 언론관계법안을 보면 고개를 갸우뚱거리게 하는 규정들이 눈에 띄는데 「공직선거법」에서 다루는 언론관련 조항이 그러하다. 일반적인 상식을 가진 사람이라면 쉽게 납득하기 어려운 부분을 하나하나 짚어보자.

첫째, 언론보도로 인한 피해구제 창구는 언론중재위원회인데 선거보도는 종이신문은 언론중재위원회가, 방송은 방송통신심의위원회가, 인터넷신문은 중앙선거관리위원회가 각각 설치·운영하는 심의위원회에서 다루도록 한 점이다.

둘째, 각각의 기관에 불공정 선거보도에 대해 시정을 요구하거나 이의를 신청하면 해당 기관에서 심의하여 정정보도문의 게재 조치를 의결하게 된다. 그런데 방송과 신문은 후보자와 후보자가 되려는 사람만이 가능한 데 반해 인터넷신문은 정당도 가능하다. 매체별로 시정을 요구할 수 있는 주체를 달리 설정하였다.

셋째, 방송과 종이신문(정기간행물)의 선거보도는 선거운동기간에만 구제나 심의를 요청할 수 있는 반면, 인터넷신문에 게재된 선거보도는 항시적으로 민원을 제기할 수 있도록 한 점이다. 방송과 종이신문을 관장하는 선거보도심의위원회는 선거운동기간에만 반짝 운영되는 한시적인 기구이고 인터넷신문의 선거보도를 관장하는 기구는 항시적인 조직이기 때문이다.

넷째, 각각의 선거보도심의위원회는 반론보도청구 사건을 다룰 수 있는데 이를 처리하기 위해서 사전에 정당이나 후보자(후보자가 되려는 자)는 언론사와 협의하고 협의가 이뤄지지 않을 경우 각각의 심의위원회에 회부하도록 규정하고 있다. 이 주체도 매체별로 다르다. 신문과 방송은 정당이나 후보자뿐만 아니라 신문사나 방송사 등 언론사도 회부 주체가 될 수 있으나 인터넷신문은 정당과 후보자만으로 제한하였다.

선거보도심의기구의 반론보도청구권 관련 규정 비교

구 분	선거방송심의위원회	선거기사심의위원회	인터넷선거보도 심의위원회
설치기관	방송통신심의위원회	언론중재위원회	중앙선거관리위원회
도입시기	1997. 11. 14.	2000. 2. 16.	2004. 3. 21.
대상매체	방송	신문, 잡지 등 정기 간행물, 뉴스통신	인터넷신문
청구사유	인신공격, 정책의 왜곡 선전 등으로 인한 피해	선거방송심의위원회 와 동일	왜곡된 선거보도로 인한 피해
반론보도청구 주체	정당(중앙당에 한함) 또는 후보자	선거방송심의위원회 와 동일	정당 또는 후보자
반론보도 협의 불성립 시	협의가 이뤄지지 아니한 때에는 당해 정당, 후보자, 방송사 또는 언론사는 선거방송심의위원회에 지체없이 회부	선거방송심의위원회 와 동일	협의가 이루어지지 아니한 경우 당해 정당 또는 후보자는 인터넷선거보도심의위원회에 즉시 청구
설치기간	임기만료에 의한 선거일 전 120일(대통령의 궐위로 인한 선거 또는 재선거에 있어서는 그 선거의 실시사유가 확정된 때부터 20일)부터 선거일 후 30일까지	선거방송심의위원회 와 동일	상설

이렇듯 일관적이지 못한 법 규정은 방송, 신문과 통신, 인터넷신문 순으로 관장하는 기구가 순차적으로 설립된 측면도 한 요인이다. 하지만 보다 중요한 원인은 잘못된 선거보도에 대한 피해구제 절차의 편의와 효율성을 따지기보다는 기관의 이해에 휘둘린 탓이 더 크다.

선거보도심의기구의 반론보도청구 처리 절차, 유명무실

우리나라는 선거보도에 대해 다른 보도와 다른 피해구제절차를 마련하고 있다. 선거라는 특수한 상황에서 여론의 향방에 결정적인 영향을 끼치는 언론보도는 후보자의 당락을 좌우할 수 있는 요인이라는 점을 감안한 것으로 긍정적 측면이 있다.

하지만 매체별로 선거보도 피해구제 창구를 다원화하여 선거보도로 피해를 입은 정당이나 후보자는 여간 불편한 것이 아니다. 예를 들어 한 후보자가 자신과 관련한 선거보도에 대해 반론보도를 청구하려 할 경우 신문과 방송, 인터넷신문 매체별로 세 군데의 심의위원회에 각각 신청을 해야만 한다. 신문과 방송. 뉴스통신, 인터넷언론에서 거의 동일한 내용으로 다루어졌을지라도 한 사람의 유권자라도 더 만나야 할 절박한 시간에 이 후보자는 세 개 기관을 돌며 자신의 억울함을 호소하도록 법은 요구하고 있다. 이러한 불편함과 번거로움 탓에 후보자는 각각의 선거보도심의기구를 찾는 수고스러움을 거부하고 있다. 세 개 선거보도심의기구가 20여 년 동안 반론보도청구 회부 사건을 처리한 현황을 보면 선거방송심의위원회와 인터넷선거보도심의위원회 각 1건, 선거기사심의위원회가 4건에 불과한 현실이 이를 잘 설명하고 있다.[18]

현행 「공직선거법」에 규정된 절차를 따라 후보자가 자신과 관련한 선거보도에 대해 반론보도라도 구하기 위해서는 먼저 보도를 한 각 언론사와

---

18) 각각의 선거보도심의기구가 설치·운영된 시점부터 2023년 9월까지 현황이다.

먼저 협의를 진행해야 한다. 48시간 이내에 언론사와 협의가 원만하게 진행되지 못한다면 그다음 수순으로 신문은 선거기사심의위원회에, 방송은 선거방송심의위원회에, 인터넷신문은 인터넷선거보도심의위원회의 문을 두드려야 한다. 이후 각각의 심의위원회는 48시간 이내에 심의하여 반론보도 여부를 결정하게 된다.

신속한 처리에 대한 전망도 불투명하다. 상설기관인 인터넷선거보도심의위원회나 비상설기구인 선거방송심의위원회와 선거기사심의위원회 모두 신속한 처리에는 다소 현실적인 어려움이 있을 것으로 보인다. 비상임인 9~11명의 위원들을 지체없이 소집하여 회의를 진행하는 것은 만만치 않은 일이기 때문이다.[19] 이러한 상황은 후보자로 하여금 선거보도심의기구의 신속한 처리를 기대하기 어렵게 만들 것이며, 금쪽같은 선거운동기간에 개별 언론사와 협의절차를 진행하는 것도 후보자 입장에서는 여간 곤혹스러운 일이 아닐 것이다. 당사자의 주장과 의견 조율을 통한 '조정'이 아닌 당사자 의견의 청취 없이 위원회의 일방적인 '심의' 절차를 통해 반론보도 인용 여부를 결정하는 것도 후보자가 이러한 절차를 선호하지 않는 요인 중 하나이다. 이러한 이유로 선거보도에 대한 반론보도청구 회부절차가 유명무실하게 될 것이다.

우리나라는 선거보도와 관련, 다른 보도와 달리 특별한 피해구제절차를 마련하고 있다. 선거라는 특수한 상황에서 여론의 향방에 결정적인 영향을

---

[19] 선거방송심의위원회와 선거기사심의위원회는 비상임 위원 9명 이내로 구성되며, 인터넷선거보도심의위원회는 1명의 상임위원을 포함 11명 이내의 위원으로 구성된다.

끼치는 언론보도는 후보자의 당락을 좌우할 수 있는 요인이라는 점을 감안했다고 볼 수 있다. 일반적인 언론보도에 대한 반론권은 언론중재법에 그 행사요건과 절차가 마련되어 있지만 선거보도에 대한 반론권 행사는 「공직선거법」에 제시되어 있다.

일반적인 언론보도와 선거보도의 반론권 행사 절차 비교

구 분	일반적인 언론보도	선거보도
근거법령	「언론중재 및 피해구제 등에 관한 법률」	「공직선거법」
청구대상 및 주체	언론의 사실적 주장으로 피해를 입은 자	언론(방송이나 정기간행물 등)에 공표된 인신공격, 정책의 왜곡선전 등으로 피해를 입은 정당(중앙당에 한함) 또는 후보자
언론사 사전 협의	선택 사항 (언론사와 협의 여부와 무관하게 조정신청 가능)	의무 절차 (협의 후 협의 불성립 시 회부)
청구기간	보도가 있음을 안 날로부터 3개월, 보도가 있은 후 6개월 이내	기사가 있음을 안 날로부터 10일 이내, 있은 날로부터 30일 이내
처리기관	언론중재위원회	매체별로 다름 • 방송: 선거방송심의위원회 • 신문: 선거기사심의위원회 • 인터넷언론: 인터넷선거보도심의위원회
처리기간	14일	회부 후 48시간
처리절차	당사자 출석과 진술을 통한 조정	심의

그런데 이상하게도 선거보도에 대한 명확한 개념이나 정의를 「공직선거법」에서 찾기 어렵다. 반론보도청구에 관한 규정(「공직선거법」 제8조의4)으로 유추해 보면 후보자나 후보자가 되려고 하는 자에 대한 인신공격, 후보

자나 정당의 정책에 관한 보도를 선거보도로 범주화한 것으로 보인다. 하지만 다른 조항(「공직선거법」 제8조의5)을 보면 보다 포괄적으로 '사설·논평·사진·방송·동영상 기타 선거에 관한 내용'으로도 해석할 수 있어 선거보도라며 선거에 관한 내용이라면 묻지도, 따지지도 않고 선거보도에 해당할 수도 있겠다.

사설·논평까지 심의기구가 심의만으로 정정·반론보도를 명하는 데 언론계 반발 없어 의아

　선거보도와 그 밖의 보도를 나누는 기준이 명확하지 않으나 반론보도청구권의 성격이나 처리절차의 차이는 오히려 본질적이다. 언론중재법상의 반론보도청구 사유 적용을 받는 통상적인 언론보도는 보도 내용의 진실 여부와 관계없이 언론의 사실적 주장에 대해 반박적 주장을 보도해 줄 것을 구하는 권리이다. 반면 「공직선거법」상의 반론보도청구는 인신공격, 정책의 왜곡선전 등으로 피해를 받은 경우로 제한된다. 반론청구대상은 일반보도는 사실적 주장, 즉 증거에 의해 존재 여부를 판단할 수 있는 사실관계에 대한 주장에 국한되지만, 선거보도는 이를 특별히 제한하고 있지 않다. 오히려 앞서 살펴보았듯이 선거보도를 사설, 논평, 사진, 동영상 등 선거에 관한 내용으로 포괄적으로 규정하여 의견표현의 자유를 제한할 우려가 있다. 언론중재법상으로도 일부 사설논평이 반론보도청구 대상이 될 수 있으나 이는 논평의 전제가 되는 사실관계에 대한 반박만 가능할 뿐이다. 따라서 선거의 공정성을 확보하겠다는 명분을 내세워 자유로운 의견표현의 진수라 할 수 있는 사설과 논평을 규제의 대상으로 묶어 사상 시장의 경쟁 메커니즘을 방해하고 있다(이승선, 2012, 36-37쪽)는 비판이 제기되는 것이다.

더 큰 문제는 처리절차에 있다. 일반적인 언론보도는 보도로 피해를 입었다고 주장하는 자와 언론사가 언론중재위원회의 조정심리에 출석하여 서로의 주장을 개진하고 중재위원의 화해와 조정 과정을 거쳐 당사자 간 의견조율의 결과로 보도가 이루어진다. 사전에 언론사와의 협의절차는 선택사항이다. 언론사와 협의절차를 거치지 않고 바로 조정신청도 가능하다. 하지만 선거보도는 먼저 언론사와 사전에 협의절차를 반드시 거쳐야 하며 협의가 이루어지지 않은 경우 각 선거보도심의기구에서 심의를 통해 인용 여부를 결정한다. 언론보도 내용에 대해 법원 재판절차도, 언론중재위원회의 조정절차도 아닌 심의기구의 결정으로 반론보도를 명할 수 있도록 한 점은 언론자유를 심각하게 침해할 소지가 있다. 이러한 위험성에 대해 각 선거보도심의위원회가 반론보도청구를 처리하는 것이 부적절하다는 비판(이승선, 2012)이나 재판절차도, 중재절차도 아닌 특별위원회 수준의 일회적 단심절차에 의해 종국적으로 내리는 보도를 명하는 결정은 터무니없다는 지적(박형상, 2000)은 여전히 유효하다. 그럼에도 불구하고 선거보도의 특수성을 감안한다 해도 사설이나 논평까지 반론보도청구 대상에 포함시켜 선거보도심의기구가 심의절차만으로 반론보도 여부를 명하도록 한 데 대해 언론계가 별다른 반응을 보이지 않는 것이 의아할 뿐이다. 이 같은 배경에는 한국 언론이 군사독재정권과 문민정권 등을 거치며 권언유착의 병폐를 극복하지 못한 원죄 때문(김창룡, 2007)이라고 진단하기도 하지만, 사안의 심각성을 인지하지 못했거나 관심 밖의 영역에 놓여 있었던 측면이 더 큰 것 같다.

선거보도에 대한 특칙 조항은 공직선거법이 아닌 언론중재법에 규정하고 선거보도 피해구제 창구는 언론중재위원회로 일원화해야

경쟁 후보나 정당에 대한 공격과 비난이 난무하는 선거운동 기간 잘못된 언론보도는 유권자의 표심의 향방을 가를 수 있다. 때문에 일반적인 언론보도와 달리 48시간이라는 보다 빠른 처리절차를 통해 유권자에게 올바른 정보를 제공함으로써 대의민주주의 제도를 구현하는 데 목적을 둔 것이다.

그러나 앞서 살펴보았듯이 실상은 전혀 그러하지 못하다. 동일한 보도내용이 신문과 방송, 인터넷신문에 동시다발적으로 진행된 경우 후보자는 세 개 기관을 이리저리 뛰어다녀야 하는 현실은 특화된 선거보도의 피해구제 절차를 형해화(形骸化)하는 결과를 낳고 있다. 따라서 잘못된 선거보도에 대한 피해구제절차의 특칙 조항은 언론중재법에 새롭게 규정하고 언론중재위원회로 창구를 단일화해야 한다. 매체별로 상이한 청구 주체를 통일하고 청구 대상도 일반보도와 동일하게 언론의 사실적 주장으로 국한하되 처리시한에서는 일반적인 보도보다 신속한 처리기한을 둠으로써 혼란을 해소해야 한다. 2000년 이후 국회의원 및 전국동시지방선거, 대통령선거 등 5회에 걸친 임기만료에 의한 선거에 대비하여 설치된 각 선거보도심의위원회 설치·운영기간 중 선거보도 관련 조정신청사례를 분석한 연구결과는 이 같은 주장을 뒷받침하고 있다(이진아·조준원·최숭민, 2007). 이 연구에 따르면 언론중재위원회가 처리한 선거보도 관련 조정신청 사건 수는 각 매체별 이의신청 건수보다 월등히 많은 것으로 나타났고, 각 매체별 심의위원회를 통해 반론 내지 정정보도청구가 가능한 후보자와 후보자가 되려고 하는 자가 언론중재위원회에 조정신청한 사례는 60% 가까이 차지했다. 이러한 연구결과는 선거보도심의기구가 운영되는 기간에도 후보자 등은 선거보도와 관련한 피해구제 창구로서 언론중재위원회를 유용하게 활용하고 있음을 보여주고 있다.

언론중재위원회로 선거보도 피해구제 창구를 일원화하는 경우의 제도적 장점은 분명하다.

첫째, 신속한 처리는 언론중재위원회가 가장 효율적으로 담당할 수 있다. 언론중재위원회는 서울에 8개 중재부, 부산, 대구, 광주, 대전 등 각 지역에 10개 중재부를 두고 있어 신속한 처리를 위한 물적 인프라를 갖추고 있다. 이미 설치·운용 중인 중재부를 활용할 수도 있고, 선거기간 동안 특별 중재부를 운용할 수도 있다. 일례로 서울중재부는 일주일 동안 거의 매일 조정심리 일정이 있으므로 선거보도에 대한 조정신청 사건이 접수되면 48시간 이내 심리가 예정된 중재부에 사건을 배당하여 처리하는 것은 그리 어려운 일이 아니다.

둘째, 언론중재위원회는 신문, 방송, 인터넷신문 등 모두 언론보도를 조정대상으로 하기 때문에 각각의 심의기구를 방문하는 불편 없이, 잘못된 언론보도에 대해 하나의 창구에서 원스톱 조정이 가능하다는 장점도 있다.

셋째, 언론자유 침해 논란을 비켜갈 수 있다. 언론중재위원회를 통한 조정은 선거보도로 피해를 입은 후보자 등과 언론사 관계자가 출석하여 양 당사자의 의견 조율과 중재부의 조정과정을 거쳐 통해 정정이나 반론보도 여부를 결정한다는 점에서 심의기구의 일방적인 심의절차로 인한 언론자유 침해 논란으로부터 자유로울 수 있다.

선거보도심의기구, 피해구제기관인가 규제기관인가?
기존의 선거보도심의기구는 심의 기능에 집중해야

현재 각각의 선거보도심의기구는 선거보도의 공정 여부를 조사하여 불공정한 선거보도에 대해 정정보도문이나 반론보도문 게재 등의 제재조치를 명할 수 있다. 제재조치도 각 매체별로 상이하다. 방송은 「방송법」 제100조 제1항에서 규정하고 있는 방송프로그램의 정정, 수정 또는 중지, 방송관계자에 대한 징계, 주의 또는 경고 등을 제재조치로 나열하고 있다. 신문 등 정기간행물은 「공직선거법」 제8조의3 제1항에서 정정보도문 또는 반론보도문 게재, 경고결정문 게재, 주의사실 게재, 경고, 주의 또는 권고 등 제재

조치 종류를 제시하고 있다. 인터넷신문은 선거기사심의위원회와 거의 유사한 제재 유형을 적용한다.[20] 공공재적 성격을 지닌 방송매체의 성격을 반영한 탓에 방송은 정기간행물이나 인터넷신문에 적용되는 제재 유형과 상당히 다름을 알 수 있다.

그럼에도 불구하고 심의를 통해 정정보도나 반론보도를 명할 수 있도록 현행「공직선거법」은 허용하고 있다. 선거보도의 공정 여부를 조사하여 정정보도나 반론보도를 명하는 것이 우리 법 체계상 허용될 수 있는 것인지 상당히 의문스러운 지점이다. 공정성과 정정보도는 어떠한 인과관계를 가질 수 있는 것인지 도무지 이해하기 어렵다. 이러한 문제는 현행「공직선거법」에 따라 설치·운영되는 선거보도심의기구가 선거보도 피해구제기관인지 규제기관인지 그 역할과 기능의 불분명성으로 연결된다. 대의민주주의 사회에서 선거가 분명 중요한 제도이고, 선거보도는 여론의 흐름을 뒤바꿔 선거 결과에 막강한 영향력을 미칠 수 있다 하더라도 일반적인 언론보도의 영역에서는 감히 상상할 수 없는 제재가 현행「공직선거법」에서 규정하고 있는 절차와 과정으로 허용될 수 있는 것인지 진지하게 검토해야 한다.

따라서 매체별로 산재해 있는 선거보도에 대한 반론보도청구 등 피해구제 기능은 언론중재위원회가 담당하도록 하고 기존의 심의기구는 심의기능에 집중하는 것이 바람직하다. 기본적인 팩트의 검증이 필요한 '정정보도문'이나 당사자의 입장이나 주장을 담은 '반론보도문' 모두 공정성 여부 심의를 통한 제재조치로 매우 부적절하므로 "정정보도문이나 반론보도문 게

20)「인터넷선거보도심의위원회의 구성 및 운영에 관한 규칙」

재"는 제재 유형에서 삭제하고 공정성 여부에 대한 심의를 통해 주의, 경고, 경고결정문 게재 등의 제재 유형만 운용하는 것이 타당하다.

선거법에 따른 선거보도 공정성 심의제도가 전 세계적으로 유례를 찾기 어려운 제도이나 선거에 나선 후보자가 잘못된 언론보도에 대해 선거기간 내에 실효적으로 대응하기 위한 유용한 제도로서 가치는 유효하다(안명규, 2020).

매체별 심의기구의 세 분할 체제는 법적 중첩성이나 비효율성으로 인해 많은 비판을 받아 왔다. 하지만 각각의 심의기구는 심의기능을 수행하는 데 상당한 물적, 인적 자원을 보유하고 있고 각각의 심의업무 전문성도 전혀 배제할 수 없기에 당분간 현 심의기구 체제 운용이 현실적으로 불가피하다고 생각한다. 선거보도로 인한 피해구제 창구를 언론중재위원회로 일원화하는 것과 매체별 심의기구를 운용하는 것은 그 결을 달리 볼 수도 있다는 것이다. 단적으로 선거방송에 대한 심의를 위해 선거방송심의위원회를 설치·운영하는 방송통신심의위원회의 방송 심의에 대한 물적, 인적 인프라와 심의 전문성을 무시할 수 없는 것이 현실이기 때문이다. 또한 타 기관에서 이를 담당하기 위해 투입해야 하는 경제적 비용도 무시할 수 없다. 선거보도심의기구의 통합 논의와 다양한 비판이 10여 년 전부터 제기되었으나 한 걸음도 진척되지 못하였고 매체별 심의기능이 이미 깊게 뿌리내리고 있는 상황도 외면할 수 없다. 선거보도로 인한 피해구제 창구를 언론중재위원회로 이관, 통합한다면 심의업무의 전문성을 고려, 각 매체별 심의기구 체제의 유지가 현실적인 대안일 것이다.

Part 02

언론조정신청에 담긴 함의

Chapter 01 　언론조정신청의 정치적 함의:
　　　　　　언론조정신청 데이터는 언론자유 측정의 바로미터?
Chapter 02 　언론분쟁 조정의 사회적 함의: 뉴스 생산자와 소비자 간 분쟁의 시작
Chapter 03 　언론조정의 경제적 함의: 조정제도의 경제적 가치 측정
Chapter 04 　양면적 성격을 지닌 언론조정결과와 통계 바로 읽기
Chapter 05 　언론사 평가에 활용되는 언론중재위원회 조정 및 심의 결과
Chapter 06 　언론중재위원회 운영재원 논란의 시작과 끝, 위원회 독립성 제고

Chapter
01
언론조정신청의 정치적 함의: 언론조정신청 데이터는 언론자유 측정의 바로미터?

'언론중재'는 언론인에게는 계륵 같은 존재이다. 때로는 언론활동을 위축시키는 불편한 존재로 인식하다가도 정치권력 등 사회적 강자의 언론소송 앞에서는 언론중재 뒤에 숨고자 한다. 언론중재위원회를 거치지 않은 언론소송은 반칙이라는 것이다. 이렇듯 언론중재는 언론계나 정치권에서 자신들의 정치적 이해에 따라 바라보는 시각이 상반된다. 이 장에서는 언론중재위원회와 제도에 대한 시각의 변화를 역사적, 정치적으로 살펴본다.

정치적 의미는 언론과 정치권에서 언론조정신청을 바라보는 시각과 입장의 변천을 통해 언론조정에 대한 사회 전반의 지배적 분위기가 어떻게 변화하고 있는지 고찰한다. 언론조정신청은 미디어 사회의 변화를 어느 정도 반영하지 않을 수 없으며 사회 구성원의 인식과 평가에 기반하고 있다고 보기 때문이다.

정부의 언론정책 비판 소재로 활용된 언론조정신청 건수

자신의 입장과 처지에 따라 마음이 달라지는 게 인간의 나약한 본성이고 위치에 따라 언행을 바꾸는 정치권의 이중적 행태가 놀랄 일도 아니다. 개인적 이해관계가 얽힌 것도 아닌 법과 제도에 대한 태도도 별반 차이가 없어 씁쓸할 뿐이다. 언론중재위원회나 언론조정제도에 대한 정치권이나 언론의 입장도 철학이나 신념, 일관성이란 전혀 찾을 수 없다.

언론중재위원회는 언론보도 피해자의 민원 창구이지만 정부의 언론관이나 특정 언론사를 비판하고자 할 때, 그 구실을 위원회에서 찾는다. 현 정부를 비롯한 과거 정부의 언론조정신청 내역은 매년 빠지지 않는 국정감사 요구자료 목록이다. 정부의 언론조정신청 사건이 많으면 정부가 언론자유를 옥죄는 행위를 하고 있다며 비판을 쏟아내기 위한 좋은 소재였다.

> "국가기관의 중재신청이 김영삼 정부 때 국방부 공보처 농림수산부 등 10개 기관인 반면 DJ정부에서는 국정홍보처 문화관광부 등 17개 기관으로 늘어났다"며 "이는 DJ정부가 국가기관을 동원해 '언론 길들이기'를 노골화하고 있음을 보여준다"고 지적했다. (동아일보, 2002년 10월 2일, "국정홍보처, 언론중재신청 언론자유 탄압수단으로 악용")

> 노무현 정부 출범 이후 국가 기관(정부 지자체 공공단체)의 언론 중재 신청 건수가 돌연 급증한 것은 '오보와의 전쟁' 선언 이후 현 정부의 '언론 불신'을 실증적으로 드러내는 것이다. (동아일보, 2003년 8월 7일, "[국가기관 언론중재 신청] 3월4건... 7월38건...")

한나라당은 이날 국감에서 "참여정부의 언론중재신청이 과도하며 개인구제에 비해 정부구제의 비율이 높다"고 현 정부의 대언론정책을 강도 높게 비판한 데 반해, 열린우리당은 "이는 매우 정상적이고 정당한 활동"이라고 반박했다. (뉴시스, 2006년 10월 23일, "〈국감쟁점〉 문광위, 현정부 언론중재 급증… 여야 설전")

정부의 언론보도 대응 자세를 엿볼 수 있는 자료로서 의미와 별개로 해석의 영역은 제각각 본인의 의도를 담기 마련이다. 참여정부 들어 정부가 언론보도에 적극 대응하는 기조를 보였고 이는 언론조정신청의 증가로 연결되었다. 참여정부의 언론조정신청 증가에 대해 당시 야당이나 〈조선일보〉, 〈동아일보〉는 비판을 쏟아 냈지만 같은 데이터를 두고 전혀 달리 볼 수도 있다. 한 언론은 노무현 정부의 언론조정신청이 많이 늘어났지만 피해구제율이 평균보다 훨씬 높은 것에 주목하였다. 이는 정부기관이 주장하는 언론보도에 대한 지적이 높은 비율로 수용되고 있음을 의미하므로 정부가 "일단 내고 보자"는 식으로 언론조정신청을 남발하여 언론보도를 위축시킨다는 일부 언론 주장과 상반된다는 것이다.[1] 언론조정신청 데이터와 피해구제율을 연계하여 분석한 이 기사는 조정제도에 대한 충분한 이해를 바탕으로 작성한 것임에 반해 대다수는 언론조정신청 건수를 언론자유와 연관 짓고자 억지에 가까운 주장을 서슴없이 내뱉는다.

이렇듯 데이터는 있는 그대로의 객관적 수치이나 데이터 해석은 정치적

---

[1] OhmyNews, 2003년 9월 24일, "중재신청, '언론 길들이기'라더니…"
https://n.news.naver.com/mnews/article/047/0000036467?sid=102

목적 등이 가미되어 '의도적인 오류'를 가져온다. 일종의 '가짜뉴스'로 전화(轉化)하는 것이다. 언론조정신청 건수의 많고 적음이 정부의 언론자유에 대한 철학을 반영하거나 언론자유를 측정하는 바로미터가 될 수 없다. 일반 국민의 언론조정신청 행위는 언론피해를 구제받기 위한 첫 단추로서 단순한 민원의 성격을 갖는 것과 달리 정당, 정치인에게는 언론보도 대응이라는 정치적 행위의 성격도 지니고 있음은 부인할 수 없다.

언론조정신청 건수를 특정 언론사 보도에 대한 비난 수단으로 악용하기도

언론조정신청은 정부의 언론정책의 결을 보여주는 수단으로 활용되지만, 특정 언론사의 보도에 문제가 있다는 비판의 목소리를 키우는 확성기 역할도 한다. 개별 언론사의 언론조정신청 사건이 많거나 증가하면 보도에 문제가 많아 그런 결과를 초래했다는 지적이다.[2] 문제는 정치권의 입맛에 맞지 않다는 이유로 맥락 없이 이러한 통계를 활용하는 측면이 강하다는 점이다.

언론조정신청은 뉴스미디어가 제작·유통하는 상품에 흠결을 주장하며 불만을 제기하는 한 양태임은 분명하다. 그렇지만 언론조정신청은 반론이나 정정, 손해배상청구 등 청구 원인도 다양하고 반드시 오보를 전제로 조

---

[2] 공감신문, 2022년 8월 22일, "김영식 의원 "文정부 임기 동안 MBC 언중위 조정신청 2배↑"", https://www.gokorea.kr/news/articleView.html?idxno=729179

정신청이 이루어지지도 않는다. 마치 일반 제조업체나 유통회사 고객상담실에 접수되는 수많은 민원이 반드시 합리적이고 객관적인 응대와 수리, 환불 등의 제조사 책임으로 귀결되는 조치가 따라야만 하는 것이 아닌 것과도 유사하다. 따라서 조정신청의 존재 자체가 뉴스 상품의 흠결로 이어지는 것은 아니다. 그럼에도 불구하고 조정신청의 제기나 과소만으로 뉴스미디어의 제작사의 잘잘못을 따지는 것은 논리의 허점이 있다.

 조정결과의 해석도 마찬가지이다. 어느 언론사의 조정성립률이 높다는 것은 무엇을 의미하겠는가? 해당 언론사가 자신의 보도에 문제가 많음을 스스로 인정한 결과인가? 조정결과 정정이나 반론보도가 이뤄졌다면 뉴스 상품에 일부 문제가 있었다는 분명하다. 그렇지만 해당 보도가 오보였다고 단정 지어 말할 수는 없다. 기사의 핵심적인 팩트는 문제가 없어도 당사자의 반론을 충분히 반영하지 못한 경우도 있고 보도 당시에는 사실관계에 부합했지만 훗날 범죄혐의 사실이 무죄가 된 경우 무죄사실을 보도해 줄 것을 요구하는 추후보도청구도 제기될 수 있기 때문이다. 조정이 이뤄졌다는 것은 양 당사자가 화해에 이르렀다는 것으로 조정제도 운용상의 측면에서 보면 오히려 매우 바람직한 일이다. 따라서 일부 지방자치단체나 지방의회에서 지역언론 지원사업을 진행하면서 선정기준에 언론중재위원회의 조정성립을 감점 요인으로 활용하는 것은 부적절하다.

언론조정신청은 언론자유 보전을 위한 최소한의 장치?
법원에 바로 소제기하는 경우 언론중재위원회를 거치지 않았다며 비판

언론중재위원회 조정신청 자체는 언론인에게 상당한 부담이다. 취재 현장을 누비고 있어야 할 시간에 조정심리에 출석해야 하고 신청인의 주장을 반박하는 답변서 작성 등 시간적으로도, 심리적으로도 여간 불편하지 않을 수 없다. 심리결과 반론이나 정정보도 등의 책임을 지거나 더 나아가 손해배상까지 떠안게 되면 사내 평가에도 부정적이고 심지어 구상권 행사까지 걱정해야 할 처지가 된다.

언론중재위원회의 기능과 역할이 잘못된 언론보도로 인한 피해 회복에 주안점이 있다 보니 언론사나 기자에게 분명 달가운 존재는 아닐 터이다. 과거에는 언론조정신청이나 법원의 소제기를 동일선상에 놓고 언론조정신청을 '제소'라고 표현하는 기사도 심심찮게 발견되기도 했다. 하지만 점차 언론조정제도의 긍정적 영향력을 인정하는 분위기가 감지되기 시작했다. 정부나 유력정치인, 대기업 등이 언론중재위원회를 거치지 않고 바로 법원에 소제기를 하는 경우, 언론중재위원회는 언론자유를 가늠하는 이정표로서 등장하곤 한다.

> 언론중재위원회를 통한 정정보도청구를 거치지 않은 채 … 기자 개인에만 거액의 소송을 걸어 '비판 언론 재갈 물리기'라는 비판을 받았다. (2021년 언론시민사회단체 공동기자회견문, 2021년 3월 17일, "[기자회견문] 쿠팡의 비판보도 언론인 고소 등 '전략적 봉쇄' 규탄 기자회견문")

일반적으로 언론보도와 관련한 문제가 발생할 시 거치는 언론중재위원회의 중재나 양사 간 최소한의 의견 교환 없이 곧바로 거액의 손배 소송에 들어간 것은 이례적인 일이다. (일요신문, 2019년 9월 2일, "뉴시스, 일요신문 상대 손해배상소송 최종 패소")

우리 법 체계는 언론과 언론의 보도로 피해를 입었다는 사람들 간의 원만한 타협을 위해 민·형사 소송 전에 언론중재위원회를 거칠 것을 권고하고 있다. 그런데 마땅히 법의 취지를 존중해야 할 검사들이 반론이나 정정요구조차 하지 않고 막 바로 거액의 민사소송을 제기한 것은 검사들 스스로 법을 무시한 처사이다. (전국언론노동조합, 2008년 1월 11일, "[성명] 언론의 공적 가치는 BBK 수사 검사들의 손배소송 대상이 아니다")

이렇듯 언론중재위원회를 거치지 않고 바로 민사소송을 제기하거나 기자를 상대로 형사상 절차를 밟는 경우 기자단체나 언론사는 성명과 지면, 전파를 통해 제도적으로 보장된 언론조정절차를 건너뛴 것에 대해 분개한다. 특히 청와대(대통령실)나 유력 정치인, 대기업이 거액의 손해배상청구 소송을 제기하는 경우 더욱 예민하게 반응한다. 이 같은 모순적인 언론계의 태도에 대해 언론계 내부조차 이렇게 신랄하게 비판하였다.

일부 언론은 언론중재를 거치지 않고 바로 소송을 냈다면서 마치 정당한 절차를 벗어난 것처럼 비난한다. 그러나 그들이 정부기관의 언론중재 신청 건수가 예년에 비해 3배가량 늘었다고 보도하면서 '언론통제 의도'로 비친다는 논평을 한 것이 불과 열흘 전이다. (경향신문, 2003년 8월 18일, "[시론] 언론, 아직도 특권의식인가")

언론중재위원회는 언론기본법에 의해 창립되었다는 태생적 한계로 인해 오랫동안 언론자유를 규제하는 기구로 인식되었고, 우리 언론은 언론중재위원회의 일거수일투족에 대해 예민하게 반응해 왔다. 심지어 "전두환 정권이 만든 언론중재위는 세계에서 유일하게 한국에만 있는 기관이다. 언론자유를 위협할 소지가 많아 존폐의 논란을 불러일으키는 곳"[3]이라며 극단적으로 폄훼하는 시각도 있었다. 반론권은 편집권의 제약으로 이해하였고 정정보도 요구는 심각한 언론자유 침해로 받아들였다. 언론중재위원회의 조정대상에 손해배상청구도 포함되자 "봇물 터지듯 손해배상청구가 쏟아질 것"[4]이라며 호들갑을 떨며 비난하였다.

하지만 언론소송이 늘어나면서 언론중재위원회는 언론사와 기자에게 방어막 역할을 요구받았고 격앙된 소송 제기자와의 대화의 장을 통해 상호입장을 확인하고 조율하는 ADR(Alternative Dispute Resolution, 대체적 분쟁해결) 기구로서의 기대치가 높아졌다. 언론조정제도의 유용성과 장점에 대해 언론계가 인정하고 공감대가 형성된 결과라고 생각한다.

---

[3] 조선일보, 2005년 1월 3일, "[시론] 언론관계법, 歷史의 후퇴"
 https://www.chosun.com/site/data/html_dir/2005/01/03/2005010370417.html
[4] 서울신문, 2005년 8월 30일, "새 언론중재법 한달… 인지세 규정 보완 시급"
 https://n.news.naver.com/mnews/article/081/0000056204?sid=102

Chapter
02

언론분쟁 조정의 사회적 함의:
뉴스 생산자와 소비자 간 분쟁의 시작

신문이나 방송 등 전통적인 언론의 영향력이 예전 같지 않다고 해도 여전히 막강한 힘을 발휘하는 지점이 있으니 평범한 일반인의 신문이나 방송 매체 노출이다. 자신의 글이나 인터뷰가 신문에 실리거나 방송을 타게 되면 "매스컴 탔다"며 자랑도 하고 널리 알리려 한다. 관련 신문기사를 소중히 스크랩하고 방송영상을 캡처하여 주변인이나 지인들에게 전하고자 하는 것은 아직도 매스미디어의 힘이 살아있음을 보여준다. 일반적으로 평범한 시민이 신문이나 방송 등 언론매체에서 거론되는 일은 이례적이다. 우리가 접하는 대부분의 '뉴스'에 등장하는 사람은 국회의원, 시장 등 정치인, 장관이나 대기업 총수, 연예인 등 유명인이라 일반인은 언론중재위원회를 찾을 일이 없을 것으로 생각하기 쉽다. 하지만 잘못된 언론보도로 고통받고 있다며 피해를 호소하는 평범한 국민은 너무나 많다. 언론에 자주 노출되는 정치인, 공직자뿐만 아니라 종교인, 기업인, 연예인, 경찰, 군인, 회사

원, 교사, 학생 등 직업도 다양하고 사연도 가지각색인 많은 사람이 언론보도 피해구제 창구의 문을 두드린다. 이들이 자신의 미담을 소개하고 칭찬하는 기사에 불만을 드러내지는 않을 것이다. 공통점이 하나 있다면 바로 부정적인 언론보도에 거론되었다는 점이다. 언론중재위원회를 찾는 이들은 대부분 비리나 범죄 의혹을 제기하는 등 부정적인 내용을 담고 있는 보도에 언급된 사람이나 기관이다.

누군가 언론중재위원회를 찾았다는 것은 언론사가 생산한 상품에 불량품이 발견되었다는 신호이며, 뉴스 생산자와 소비자 사이에 갈등과 분쟁이 시작되었음을 의미한다.

뉴스 생산자로서의 언론의 사회적 지위 하락도
언론조정신청 증가의 한 요인

언론은 그동안 제4부라 지칭되며, 권력을 감시하고 견제하는 기능을 수행하는 민주주의의 파수꾼 역할을 사회로부터 부여받았다고 인식되었다. 이러한 공적 기능으로 인해 "이윤을 추구하는 기업으로서의 언론사"를 떠올리는 것이 자연스럽지 않은 시기도 있었다. 하지만 대부분의 저널리스트들은 주로 상업적인 뉴스미디어에 고용된 전문직업인이다(Gans, 2003/2008, 51쪽).

자본주의 사회에서 생산자는 우월적 지위를 점한다. 미디어시장에서 언론기업도 동일한 지위를 가진다. 과거 군사정권 시절에는 사회적 여론을 주도하고 국민의 알권리를 담당하며 권력기관으로서의 모습도 내비쳤다. 이런 연유로 국민들에게 언론사와 기자는 단순한 일반 기업체와 회사원으로 인식되기보다는 우리 사회에 막강한 영향력과 권력을 지닌 특별한 존재로 여겨졌다. 언론사가 제작한 '뉴스'라는 상품에 흠결은 있을 수 없었고 오보에 대해서도 사과하거나 바로잡는 일이 극히 인색했던 것은 이러한 특별한 지위에서 기인한 것이다. 지대한 사회적 영향력에 비례하여 권력의 지근거리에서 권력자의 위신을 세우던 언론사와 기자에게 일반인이 상품의 흠결을 지적하고 교환, 반품을 요구한다는 것은 굉장한 용기와 수고스러움을 각오해야만 했다.

우리 사회가 민주화의 길을 걸으면서 정치권력과 언론사의 유착은 가시적인 측면에서 약화된 반면 이윤을 추구하는 상업적 기업으로 언론사를 바라보는 시선은 확장되었다. 민주화 이후 매체 수의 급증 등 미디어시장의 경쟁 격화는 이러한 시선의 확장을 가속화하였다. 이 현상은 비단 우리 사회만 해당되는 것은 아니다. 미국 사회에서 민주주의와 저널리즘의 역할을 연구한 허버트 갠즈Herbert J. Gans는 저널리스트들의 사회적 유용성이 감소하면서 사회적 지위가 하락하는 현상을 "저널리스트의 권력박탈"이라고도 표현하였다(Gans, 2003/2008, 52쪽). 그는 저널리스트들이 권력박탈을 경험하게 된 계기는 뉴스미디어에 대한 청중(수용자)의 신뢰 상실과 보도의 부정확성, 청중들의 관심사에 대한 불충분한 피드백, 정치집단이나 사회경제계층에 대한 저널리스트들의 편견 등 저널리즘에 대한 불만족에서 비롯되었다고 진단하였다(Gans, 2003/2008, 71-72쪽). 이제 수용자가 뉴스 소비자로서의 자신의 목소리를 내기 위한 사회적 환경이 조성된 것이다.

매체 수 증가에 비례하여 뉴스에 대한 불만의 목소리 커져

뉴스라는 상품에 대한 결함을 제기하는 창구로 언론중재위원회가 창립된 1981년, 위원회가 처리한 조정청구 건수는 불과 41건이었다. 이후에도 조정청구 건수는 큰 변화가 없다가 우리 사회의 민주화 바람이 일던 1988년 이후부터 조정청구 건수가 증가하기 시작했다. 1987년 6·29 선언 직전 일간지 32개, 주간지 201개 등 2,236개였던 언론사는 1990년 초에는 일간신문 74개, 주간신문 875개 등 4,605개로 급증하였고, 이 같은 상황을 '언론 인플레' 현상으로 표현하기도 했다.5)

군사정권의 언론통·폐합으로 시행되었던 '1도 1사 정책'이 폐지되는 등 언론 자유의 확장으로 매체 수가 증가한 시점과 언론조정 건수가 증가한 시점은 그 궤를 같이하고 있다. 1989년 121건을 처리하여 처음으로 100건을 돌파하더니 1991년 220건, 1994년 541건으로 꾸준히 증가 추세를 보였다. 이후 약 10년간은 큰 폭의 증가세는 보이지 않았고 500여 건 안팎에서 등락을 거듭하였다. 언론조정신청은 2006년 처음으로 1,000건을 넘어서며 크게 늘었다. 이는 2005년 7월 28일 언론중재법이 시행되면서 인터넷신문이 새롭게 조정대상으로 편입되고, 기존의 정정, 반론, 추후보도청구권에 더해 손해배상청구까지 가능하게 된 것이 증가 요인으로 꼽힌다. 인터넷신문의 등장과 언론조정대상 매체로의 편입은 언론조정

---

5) 연합뉴스, 1990년 5월 18일, "6.29 이후 정기간행물 2배 증가"
https://n.news.naver.com/mnews/article/001/0003437345?sid=102

신청의 급증을 가져왔다. 2010년 2,205건, 2016년 3,170건, 2021년 4,278건 등 언론사가 제작, 판매하는 뉴스 상품에 대한 흠결을 지적하는 목소리는 계속 커지고 있다.

2020년대 언론조정대상 매체 현황

구 분	2020년	2021년	2022년	합 계
인터넷신문	2,102(53.6%)	2,477(57.9%)	1,857(58.5%)	6,436(56.6%)
인터넷뉴스서비스	596(15.2%)	609(14.2%)	450(14.2%)	1,655(14.5%)
일간신문	384(9.8%)	322(7.5%)	234(7.4%)	940(8.3%)
주간신문	122(3.1%)	131(3.1%)	75(2.4%)	328(2.9%)
방 송	465(11.9%)	495(11.6%)	387(12.2%)	1,347(11.8%)
잡 지	4(0.1%)	8(0.2%)	6(0.2%)	18(0.2%)
뉴스통신	247(6.3%)	216(5.0%)	149(4.7%)	612(5.4%)
기 타	4(0.1%)	20(0.5%)	17(0.5%)	41(0.4%)
계	3,924	4,278	3,175	11,377

2023년 7월 일간지, 주간지, 인터넷신문, 뉴스통신, 인터넷뉴스서비스, 잡지 등 문화체육관광부가 관리하는 정기간행물 등록관리시스템에 집계된 정기간행물은 25,333개이다. 이는 2015년 18,812개에 비해 6,521개, 약 35% 증가한 수치이다. 주목할 만한 것은 증가한 매체 대부분이 인터넷신문이라는 점이다. 인터넷신문은 2015년 6,347개였으나 2023년 7월 11,519개로 2배 가까이 증가한 반면, 종이신문(특수일간지나 주간지)은 감소하고 있다.

언론조정대상 매체 현황은 이러한 미디어시장을 반영하고 있다. 최근 3년간 조정신청 사건의 대상 매체를 보면 인터넷신문이 전체 매체 중 절반 이상인 56.6%를 차지하고 있다. 등록된 정기간행물 중 가장 큰 비중(2023년 기준 45.4%)을 차지하는 매체가 인터넷신문이라는 점을 감안하면 당연한 결과이다.

하지만 매체 수와 조정대상 건수가 반드시 비례하지만은 않는다. 인터넷뉴스서비스는 정기간행물 등록 기준 303개 매체(1.1%)에 지나지 않으나 언론조정대상 매체로는 인터넷신문에 이어 두 번째로 많은 14.5%로 집계되었다. 언론중재법상 인터넷뉴스서비스는 흔히 인터넷 포털을 지칭하지만 포털 외에 각 방송사닷컴 등이 포함된다. 이어 방송, 일간신문, 뉴스통신 순으로 언론조정신청이 많은 것으로 나타났다. 인터넷에 기반한 매체(인터넷신문, 인터넷뉴스서비스)를 대상으로 한 조정신청이 70%를 넘는다는 것은 우리 국민의 뉴스 소비가 이들 매체를 중심으로 재편되었다는 것을 간접적으로 말해주고 있다. 인터넷신문이 등장하기 전에는 이러한 구도를 상상이나 할 수 있었을까? 시계추를 되돌려 20년 전의 양상을 짚어본다.

뉴스 소비 창구 및 미디어의 영향력에 따라 언론조정대상 매체도 변화
2020년대 조정대상 매체 순: 인터넷신문 > 인터넷뉴스서비스 > 방송 > 일간신문
2000년대 조정대상 매체 순: 일간신문 > 방송 > 주간신문

언론조정신청은 소비자(수용자)가 상품(뉴스)에 대해 불만을 제기하는 첫 과정이라고 할 수 있다. 판매되는 상품이 많을수록 생산, 유통과정에서

하자가 발견될 확률이 높아지는 것이 일반적인 상품 시장 논리이다. 언론사가 제작하는 뉴스라는 상품에 대한 불만의 시작 역시 수용자에게 도달되는 지점이 넓어야 한다는 점에서 미디어 시장도 일반 시장과 다르지 않다고 본다. 뉴스를 소비하는 주된 창구가 어디인가에 따라 뉴스미디어에 대한 불만의 지점이 달라질 수 있는 것이다. 인터넷언론의 영향력이 급속히 커진 현재는 인터넷신문과 인터넷뉴스서비스가 뉴스 소비의 주된 매체이나 과거에는 이와 판이한 양상을 보였다. 인터넷신문이 언론조정대상으로 편입되기 전인 2005년 이전의 언론조정대상 매체 유형은 어떠했을까? 일간신문이 압도적 비율로 제일 많다. 2002년부터 2004년까지 3년간 언론중재위원회가 처리한 조정사건 중 62%가 일간신문을 대상으로 제기된 것이었고, 방송이 20%, 주간신문이 13.6%, 잡지 2.7%, 뉴스통신 1.3% 순이었다. 지하철 승객의 상당수가 종이신문을 펼쳐 읽던 풍경이 익숙한 시절, 뉴스 소비의 제일의 접점은 일간신문이었고 이러한 뉴스 소비 흐름은 언론조정신청에도 그대로 투영되었다.

인터넷 미디어 시대 이전의 언론조정대상 매체 현황

구 분	2002년	2003년	2004년	계
일간신문	303	485	449	1,237(62%)
주간신문	99	70	103	272(13.6%)
방 송	90	133	176	399(20%)
잡 지	14	22	18	54(2.7%)
뉴스통신	4	13	10	27(1.3%)
기 타	1	1	3	5(0.2%)
계	511	724	759	1,994

당시에는 주간신문도 상당한 비중을 차지했다. 주간신문을 대상으로 한 조정신청은 2000년대 초반만 해도 13% 정도였지만 2020년대에는 3% 정도로 비중이 크게 약화되었다. 이는 주간신문의 질 높은 뉴스생산에 따른 소비자의 불만 감소라는 긍정적 결과라기보다는 주간신문 뉴스의 영향력 약화에서 그 원인을 찾는 것이 합리적일 듯하다. 한국언론진흥재단의 조사보고서에 따르면 우리나라 주간신문의 대부분은 지역주간신문으로 전국단위 종합주간신문보다 10배가량 많다. 또한 지역주간신문의 91.1%는 발행부수가 1만 부에 미치지 못하며, 홈페이지를 운영하지 않는 신문이 20% 가까이 되는 것으로 나타났다(한국언론진흥재단, 2022). 일간신문은 90% 이상이 홈페이지를 운영하고 있는 것과 대비된다. 고사 위기에 처한 지역주간신문의 현실을 엿볼 수 있는 대목이며, 미디어의 영향력과 미디어 환경의 변화를 실감하는 데이터다.

뉴스 소비자로서의 평범한 일반인의 조정신청 비중 증가 추세

평범한 장삼이사(張三李四)에게 언론중재위원회는 친숙한 존재가 될 수 없을 것만 같다. 뉴스에 등장하는 사람은 정치적·경제적 권력을 지닌 사람이거나 적어도 이름만 대도 다수의 국민들이 알 만한 유명인이 대부분이기 때문이다. 뉴스 노출도만 보면 평균적인 삶을 살아가는 이들은 그다지 관심을 가지지 않아도 될 듯싶지만 언론중재위원회를 이용하는 평범한 우리 이웃은 의외로 많다.

  2018년부터 2022년까지 5년간 개인이 조정신청한 사건은 전체 사건의 절반이 넘는 56.7%로 조사되었다.[6] 나머지는 국가기관, 지방자치단체, 기업체, 공공단체, 일반단체, 종교단체 등 단체가 조정신청한 것이다. 개인과 단체 간의 조정신청 비중도 변화하는 추세를 보인다. 과거에는 개인과 단체 간의 비중이 4:6 정도였으나 최근에는 5.5:4.5 정도로 개인 신청 사건 비중이 크게 늘어나고 있다. 2000년부터 2004년까지 5년간 개인이 조정신청한 사건은 전체 사건 가운데 42.1%로 최근 5년간과 비교하면 15%가량 차이가 난다. 회사나 기관의 명예, 사회적 신용을 떨어뜨리는 언론보도에 대해 기관 차원에서의 대응이 언론조정신청으로 이어진 것이 주류를 이루었다면 현재는 많은 개인이 권리구제 방안으로서 조정제도를 이용하고 있다. 이는 명예훼손이나 초상권 등 인격권에 대한 관심과 인식이 높아졌음을 보여주는 간접적인 징표가 아닌가 싶다. 개인 중에서도 일반인의 조정신청 비중이 크게 늘어난 수치가 이를 더욱 분명하게 확인해 준다.

---

[6] 2000~2004년 자료는 언론중재위원회가 해마다 발간하는 〈연차보고서〉를, 2018~2022년 자료는 〈언론조정중재 사례집〉을 참고하여 재구성했다.

2000~2004년 개인의 언론조정 현황

구 분	2000년	2001년	2002년	2003년	2004년	계
정치인	63	38	25	33	33	192(13.9%)
공공기관장	10	9	2	0	8	29(2.1%)
공무원	28	36	15	53	19	151(10.9%)
연예인	20	2	11	8	3	44(3.2%)
일반인	219	222	163	153	202	959(69.7%)
개인 계	340 (56%)	307 (46.5%)	216 (42.2%)	247 (34.1%)	265 (34.9%)	1,375 (42.1%)
전체 건수	607	659	511	724	759	3,260

출처: 언론중재위원회가 발간한 2000~2004년도 〈연차보고서〉 참조

2018년부터 5년간 개인 자격으로 언론조정을 신청한 사건의 신청인 직업을 분석한 결과 회사원, 교육자, 개인사업가, 학생 등 평범한 시민이 조정신청한 사건은 무려 80%로 조사되었다. 이는 2000~2004년 기간의 일반인 신청 비중보다 10.3% 증가한 수치이다. 여전히 일반인이 뉴스미디어를 상대로 잘못된 보도를 바로잡아 줄 것을 요청하는 것은 그리 쉬운 일은 아니다. 하지만 뉴스 생산자가 유력 신문과 방송 등 레거시 미디어에서 인터넷 언론으로 확장되면서[7] 일반인이 뉴스 생산자를 상대로 불만을 제기하는 데 심리적 저항감과 문턱이 낮아진 점도 개인들이 적극적인 권리 구제에 나서는 요인으로 작용한 듯하다.

7) 언론조정신청 대상 매체의 70%가 인터넷신문, 인터넷뉴스서비스 등 인터넷기반 매체이다.

2018~2022년 개인의 언론조정 현황

구 분	2018년	2019년	2020년	2021년	2022년	계
정치인	413	223	281	289	258	1,464(13.9%)
공공기관장	42	54	32	16	48	192(1.8%)
공무원	55	64	89	215	200	623(5.9%)
연예인	28	50	3	71	10	162(1.5%)
일반인	1,598	1,588	1,782	2,153	1,267	8,388(80%)
개인 계	2,091 (58.7%)	1,934 (54.5%)	2,187 (55.7%)	2,569 (60.0%)	1,699 (53.5%)	10,480 (56.7%)
전체 건수	3,562	3,544	3,924	4,278	3,175	18,483

출처: 언론중재위원회가 발간한 2018~2022년도 〈연차보고서〉 참조

한편 2022년 언론중재위원회에 가장 많은 조정신청을 한 직업군은 정치인으로 드러났지만, 정치인(국회의원, 기초광역단체장 등 선출직 공직자, 정당인)이나 공공기관장의 조정신청 비중은 20년 가까이 지난 시점에도 변화가 거의 없다. 오히려 언론에 자주 노출되는 또 다른 직업군인 공무원이나 연예인의 조정신청 비중은 최근 들어 절반 가까이 감소한 것으로 나타났다. 특히 대중에 대한 이미지가 중요한 연예인은 언론에 밉보여서 좋은 게 없기 때문에 잘못된 언론보도에 대한 적극적인 대응을 주저한 결과가 아닌가 짐작된다. 이처럼 뉴스 생산자로서 언론의 위치는 여전히 강력하다. 갑(甲)의 지위에서 소비자를 한낱 파편화된 군중으로 여기는 시선은 언론조정신청을 부추기는 한 요인이다.

소비자, 고객으로 바라보는 시선의 변화가 절실

언론에 '뉴스'라는 상품을 제작, 판매하는 생산자의 시각이 접목된 것도 그다지 오래된 일은 아니나 뉴스를 소비하는 군중을 소비자 내지 고객으로 바라보는 시선은 더욱 생소하다. 뉴스 소비자는 특별히 수용자로 표현된다. 저널리즘 연구영역에서 수용자 이론에 따르면 수용자는 매스미디어 영향력의 종속변수로서 미디어 영향력에 얼마나 독립적인 객체로 존재할 수 있는지가 주요한 관심사였다. 인터넷 중심의 미디어환경 재편으로 1인 미디어가 활발해지면서 언론 소비자가 생산자의 역할까지 겸한다는 '프로슈머prosumer'의 개념이 미디어 시장에도 적용되었다. 하지만 미디어 생산자는 여전히 수용자를 '소비자'로 인식하는 수준에 머물러 있고 '고객'으로 바라보고 있지는 않은 듯하다.

대다수 뉴스 생산자는 자사가 생산한 뉴스에 불만을 제기하는 경우 이를 친절하게 또는 정중하게 대하지 않는다. 불만 있으면 "언론중재위원회에 제소하라"고 되레 큰소리다. 언론중재위원회 출석요구서를 받고 나서야 고객의 목소리에 귀를 기울인다는 언론보도 피해자의 하소연은 오늘도 제기되고 있다. 뉴스 상품에 대한 불만을 줄이는 일은 생산자로서 뉴스미디어가 수용자를 소비자, 나아가 고객으로 인식하는 자세에서 출발하여야 한다.

Chapter
03
언론조정의 경제적 함의: 조정제도의 경제적 가치 측정

　언론보도로 인한 분쟁은 특수한 성격을 지닌다. 짧은 시간에 빠른 속도로 전파되는 언론보도의 속성은 신속한 구제가 무엇보다 중요하다. 잘못된 보도를 접한 독자나 시청자의 기억에서 사라지기 전에 정정보도가 이뤄져야 그릇된 인식을 바로잡을 수 있다. 일방적인 주장에 대해서도 빠른 반론보도가 이뤄져야 여론이 왜곡되지 않는다. 정정·반론보도는 속도가 생명이다. 1~2년 지나 법원 판결이 확정된 후 정정·반론보도가 게시된다면 되레 주변인들의 부정적 기억만 되살릴 수도 있다. 신속한 피해구제가 다른 분쟁보다 절실한 것이 언론보도로 인한 분쟁이다. 언론보도 분쟁의 특수성을 고려하면 수년씩 걸리는 법원 절차를 대체할 수 있는 대체적 분쟁해결제도(Alternative Dispute Resolution, 이하 'ADR')로서 언론중재위원회의 필요성이 요구된다.

　또한 언론중재위원회의 조정절차는 무료이다. 변호사만 선임하지 않는다면 접수부터 종결까지 돈이 전혀 들지 않는다. 조정신청서 작성은 부동산 셀프등기보다 수월하다. 조정 과정에서 법률적 쟁점에 대한 다툼이 벌어지더라도 일반적인 상식수준에서 벗어나지 않는다. 조정과정에서 법적 지식을 크게 필요로 하지 않으니 굳이 변호사를 선임하지 않아도 된다. 실제 대부분의 조정신청 당사자는 본인이 신청서도 작성하고 심리에도 직접 출석한다. 간혹 기업체나 정치인이 변호사를 대동하고 출석하는 경우는 있다.

조정심리는 일반적으로 단 1회 출석만으로 종결되는 경우가 대부분이다. 양 당사자의 화해를 목적으로 하는 과정이니만큼 당사자 간 의견 조율을 위해 두 차례 이상 심리를 진행하기도 하지만 그 비율은 높지 않다. 사건접수일로부터 2~3주 이내에 심리가 종결된다. 언론보도로 인한 분쟁의 특수한 성격을 고려하여 신속한 법정 분쟁조정기구를 두고 있는 취지를 잘 살리고 있다. 비용은 전혀 들지 않고 2~3주면 조정결과를 알 수 있으니 시간적·경제적 비용의 부담이 확실히 적다. 법경제학적 시각에서 보면, 언론보도 피해자는 기존의 분쟁 해결 방법, 즉 소송을 이용할 때와 언론중재위원회를 이용할 때를 비교하면서 그 득실을 계산해 볼 수 있다. 언론중재위원회를 이용하도록 하려면 합리적 인간들이 그 방향을 향해 움직일 수 있도록 유인책을 만들어야 한다. 대체적 분쟁제도로 화해가 성립하기 위한 필요조건을 "신청인의 기대이익－피신청인 기대손실 ＜ 신청인의 소송비용＋피신청인의 소송비용"으로 정식화하는 모델이 대표적이다.

소송보다 언론조정절차가 합리적 선택인 이유 1
처리기간: 조정 20일 vs. 재판 1년

법원에 소송을 제기하는 사람은 소송을 통해 얻게 될 것으로 예상되는 소송의 기댓값이 소송비용을 웃도는 경우에 한하여 소를 제기한다. 예를 들어, 소송비용이 1,000원이고 승소금액이 9,000원이라 하더라도 승소확률이 10%인 경우에는 소를 제기하지 않는다. 왜냐하면 소송의 기댓값(900 = 9,000원 × 10%)이 소송비용을 밑돌기 때문이다(조홍식, 2006, 17쪽). 언론조정절차가 재판을 대체하는 분쟁해결 방법으로 언론보도 피해자가 택할 수 있는 유일한 선택지는 아니나 소송절차 대신 언론조정신청을 했을 때는 그에 따른 경제적 효과를 기대하기 마련이다. 언론보도 피해자의 언론조정신청은 경제적으로 합리적 선택인지 살펴본다.

먼저 시간적 비용이다. 법원 판결은 많은 사람들이 알고 있듯 시간이 오래 걸린다. 언론보도로 인한 분쟁은 소송의 결과만큼 신속한 소송 진행이 중요하다. 언론중재법에도 법원의 신속한 재판을 강조하고 있다. 언론중재법 제29조에 "법원은 언론보도등에 의하여 피해를 받았음을 이유로 하는 재판은 다른 재판에 우선하여 신속히 하여야 한다."고 규정하고 있는 것은 이러한 이유이다. 더 나아가 언론중재법 제27조 제1항에서는 "정정보도청구등의 소는 접수 후 3개월 이내에 판결을 선고하여야 한다."고 그 시한까지 제시하고 있다.

하지만 이러한 법 규정은 별다른 효과를 거두고 있지 않은 것으로 보인다. 언론중재위원회가 언론소송판결을 분석한 자료를 보면 보도게재청구 사건 가운데 3개월 이내 판결을 선고한 사례가 단 한 건도 없었다(2019년도 언론관련판결 분석보고서)[8]. 1심 판결의 절반가량(54.3%)은 6개월 초과 1년 이내 선고하였고 1년 초과 2년 이내 걸린 사건도 28.3%, 2년이 넘게 걸린 경우도 3.3%나 되었다. 대법원에 따르면 2022년 기준 민사사건의 1심 접수일로부터 최종 심급이 끝나는 날까지 걸린 기간이 평균 1,095.2일로 딱 3년이다.

매일 생산되는 뉴스가 인터넷에 차고 넘치는 정보의 홍수 시대다. 잘못된 언론보도에 대해 1년이 지난 시점에 사실관계를 바로잡는 정정보도든 일방의 주장을 반영한 반론보도가 다수의 수용자에게 어떤 의미로 다가올지 의문이다.

반면 소송절차 대신 언론중재위원회 조정신청을 했다면 어떠할까? 언론조정처리 시한도 언론중재법 제19조와 제22조에 규정되어 있다. 조정은 신청접수일부터 14일 이내에, 직권조정결정은 21일 이내에 하여야 한다. 언론중재위원회 평균 조정처리기간은 2020년 19일, 2021년 18일, 2022년 14.8일, 3년 평균 17.3일로 나타나 언론조정신청서 접수일로부터 적어도 20일 이내에 사건이 종결된다. 언론보도로 인한 분쟁 해결의 시간적 비용 측면에서 보자면 언론조정절차를 따르는 것이 굉장히 합리적 선택인 셈이다. 설혹 언론조정절차에서 조정성립이나 직권조정결정 등 신청인의 이익에 부합하는 결과를 얻지 못하여 소송을 제기하고자 할 때도 시간적 지체

---

[8] 언론중재위원회가 조사한 언론소송 기간과 관련한 가장 최근 결과가 2019년 자료이다.

로 인한 불이익은 미미하다는 것이다. 법원 판결을 구하기까지 1년여의 시간에 조정절차로 인한 20일이 더해진들 이 차이로 인해 정정보도나 반론보도 효과가 크게 감소한다고 보기 어렵다는 의미이다.

소송보다 언론조정절차가 합리적 선택인 이유 2
손해배상액: 조정 259만 원 vs. 재판 570만 원

손해배상을 구하는 경우의 경제적 편익을 살펴본다.

법원의 위자료 산정은 해마다 감소 추이를 보이고 있다. 잘못된 보도로 인한 인격권 침해에 대한 실질적인 손해배상이 이뤄지고 있지 않다는 비판이 징벌적 손해배상제 도입 주장으로 이어졌다. 2022년 자료를 보면 언론중재위원회의 조정을 통한 손해배상 지급액과 법원이 명한 손해배상 지급액은 점차 그 간극이 좁혀지고 있다.

2022년도 언론중재위원회와 법원의 손해배상액 비교

(단위: 원)

구 분	평균액	중앙액	최저액	최고액
언론중재위원회	2,592,857	2,000,000	500,000	10,000,000
법 원	5,701,805	3,449,774	500,000	39,000,000

2022년도에 선고된 손해배상 판결과 언론중재위원회 조정결과를 보면 손해배상 평균액은 300만 원 정도밖에 차이가 나진 않으며, 중앙액을 보면

그 차이가 더욱 좁혀져 150만 원에 불과하다. 법원 판결에 이르는 시간과 소송제기 시 선임한 변호사 수임료 등을 고려하면 소제기에 따른 이익이 그다지 없다. 가벼운 위자료 지급 사안과 명백한 불법행위로 인한 손해배상을 구하고자 하는 경우는 달리 봐야 할 것이지만 적어도 확률적으로는 손해배상청구 사안도 조정절차를 따르는 것이 경제적 편익이 크다고 볼 수 있다.

이 같은 결과를 더욱 뒷받침하는 조사결과가 있다. 언론중재위원회가 손해배상지급을 직권조정결정하는 경우 당사자는 직권조정결정에 대해 이의신청을 할 수 있다. 이의신청이 제기되면 자동으로 소송절차로 이어진다. 언론중재위원회가 지급을 명한 손해배상액이 기대에 못 미친다거나 과다하다고 판단하는 경우이다. 당연히 신청인은 좀 더 많은 손해배상액을 기대하고 피신청인(언론사)은 손해배상액의 감경 내지 기각을 노릴 것이다.

2020~2022년 언론중재위원회원회 직권조정결정 손해배상액과 법원 손해배상액 비교

(단위: 원)

구 분	건 수	평균액	중앙액	최저액	최고액
언론중재위원회 직권조정결정	12건	4,667,666	3,000,000	1,000,000	20,000,000
법 원	8건	4,857,143	5,000,000	1,000,000	10,000,000

2020년부터 2022년 3년간 언론중재위원회가 직권조정결정으로 손해배상을 명한 사건의 평균 손해배상액과 최저 손해배상액은 법원과 별반 다르

지 않았다. 다만, 중앙액은 법원에서 인용된 경우 언론중재위원회 직권조정결정보다 200만 원 높은 500만 원으로 조사되었다. 사례 수는 많지 않아 일반화하기에는 다소 무리가 있다는 점을 감안하더라도 전체적인 조정처리결과와 법원 손해배상액 비교 추이가 유사하다는 점에 주목할 필요가 있다. 즉 손해배상액과 관련 조정결과와 법원 재판결과가 큰 차이를 보이고 있지 않다는 점이다.

언론중재위원회 조정제도 운용의 경제적 효과, 연간 예산 대비 5배 수준

한국의 사회 갈등 수준은 OECD 국가 중 두 번째로 높고, 사회적 갈등으로 인한 경제적 손실이 무려 연간 246조에 이른다는 보고가 있다.[9] 2013년 삼성경제연구소의 조사 이후 후속 조사가 없었는데, 2023년 정부가 처음으로 직접 사회적 갈등에 따른 경제적 비용 분석에 나섰다.[10] 정부는 갈등양상이 10년 전보다 첨예화, 복잡화되었고 경제규모는 더 커졌기에 갈등비용도 커졌을 것이라 예상했다. 특히 여러 사회갈등 가운데 가짜뉴스 때문에 한 해 약 30조의 경제적 손실이 발생한다고 발표되기도 했다(정민·백다미, 2017).

이러한 사회적 갈등의 증가로 법원의 소제기 전에 양 당사자 간의 조정

---

9) 한국경제인협회 보도자료, 2013년 8월 21일, "한국 사회갈등, OECD 27개국 중 2번째로 심각" https://www.newspim.com/news/view/20130821000234
10) 이데일리, 2023년 7월 19일, "갈등공화국, 한국 경제적 손실은 얼마"
https://www.edaily.co.kr/news/read?newsId=01138166635676160&mediaCodeNo=257&OutLnkChk=Y

과 화해를 통해 분쟁을 해결하는 ADR 제도가 주목받고 있다. ADR은 법원에서 행해지는 소송의 형태 이외의 방식으로 이루어지는 분쟁해결수단을 의미하며, 실질적으로는 법원의 판결형태가 아닌 방식, 이른바 화해, 조정, 중재 등과 같이 제3자의 관여 혹은 당사자 간 교섭과 타협으로 이루어지는 분쟁해결제도를 말한다(반흥식, 1998). 하지만 ADR에 대한 긍정적인 평가와 높아진 관심에도 불구하고 우리나라 ADR제도는 그다지 활성화되고 있지 못하다는 평가가 지배적이다. ADR제도의 현실적 이용이 저조하다고 평가받는 가운데서도 언론 관련 분쟁을 조정·중재하는 언론중재위원회는 한 해 처리하는 사건 수나 피해구제율 측면에서 상당히 활발한 제도 운용을 보인다고 할 수 있다.

언론보도로 인한 분쟁은 언론보도가 빠르게 확산되는 성격 탓에 신속한 피해구제가 요구되고 이러한 언론보도의 성격을 고려하여 우리나라는 언론중재위원회라는 독특한 ADR제도를 운용하고 있다. 법원의 판결을 구하기 위해 요구되는 시간과 비용, 노력을 절감하자는 취지이다. 언론조정제도는 법원 절차를 통하지 않고 분쟁을 해결하는 우리나라의 대표적 ADR제도이다. 사회적 갈등으로 인한 분쟁 건수가 해마다 증가하고 있고 언론보도로 인한 분쟁도 그 궤를 같이하고 있다. ADR제도로서 언론조정제도 운용의 경제적 효과는 어느 정도인지 가늠해본다.

이와 관련 앞서 필자가 공동연구자로 참여한 연구결과(조준원·김진하, 2018), 2016년 한 해의 언론중재위원회 제도 운용의 순편익은 위원회 연간 총예산의 4.5배 수준이라고 밝혔다.

이 연구는 언론중재위원회의 조정 및 중재 업무 외에도 시정권고, 언론피해구제 및 예방 교육, 홍보 업무 등 다양한 기능과 역할이 편익을 발생시킬 수 있으나 정량적 측정 여부를 고려할 때 사후 조정에 국한하는 것이 현실적인 접근이 될 수 있을 것으로 판단했다. 사전 예방 차원인 시정권고 기능은 언론보도의 개인적·사회적·국가적 법익 침해사항에 대해 유사한 보도 시 주의를 권고하는 것이므로 당해 시정권고가 차후에 어느 정도 권고적 기능을 가져왔는지 측정이 곤란하기 때문이다. 또한 언론피해구제 및 예방교육 역시 교육의 진행 여부에 따른 편익을 정량적으로 측정하기 어렵다고 보았다.

언론중재위원회 분쟁조정제도 운용으로 획득할 수 있는 편익의 경제적 가치는 약 537억 원으로 추계됐고, 사건처리를 위해 위원회에 투입된 운영예산으로서의 비용은 약 56억 원으로 추계됐다. 최종적으로 산출된 편익−비용의 연간 순액(Net)은 위와 같이 약 480억 원 수준으로 추산되었다.

이 연구 조사 모델을 토대로 2020년부터 2022년 3년 동안의 언론조정제도 운용의 경제적 효과를 측정했다. 3년간 총 언론조정청구 건수는 11,377건, 이 가운데 피해구제가 된 건수는 6,388건이다.

2020~2022년 각급 법원에서 선고된 판결 중 언론보도 또는 그 매개로 인한 법익침해를 이유로 제기된 민사소송 판결은 총 210건이며, 개별 청구권에 따라 재분류한 결과 한 해 총 561건의 언론소송 판결이 이루어진 것으로 나타났다. 2020~2022년 언론중재위원회에서 처리한 총 11,377건 중 손해배상청구 건수는 3,513건이며 이 중 실제로 배상액이 지급된 130건의 평균 손

해배상액은 약 290만 원이다. 각 분석 항목의 추산 방식은 아래와 같다.

● **변호사 선임비**

비재산적 소구에 대한 소송목적의 값을 5천만 원으로 볼 때[11], 통상 변호사 선임 비용을 추산했고, 변호사 선임비용 추산에 적용한 기준은 「변호사보수의 소송비용 산입에 관한 규칙」(대법원규칙 제2936호, 2020. 12. 18.)을 참고했다.

* 소송목적의 값 : 5천만 원

선임비용 = 200만 원 + (소송목적의 값 - 2,000만 원) × $\frac{8}{100}$ = 440만 원

상기 선임비용(건당)을 기준으로 소제기로 지출이 예상되는 기회비용의 절감액을 추산했으며, 성공보수금은 제외하였다. 여기서 적용할 사건의 수는 '절감편익'으로서 회피한 기회비용, 즉 언론중재위원회에 제기된 사건 중 언론중재위원회 절차가 없었더라면 법원을 통해 처리되었을 경우의 비용을 추산한다는 그 항목 본질에 맞추어, 언론중재위원회의 2020~2022년 신청사건 중 위원회 절차를 통해 분쟁이 해결되었다고 볼 수 있는 피해구제 건수(6,388건)를 기준으로 삼았다.

---

[11] 「민사소송 등 인지규칙」 제18조의2(소가를 산출할 수 없는 재산권상의 소 등)

● 인지대, 송달료 등

 소송목적의 값 1천만 원 이상을 상정해 인지대는 [소가의 0.45% + 5,000 웬으로 계산했다. 소가는 각 건당 5천만 원으로 하여 3년간 언론중재위원회 피해구제 건수를 곱해 최종 인지대 비용을 추산했다. 송달료의 경우, 2022년 12월 기준 1회당 우편료 3,700원을 기준으로 원고, 피고 각 한 명으로 상정해 사건 1건당 74,000원(3,700원 × 2명 × 10회분)으로 추계했다.

● 소요기간

 최저임금은 분석대상 기간 동안의 평균 1일 최저임금인 시간당 8,823원을 기준으로 계산했으며, 이를 기준으로 법원을 통한 피해구제의 소요기간 및 단위기간 당 일실소득 기준금액을 마련하여 경제적 관점에서의 기간별 시간가치를 추계하였다. 법원의 평균 소요기간은 2016년 조사결과를 그대로 따라 1심 판결에 이르기까지의 기간인 약 1.33년을 적용하였다.

 분석결과, 2020년부터 2022년까지 3년간 언론중재위원회 분쟁조정제도 운용으로 획득 가능한 편익의 경제적 가치는 약 2,155억 원으로 추계됐고, 사건처리를 위해 위원회에 투입된 운영예산 비용은 약 226억 원으로 산정되었다. 최종적으로 산출된 편익-비용의 순액(Net)은 약 1,929억 원 수준으로 추산되었다. 이는 연간 평균 643억 원의 경제적 편익이 발생한 것으로 3년간 언론중재위원회의 평균 예산인 128억 2천 4백만 원 대비 5배 수준으로 조사되었다.[12]

---

12) 구체적인 편익-비용 분석항목 산식과 추계액은 책 말미 〈자료 1〉, 〈자료 2〉에 제시하였다.

이러한 결과는 언론중재위원회가 언론보도로 인한 갈등의 사회적 비용을 감소시키고 사회적 통합에 기여하고 있다는 것을 수치로 보여주고 있는 것으로 평가된다. 또한 언론중재위원회를 이용하는 조정신청인이 늘어나고, 높은 피해구제율을 유지할 수 있는 것은 "신청인의 기대 이익－피신청인의 기대손실 < 신청인의 소송비용＋피신청인의 소송비용" 모델을 충족시키고 있기 때문으로 보인다.

Chapter 04

양면적 성격을 지닌 언론조정결과와 통계 바로 읽기

조정결과 용어에 대한 해석 오류, 조정제도에 대한 몰이해에서 비롯

언론조정은 양면성을 띤다. 승패를 명확하게 가를 수 없다. 승자와 패자를 구분 짓는 것은 조정의 취지에 어긋난다. 승자도 없고 패자도 없는 조정이 최고이다. 그래서 양 당사자가 '윈-윈'하는 전략을 추구한다. 불꽃 튀는 시선을 주고받던 신청인과 피신청인이 옅은 미소로 악수를 나누며 돌아설 수 있도록 화해를 이끌어내는 장이 언론중재위원회의 조정이다. 실정법 위배가 아니라면 법적 청구권 외에도 다양한 조정안이 제시될 수도 있다. 정정이나 반론보도문 게재도, 손해배상 지급을 약속 받은 것도 아닌데 피신청인의 진심 어린 사과 한마디에 격한 감정은 눈 녹듯이 사그라지고 취하서를 찾기도 한다.

법원 판결은 엄한 아버지와 닮았다. 잘못을 추궁하고, 다그치는 논리와 이성이 지배하는 장이다. 반면 언론중재위원회의 조정은 인자한 엄마의

정이 흐른다. 냉철함보다는 상대의 아픔에 공감하고 감성이 묻어난다. 일도양단(一刀兩斷)으로 표현되는 법원 판결에 비해 상대적으로 유연하다. 법원 부장판사, 전직 언론인 출신, 변호사, 교수 등 다양한 직역(職域)의 전문가들로 중재위원을 구성하는 이유이기도 하다.

언론중재위원회가 발표하는 언론조정처리 현황 등 각종 통계 자료는 조정제도의 특성에 대한 이해를 요구한다. 통계의 잘못된 이해와 해석은 의도적인 측면도 있지만 각종 용어 및 제도에 대한 오해와 몰이해에서 비롯된다.

언론중재위원회 절차와 법원 재판절차는 그 성격이 다름에도 불구하고 조정신청을 '제소'라고 표현하는 언론계 관행도 이에 해당한다. 언론중재위원회의 조정과정을 밟겠다는 신청인의 의지와 실행은 한때 "언론중재위원회에 제소"라는 표현으로 지면과 화면을 도배했다. 언론조정신청은 법원의 소송 절차와 다르다는 것을 알면서도 '제소(提訴)'라는 표현이 얼마 전까지 일반화되었다. 아마 조정도 소송과 같이 법적 절차이니 이를 따르겠다는 행동을 가장 대중화된 용어로 선택한 것이리라. 적확(的確)한 표현은 아니지만 '언론조정신청'보다 '제소'라는 용어가 법적 다툼의 시작을 의미하는 표현으로 직관적으로 다가오는 것은 사실이다. 하지만 조정신청을 소 제기를 뜻하는 '제소'로 표현하는 것은 부적절하다.

용어를 잘못 이해하면 뜻밖의 결론에 닿게 될 수도 있다. 아래 기사는 2017년부터 2023년 5월까지 언론중재위원회에 접수된 조정신청 가운데 3분의 1가량이 '조정결정'되었는데 이 시기는 적폐 청산이 화두였던 때라 언론중재위원회가 소극적으로 조정에 임했을 것이라는 취지의 기사이다.

> 2017년부터 2023년 5월까지 언론중재위원회(언중위)에 접수된 조정신청이 무려 2164개 언론사, 2만3367건에 달했다. 매년 평균 3600여 건, 즉 하루에 거의 10건씩 조정신청이 언중위에 접수된 셈이다. 이들 조정신청이 대부분 자기변명에 불과할까. 2만3367건의 조정신청 중 실제로 '조정' 결정이 내려진 사례가 무려 7096건에 달했다. 전체 신청 중 3분의 1 정도지만 여전히 엄청난 수다. 특히 이 기간은 소위 '적폐 청산'의 광풍이 불던 시기여서 '언론 자유'와 '공익'이라는 미명하에 언중위가 '조정' 결정에 미온적이었을 가능성이 높다는 점을 고려하면 더 그렇다. (동아일보, 2023년 9월 5일, "[동아광장/한규섭] '언론 피해자' 구제에 대한 사회적 논의가 필요하다")

이 기사는 맹점이 있다. 조정성립, 즉 당사자 간 합의를 한 사례, '조정성립'을 '조정결정'으로 오해하고 있다. 언론중재위원회의 "적극적인 의지의 반영"을 지칭하는 것으로 보아 기사에서 언급된 "'조정' 결정"은 직권조정결정을 칭하고 있는 것으로 보인다. 직권조정결정은 당사자 간 합의에 이르지는 않았으나 언론중재위원회가 신청인의 주장이 타당하다고 판단하여 직권으로 결정하는 것이니만큼 중재부의 의지가 반영된 것은 분명하다. 하지만 기사에서 언급된 통계는 직권조정결정이 아니라 조정성립 건수이다. 제시된 수치상으로도 해당 기간 직권조정결정 건수는 1,100여 건으로 6,000건가량 차이가 나지만 조정성립은 얼추 비슷한 수치이다. 그렇다고 조정결정을 조정성립으로 대체하면 글의 논리 전개가 어색하게 된다. 조정성립은 당사자가 화해와 양보로 분쟁 해결의 합의에 이른 것을 말하는데 "적폐 청산의 광풍"을 이유로 언론중재위원회가 당사자 간 화해에 소극적이었다는 논리로 귀결되기 때문이다. 논리적 전개에 더욱 부합하는 중재부의 적극적인 분쟁 해결 의지를 엿볼 수 있는 것은 직권조정결정 데이터로 보인다.

직권조정결정이 중재부의 적극적인 판단의 결과이지만 직권조정결정 건수의 많고 적음을 가지고 중재부의 분쟁 해결 의지를 가늠하는 것은 무리한 평가일 수 있다. 왜냐하면 언론조정절차는 양 당사자의 의견을 조율하여 화해에 이르도록 하는 데에 의미가 있기 때문이다. 직권조정결정은 화해가 어려울 경우 제반 사정을 고려하여 중재부가 직권으로 정정이나 반론보도 등을 행할 것을 결정하는 차선책이다. 당사자 진술의 진위 여부를 판단하기 어려운 경우, 2~3주의 짧은 기간 동안 사안의 입증이 곤란한 경우 등 직권조정결정에 부합하지 않는 사안도 많다. 따라서 직권조정결정률의 높고 낮음만으로 중재부의 적극적인 조정 의지를 평가하는 것은 섣부른 판단일 수 있다.

조정신청이 많다는 이유로
특정 미디어 유형이나 개별 언론사를 비판해서는 곤란

　인터넷 미디어가 주류를 형성하면서 인터넷신문에 대한 조정신청이 절대다수를 차지하고 있다. 이를 인터넷신문이 문제 많다는 것으로 액면 그대로 읽어도 될까?

　모 국회의원이 인터넷신문을 상대로 한 언론조정신청 건수가 일간신문이나 방송보다 몇 배나 많다는 것을 근거로 인터넷신문의 취재 시스템을 비판했다. 이에 대해 한 인터넷신문이 등록된 일간신문, 방송사, 인터넷신문의 수를 비교하며, 비율로 따지면 인터넷신문 수는 일간신문의 13.5배, 방송의 12.4배에 달하므로 전체 피해구제신청 건수에서 인터넷신문이 차지하는 비중이 클 수밖에 없다고 반박했다. 합리적이고 설득력 있는 주장이다. 전체 조정신청 사건의 60%가량이 인터넷신문을 대상으로 한 것이지만 이를 두고 획일적으로 매체 간 비교에 나서는 것은 무리한 해석이다.

　가짜뉴스 폐해의 심각성을 지적하기 위한 근거로 언론조정신청 건수를 제시하는 것도 타당하지 않다. 언론조정신청 대상이 된 보도는 문제가 있다는 전제에 더해 가짜뉴스 프레임까지 씌워서는 곤란하다. 먼저 언론조정 대상이 된 보도가 오보라고 단정할 수 없다. 다툼이 있는 보도일 뿐 모두 하자 있는 보도로 볼 수 없다. 조정신청기한이 지났는데도, 조정대상 보도에 언급되지도 않았는데도 고집을 꺾지 않고 조정신청을 하는 경우도 있으며, 당사자의 반론도 충분하고 팩트도 틀리지 않는데 무리하게 접수 창구를 계속 두드리기도 한다. 특히 최근 들어 기각 내지 각하 결정을 한 사례가 크게 증가하고 있다. 전체 청구건수 중 기각결정한 사례가 2020년 7.0%, 2021년 13.9%, 2022년 14.2%로 증가 추이에 있으며, 각하결정 사례 역시 2020년 0.9%, 2021년 3.1%, 2022년 6.1%로 크게 늘어나고 있다. 이러한 현실을 고려할 때, 언론조정신청이 증가했다고 해서 우리나라 언론계 전반에 걸쳐 가짜뉴스가 늘어나고 있다고 평가하는 것은 명백한 오류이다. 인터넷언론 등 언론 매체가 증가하면 언론조정신청도 늘어나기 마련이다. 특정 언론사의 경우도 마찬가지이다. 특정 언론사에 대한 언론조정신청의 증가를 오보 증가와 연계하여 비판하는 것도 잘못된 해석이다. 조정신청 건수를 정정보도 등 피해구제 건수와 함께 읽어야 통계 해석 오류의 간극을 좁힐 수 있다.

포털은 인터넷뉴스서비스인가?(O), 인터넷뉴스서비스는 포털인가?(×)

언론조정처리 현황자료를 보면 매체 유형별로 정리한 내용이 있다. 이 통계자료를 볼 때 유의해야 할 사항이 있다. 인터넷뉴스서비스 분류 항목이다. 인터넷뉴스서비스는 통상 인터넷포털로 이해된다. 정확하게 인터넷포털은 인터넷뉴스서비스가 맞지만 인터넷뉴스서비스가 곧 포털은 아니다. 언론중재법에 규정된 인터넷뉴스서비스의 정의는 "언론의 기사를 인터넷을 통하여 계속적으로 제공하거나 매개하는 전자간행물"이다. 인터넷포털은 대표적인 인터넷뉴스서비스에 해당하지만, 여기에는 각 방송사가 자사 기사를 인터넷을 통해 제공하는 방송사닷컴이 포함되어 있다. 따라서 인터넷뉴스서비스의 통계를 가지고 포털의 문제점을 지적하려 하면 논리적인 허점을 노출하게 된다. 우리 국민들의 주된 뉴스 소비 창구로 인터넷포털이 지목되면서 그 사회적 영향력에 합당하는 책임을 져야 한다는 의견이 꾸준히 제기되었다. 한때는 "포털과의 전쟁"을 선포한 정치집단도 있었다. 자신들의 주장의 합리성을 강조하기 위해 한 의원은 포털에 대한 언론조정 건수를 제시하며 신문과 방송 대비 몇 배나 많은 현실을 지적했다. 하지만 인터넷뉴스서비스 조정 건수를 포털 조정 건수로 오해한 탓에 엉성한 논리적 구성에 금세 금이 갔다.

조정결과에 대한 자의적 해석은 꺼져 가는 다툼의 불씨를 되살려

조정결과에 대한 자의적 해석도 끊이지 않는다.

당사자 간 의견이 좁혀지지 않고 팽팽하여 서로 양보할 의사가 없어 합의가 어렵고, 중재부가 사실관계에 대한 명확한 판단이 서지 않을 때 내리는 결정이 있다. 조정불성립결정이다. 조정불성립도 아전인수(我田引水) 격으로 해석하고, 보고 싶은 것만 보려 하는 경우도 있다.

한 인터넷신문 기사이다. 언론중재위원회를 법원으로 착각한 듯 원고와 패소 등 법원절차 용어를 사용하더니 조정불성립을 중재부가 신청인의 주장이 이유 없다고 판단할 때 내리는 결정으로 호도(糊塗)하였다. 신청인의 정정보도 요청을 받아들이지 않은 것은 피신청인의 보도가 사실에 부합해서이며, 그렇지 않다면 중재부가 직권조정결정을 했을 것이라며 사실상 언론사 손을 들어줬다는 의미로 읽힌다.

> 언론사의 사실에 입각한 보도 및 보도의 진실성이 인정돼 '조정불성립' 결정을 받았음에도 여전히 '허위보도'라며 조합원들을 현혹하는 것으로 드러났다. … 언중위에서 (신청인)의 요청을 들어주지 않은 것은 보도가 정확하고 진실하다고 판단한 것이다. … 즉, 언중위가 … 이를 '조정에 적합하지 않은 현저한 사유'로 판단해 '조정불성립' 결정을 하고 ○주택조합의 '정정보도' 요청을 사실상 기각한 것이다.
> 만약 본지가 보도한 기사 내용이 객관적 사실에 합치하지 않으며 허위에 기초했고 진실성이 없다고 언중위가 판단했다면, '언론중재법' 제22조 제1항에 따라 ○주택조합의 요청대로 … 정정보도를 하라는 내용으로 직권조정결정을 했을 것이다. 그러나 언중위는 ○주택조합의 주장을 인정하지 않았기 때문에 '직권조정결정'을 하지 않고 '조정불성립결정'을 했다. (베이비타임즈, 2021년 5월 16일, "○주택조합, 언론중재위 패소에도 진실 호도")

조정불성립결정은 언론중재위원회 앞에서 더 이상의 다툼을 중지하라는 의미이다. 언론중재위원회는 싸움을 중재할 수 없으니 그만 멈추고 다른 링(법원)에서 싸우든 그만 싸움을 포기하든 당사자 선택이라는 의미, 그 이상도 이하도 아니다. 그럼에도 마치 언론중재위원회가 어느 일방의 편에 선 것처럼 조정결과를 왜곡하여 기사화하는 것은 매우 부적절하다.

조정결과에 대한 자의적 해석은 꺼져 가는 다툼의 불씨를 되살리는 우를 범한다. 피신청인(언론사)이 조정결과를 왜곡 보도하여 해당 보도에 대해 신청인이 재차 언론조정신청을 한 사례가 대표적이다. 2020년 6월 언론중재위원회 광주 중재부에 기초의원 네 명이 지역주간지 및 인터넷신문을 상대로 정정 및 손해배상을 청구했다. 당사자 간 입장 차가 커서 광주 중재부는 조정불성립결정을 했는데 피신청인이 1면 머리기사로 중재부가 피신청인이 제출한 자료를 검토한 후 타당성을 인정하여 신청인의 조정신청을 기각한 것으로 오인할 만한 보도를 했다. 신청인이 이에 조정결과를 다룬 기사에 대해 2차로 조정신청을 했고 중재부가 정정보도와 함께 손해배상을 명하는 직권조정결정을 했으나 피신청인이 이의신청하였다(조경완, 2021). 조정과정과 결과에 대한 왜곡 보도를 보며 중재위원들은 "광주 중재부가 조정신청해야 하는 것 아니냐"는 자조 섞인 푸념을 했다고 한다. 결국 법원까지 가게 된 이 사안은 언론사가 패소하여 정정보도를 게재해야 했다.

언론보도 피해자는 법에 보장되어 있는 여러 청구권을 모두 행사하고자 한다. 반론보도 청구와 정정보도 청구, 손해배상 청구까지 자신이 취할 수 있는 모든 무기를 들고 언론사를 맞이하고 싶은 것이다. 조정과정에서 이 중 일부에 대해서만 합의하거나 중재부가 직권조정결정했다면 어떻게 표현해야 할까?

청와대(대통령비서실)가 언론중재위원회에 반론보도와 정정보도를 청구했다. 조정결과 중재부는 언론사에 반론을 보도하라고 결정했다. 이 소식을 접한 당사자도 아닌 한 언론사는 〈靑 정정·사과보도 요구, 언론중재위서 모두 기각)이라는 제목으로 "중재위는 청와대가 '허위 보도'라며 신청한 정정·사과 보도 요청을 모두 기각했다. 다만 청와대 입장을 전달하는 '반론보도'만 일부 받아들였다."고 보도했다. 청와대는 발끈했다. "정정·사과보도가 아닌 정정·반론보도를 신청했고, 중재위가 이를 기각한 것이 아니라 직권조정결정을 내렸다고 반박했다. 모르고 이렇게 썼다면 무지의 소치이며 알고도 이렇게 썼다면 국민의 눈과 귀를 가린 것"이라고 청와대는 비판했다.

싸움을 지켜보던 구경꾼까지 싸움에 휘말려 확전된 모양새다. 누구 말이 팩트에 가까울까? 대통령비서실이 정정·반론보도청구를 했고, 심리결과 언론중재위원회는 반론보도하라고 직권조정결정했다는 것이 팩트이다. 다만 이를 두고 정정보도는 '기각'했다는 표현은 적절하지 않다. 양 당사자의 주장과 사실관계 등 여러 사정을 말 그대로 종합적으로 고려할 때 반론보도 정도로 다툼을 정리하면 어떻겠느냐는 중재부의 판단이기 때문이다. 결정문 어디에도 정정보도 청구를 이유 없다고 판단한 흔적은 없다. 이 사안은 신청인이 중재부 결정에 이의신청을 해서 직권조정결정은 바로 효력을 상실하고 법원 소송 절차에 돌입했다. 1년여가 지난 후 2020년 법원은 정정 및 반론보도를 하라고 판결하여 청와대의 손을 들어주었다.

신청인이 반론보도와 정정보도의 개념을 착각하여 언론사의 항의와 지탄을 받기도 한다. 2019년 유명 밴드 잔나비의 소속사가 SBS와의 조정결과를 사실과 다르게 공표하여 사달이 났다. 언론중재위원회의 조정에 따라 반론보도를 방송했는데 잔나비 소속사가 회사 페이스북에 "정정 반론보도를 게재"했다는 입장문을 게재했다. 이에 SBS가 '8뉴스'에 잔나비 측의 발표가 허위라며 반박했고 관련하여 여러 매체에서 기사화하기에 이르렀다.

SBS가 잔나비 측이 '반론보도'를 '정정보도'로 왜곡해 허위 발표했다고 자사 뉴스 리포트에서 지적했다.

SBS는 21일 방송된 '8뉴스'에서 이같이 보도했다. SBS는 지난달 24일과 이달 1일 김학의 전 법무부 차관 스폰서 의혹을 받는 최모 씨가 사기 혐의로 피소됐는데, 최 씨의 두 아들이 회사 경영에 개입한 흔적이 있다고 전했다. 두 아들은 밴드 잔나비의 보컬과 매니저다.

최 씨는 "그런 사실이 없다"면서 언론중재위원회에 정정 보도와 10억 원의 손해배상을 신청했다. SBS는 최 씨와 지난 18일 "최 씨 측 반론보도만 SBS 홈페이지 등을 통해 실어주기로 합의"했지만, 잔나비 소속사 페포니뮤직은 "SBS가 정정 반론 보도를 게재했다"고 허위 발표했다고 설명했다. (노컷뉴스, 2019년 6월 22일, "SBS 잔나비 측, 반론 보도를 정정 보도로 왜곡 발표")

잔나비 소속사는 뒤늦게 처음 올린 입장문의 '정정 반론보도'에서 정정을 빼고 '반론보도'로 수정했다. 정정보도와 반론보도는 엄연히 다르다. 신청인의 입장에서는 한 끗 차이 아니냐고 할 수도 있겠지만 언론사 입장에서는 그게 아니다. 정정보도는 사실관계를 바로잡는 것으로 보도내용 가운데 부분적으로나마 팩트에 기반하지 않은 내용이 있었을 경우 하는 것이다. 오보의 영역에 포함된다. 하지만 반론보도는 보도내용의 진실 여부와 관계없이 당사자의 반박 내용을 실어주는 것이다. 즉 반론보도는 오보를 전제로 하지 않는다. 굉장한 차이다. 이만하면 언론사의 반발이 이해되지 않는가.

조정의 비공개 원칙을 무너뜨리는 행위는 조정제도 형해화 기도

　조정결과를 제멋대로 해석하고 입맛에 맞게 포장하여 언론사는 지면과 방송, 인터넷으로 전파하고, 신청인은 보도자료와 SNS로 알리는 상황이다. 언론조정 처리결과유형의 왜곡이 문제된 경우(청구가 기각된 사실이 없음에도 그러한 사실이 있었던 것처럼 표현하거나 합의에 의한 조정성립을 직권조정결정에 따른 것처럼 보도), 사건처리결과 세부 내용을 왜곡하는 경우(반론보도로 합의한 것을 정정보도를 하게 된 것으로 표현하거나 기각결정사유를 실제와 다르게 보도), 조정과정에 대한 왜곡(조정심리과정에서의 당사자 발언이나 중재부 판단에 대한 왜곡), 조정사항을 이행하면서 그 내용을 부정하는 보도를 하여 문제된 경우 등이 있는 것으로 나타났다(이예찬, 2022). 이러한 조정결과의 왜곡 공표가 발생하는 원인을 조정결과에 대한 이해 부족과 고의적 왜곡에 있다고 진단하며, 그 대책으로 조정합의서에 조정의 비공개 사항에 관한 내용을 기재하는 방안을 제시했다.

　조정과정과 결과를 공개하여 공표하는 것은 또 다른 분쟁의 씨앗을 낳고 조정제도를 형해화(形骸化)하는 행위다. 법원의 재판절차는 공개재판이며 판결문도 여러 경로로 입수가 가능하고 공개되지만 조정은 비공개가 원칙이다. 따라서 언론중재위원회는 조정결정문이나 조정조서도 당사자 외에는 열람이나 제공을 하지 않는다. 언론조정결과는 '조정성립, 직권조정결정, 조정불성립, 기각, 각하' 등 다섯 가지 유형에 불과하지만 그 과정이나 결정은 여러 층위로 이뤄지고 쉽게 선을 그어 구분하기가 쉽지 않다. 조정의 성격상 승패 구분이 어렵고 무의미하다는 점을 고려, 조정과정이나 결과에 대한 기사화나 공표는 바람직하지 않다. 조정결과에 윤색이나 각색이 이뤄지는 경우는 더욱 그러하다.

Chapter 05
언론사 평가에 활용되는 언론중재위원회 조정 및 심의 결과

가장 활용도 높은 정정보도 직권조정결정

언론에 대한 사회적 책임을 요구하는 목소리가 높아지고 있다. 곳곳에서 언론의 사회적 책임을 평가하는 지표로서 언론중재위원회 자료를 요구한다. 언론중재위원회 조정 및 심의 결과가 언론사 지원 여부를 결정하거나 방송사 평가에도 활용된다. 방송평가는 방송사 재승인·재허가와 직접 연계되어 있다. 정부광고 집행을 위한 지표 중 하나로도 제시되었다.

언론중재위원회 자료 가운데 가장 큰 활용도를 보이는 것은 조정과정에서 언론중재위원회가 정정보도로 직권조정결정 사례이다. 방송통신위원회의 방송평가, 정부광고집행기준, 지방자치단체의 언론지원 여부를 평가할 때, 언론중재위원회의 판단을 중요한 잣대로 활용한다. 시정권고 건수도 평가항목으로 유용함을 인정받고 있다.

2015년 방송통신위원회는 방송평가 항목 중 하나로 언론중재위원회의 정정보도 결정이나 법원의 정정보도·명예훼손 판결에 대한 감점을 신설하였고 지금까지 운영하고 있다. 방송심의 관련 규정 준수 여부 항목과 나란히 언론중재위원회 직권조정결정, 법원 판결을 기준으로 언론중재위원회의 정정보도 직권조정결정 시 4점을 감점하도록 규정하였다. 직권조정결정은 언론중재위원회가 해당 사안에 대해 적극적으로 판단한 케이스이다. 당사자의 화해를 이끌어내는 조정성립과는 다른 성격으로 언론중재위원회의 결정 가운데 평가항목으로서 가장 유용하게 활용할 수 있다.

직권조정결정은 양 당사자 모두 이의신청이 가능하다. 신청인뿐만 아니라 언론사도 직권조정결정에 대해 이의를 제기하면 직권조정결정은 효력을 상실하고 법원 소제기로 간주되어 재판절차가 이어진다. 이와 관련 이의신청 여부와 무관하게 직권조정결정 건수를 활용하고 있는 것으로 보인다.

방송통신위원회나 문화체육관광부 등 중앙행정부처와 지방자치단체, 공공기관 등에서 언론중재위원회의 조정 및 심의 결과를 활용하는 것은 일단 긍정적으로 평가할 수 있다. 규제든 진흥 측면이든 언론중재위원회 자료는 언론의 공적 역할 내지 사회적 책임의 강조와 연계되어 있다. 물론 아무리 객관적 데이터라 할지라도 양날의 칼이 될 수 있다. 어떤 목적으로 자료를 쓰고자 하는지에 따라 자칫 언론에 재갈을 물리는 도구로 전락할 수 있다는 점도 끊임없이 경계해야 한다.

언론중재위원회의 조정 및 심의 결과를 활용하는 경우 언론중재위원회의 조정 및 심의제도와 성격을 제대로 이해하고 그 결과물을 활용할 것을 주문하고 싶다. 자칫 오독(誤讀)하면 자료 활용의 목적에도 부합하지 않을 뿐 아니라 언론 길들이기라는 오해를 낳을 수도 있다.

언론중재위원회 조정 및 심의 결과, 언론사 평가 활용 현황

기 관	평가항목	관련 척도	비 고
지방자치단체	지역언론지원사업대상자 평가	사실왜곡 등으로 언론중재위원회에서 조정성립 또는 직권조정을 통해 정정보도 또는 손해배상 등이 이루어지는 경우 지원 제한	수원시, 화성시, 시흥시, 익산시, 강화군
언론진흥재단	언론진흥기금 사용지원 공모사업지원 대상 평가	• 언론중재위원회 정정보도 직권결정 감점 • 언론중재위원회 선거기사심의위원회의 경고결정문 게재 결정 감점	
방송통신위원회	방송사업자 평가	언론중재위원회 정정보도 직권조정 결정 시 감점(「방송평가에 관한 규칙」)	
문화체육관광부 언론진흥재단	정부광고집행기준	• 직권조정결정(정정보도) • 시정권고 건수	
한국잡지협회	우수콘텐츠 잡지 선정 심사 평가	시정권고결정이 한 건도 없는 경우 가산점 부여	

일부 지방자치단체, 언론조정결과를 지역언론 옥죄는 수단으로 악용
조정성립을 이유로 지역언론 지원 제한은 조정제도 취지 역행

직권조정결정과 달리 '조정성립' 결과치를 활용하는 것은 매우 부적절하다. 일부 지방자치단체가 지역언론 지원 여부를 판단하는 근거로 언론중재위원회의 조정결과 가운데 '조정성립'을 활용하고 있어 우려된다.

일부 지방자치단체가 지역언론 활성화를 위한 정책을 펼치고 있다. 고사(枯死) 상태에 빠진 지역언론을 지원하여 지역 저널리즘의 사막화 해소에 큰 도움이 될 수 있다. 꼭 필요한 사업으로 매우 긍정적인 일이다. 지역언론 지원조례를 제정하여 지역언론 지원사업을 시행하고 있는 지역은 최초로 제정한 경상남도를 비롯, 11곳으로 파악된다. 지원 언론사를 선별하기 위해 공신력 있는 기관의 데이터가 필요했을 것이고 언론중재위원회의 조정결과가 활용되고 있다. 그런데 그 데이터가 가지는 의미를 제대로 이해하지 못하면서 활용하고 있어 안타깝다. 언론조정결과를 지역언론 지원 대상에서 제외하거나 지원 중단 사유로 제시하고 있는 지방자치단체는 6곳이다.

경기도 화성시 조례를 살펴보자. 화성시는 언론사가 지역사회 발전을 위한 교육·문화·예술·체육·학술 행사를 추진하는 경우 이를 지원하며, 지원 제한 요건으로 언론중재위원회 조정결과를 활용하고 있다. 지방자치단체의 지원을 받기 위해서 출입등록을 해야 하고, 지방자치단체 장의 출입 등록을 취소하고 지원을 제한할 수 있도록 한 조항이 지원을 미끼로 오히려 언론 길들이기로 볼 여지도 있어 보이는 것도 사실이다. 하지만 지역언론 지원 대상 선정에 활용되는 데이터, 즉 언론조정과 그 결과에 대한 이해에 집중하기로 한다. 「화성시 지역언론 지원 조례」 제6조 제5호를 보면 "사실왜곡, 허위, 과장, 편파보도 등으로 언론중재위원회에서 조정성립 또는 직권조정을 통해 정정보도 또는 손해배상 결정을 2회 이상 받고 2년이 경과되지 않은 경우"로 명시하고 있다.

문제는 '조정성립'과 '정정보도'에 대한 이해 부족이다. 조정성립은 보도로 피해를 입은 사람과 언론사가 서로 의견을 조율하고 양보하여 원만하게 합의에 이른 경우를 말한다. 당사자 간 화해를 추구하는 조정과정에서 가장 최선의 결과가 조정성립인 것이다. 그런데 정정보도를 하기로 합의했다고 불이익을 받는다면 어떤 지역언론이 조정에 응하겠는가? 아마도 지역언론 지원 사업을 진행하는 지방자치단체 관할 지역언론이라면 조정에 적극적으로 나서지 않을 것이 뻔하다. 조정불성립을 유도하며 법원 소송 절차를 따르겠다고 할 것이다. 언론보도의 특성을 고려하여 신속하고 비용 없이 분쟁을 해결하기 위해 마련된 ADR제도의 운용 의미를 희석시키는 것이기도 하다.

'정정보도'도 그러하다. 기사의 핵심적인 내용에 대한 사실관계를 바로잡는 정정보도도 있지만, 전체적으로 사실관계에 부합할지라도 언급된 여러 사항 중 하나를 정정보도하는 경우도 많다. 국가기관이나 정부, 지방자치단체, 공공기관의 공식 발표를 인용보도했을 뿐이지만 이 자료 자체가 틀린 경우에도 정정보도 청구가 제기되어 바로잡는 경우도 있다. 당사자의 주장, 즉 반론이 대부분이며 핵심적인 내용도 반박이 주를 이루면서 지엽말단적인 사안에 대한 정정이 포함되는 보도문도 있다. 정정보도가 기본적으로 사실관계를 바로잡는 것이지만 정정보도도 급이 모두 다르다.

문제는 또 있다. 손해배상도 그렇다. 손해배상은 명예훼손 등 인격권 침해에 대해 정정보도만으로는 부족하여 추가로 피해자가 요구하는 카드라 여겨진다. 하지만 언론보도로 인한 분쟁을 해결하는 조정과정에서는 다양한 화해 카드가 활용된다. 대표적으로 초상권 침해로 인한 분쟁을 들 수 있다. 행사나 거리 스케치 보도 중 일반인의 얼굴이 공개되어 초상권 침해 분쟁이 종종 발생한다. 당사자에게 부정적인 기사가 아닌 경우 언론사의 사과와 소액의 위자료(손해배상액)를 지급하기로 하고 화해하는 사례가 많다. 이런 경우 기사 속의 인물은 기사 내용과 관계가 없다는 보도를 할 수도 없지 않겠는가? 취재보도 과정에서 당사자의 동의를 좀 더 신경 쓰지 못한 기자의 잘못이 있지만 화해를 통해 피해자의 고통을 공감한 언론사에 직접적인 불이익을 주는 것은 타당하지 않다.

따라서 당사자 간의 화해로 조정이 성립된 경우를 가지고 언론 지원을 중단한다거나 제한하는 것은 타당하지 않다. 직권조정결정은 조정성립과 결이 다르다. 직권조정결정은 어떠한 경우에 하는지를 살펴보면 쉽게 이해할 수 있다. 언론조정대상 기사와 당사자 간의 주장을 두루 살핀 중재부가 정정이나 반론보도 등을 언론사가 하는 것이 합리적이라 판단하고 이를 당사자에게 제안했음에도 불구하고 받아들이지 않았을 때 직권조정결정을 하게 된다. 직권조정결정은 언론사가 거절하는 경우가 많은데 간혹 신청인도 자신의 성에 차지 않으면 직권조정결정을 거절하기도 한다. 이렇듯 양 당사자 간 의견 차이가 있지만 그럼에도 조속한 분쟁 해결을 위해 합리적인 수준에서 대안을 제시할 수 있는 경우에 직권조정결정이 이뤄진다. 따라서 명백한 정정보도나 손해배상 지급을 주문하는 직권조정결정에 한해 언론 지원 기준으로 활용하는 것은 그다지 문제가 없어 보인다. 조정제도의 활성화 측면에서도 긍정적이다.

정부, 지방자치단체가 언론조정·심의 결과를 지원과 심사 잣대로 활용하려는 움직임은 긍정적인 측면이 많이 있다. 하지만 일부 지방자치단체가 언론조정결과를 지역언론을 길들이려거나 옥죄는 수단으로 이용하려는 시도는 심히 우려된다. 조정성립 등을 이유로 출입기자 등록을 취소하거나 행정광고 지원을 중단하는 것은 언론조정제도를 형해화시키는 결과를 가져올 것이며, 법원 소송을 유도하여 언론보도 피해자의 신속한 구제를 가로막는 결과를 초래할 것이다. 지역언론에 의한 지역민의 언론 피해가 발생했다면 이를 신속하고 효율적으로 구제받을 수 있도록 제도적 뒷받침을 해야 할 공적 기관이 소제기를 권장하는 꼴이다.

심지어 단지 언론중재위원회에 계류 중이라는 이유로 계류 기간 동안 출입기자 등록 취소, 행정광고 등 지원을 중단하겠다는 지방자치단체의 시도는 언론조정제도에 대한 몰이해 수준을 넘어 언론 자유와 책임에 대한 철학의 부재를 드러낸다. 언론조정신청만 하면 언론사에 불이익이 가해진다면, 정말 황당하고 터무니없는 조정신청이 전략적으로 행해질 것이다. 단지 언론사가 마음에 들지 않는다는 이유로, 기사가 지방자치단체 장의 심기를 불편하게 했다는 터무니없는 구실이 언론조정신청으로 포장되어 남용될 우려가 없다고 장담할 수 있는 이는 아무도 없다. 뻔한 결과가 예상되는데도 그릇된 신념과 고집을 꺾지 않는다면 속내가 따로 있음을 증명하는 것이나 다를 바 없다. 일부 지방자치단체 조례에 명시된 관련 조항이 속히 개정되어 언론조정제도의 취지에 맞게 활용되기를 기대한다.

지방자치단체의 언론중재위원회 조정결과 현황

지방자치단체	조례명	언론조정결과의 활용 현황
경기도 수원시	수원시 지역언론 육성 및 지원에 관한 조례	• 등록 취소 등 지원 중단 사유 중 하나로 규정 사실왜곡, 허위, 과장, 편파보도 등으로 언론중재위원회에서 조정성립 또는 직권조정을 통해 정정보도 또는 손해배상 등의 결정이나 이와 관련하여 벌금 이상의 형이 확정된 경우
경기도 화성시	화성시 지역언론 지원 조례	• 등록 취소 등 지원 중단 사유 중 하나로 규정 – 사실왜곡, 허위, 과장, 편파 보도 등으로 언론중재위원회에서 조정 성립 또는 직권 조정을 통해 정정보도 또는 손해배상 등의 결정이나 벌금 이상의 형이 확정된 경우와 공갈, 금품수수, 업무방해 등으로 소속 언론사의 품위를 훼손한 경우는 출입등록을 취소할 수 있음 – 출입등록을 완료한 언론사에 한해 지역사회 발전을 위한 교육·문화·예술·체육 등 공익행사, 지역언론 발전을 위한 포럼·워크숍·세미나 등 학술행사, 지역사회 정보격차 해소를 위한 공익사업 등을 지원
경기도 시흥시	시흥시 지역언론 육성 및 지원 조례	• 지원 중단 사유 중 하나로 규정 사실왜곡, 허위, 과장, 편파보도를 하여 언론중재위원회에서 인용조정 결정한 경우
경기도 강화군	강화군 지역신문발전지원 조례	• 지원 대상 제외 항목 중 하나로 제시 지원 대상 선정 당시 최근 3년 이내 지방자치단체, 지방자치단체의 출자기관 또는 출연기관, 공공기관에 대해서 사실왜곡, 거짓, 과장, 편파보도 등으로 언론중재위원회에서 조정성립 또는 직권조정을 통해 정정보도 또는 손해배상의 결정이나 이와 관련하여 벌금 이상의 형을 선고받은 경우
전북 익산시	익산시 언론관련 예산 운용 조례	• 지원 중단 사유로 제시 사실왜곡, 허위, 과장, 편파보도를 하여 언론중재위원회에서 조정성립 또는 직권조정결정을 통해 정정보도 또는 손해배상의 경우(최근 1년 이내에 2회의 처분을 받은 경우를 말한다) 1년, 이와 관련하여 벌금 이상의 형이 확정된 경우 3년. 단, 정정보도 및 손해배상이 최근 1년 이내에 2회를 초과하는 경우에는 1건마다 1년씩 추가한다.
경기 오산시	오산시 언론관련 예산 운용 조례	• 등록 취소 등 지원 중단 사유 중 하나로 규정 오산시·오산시민과 관련한 사실왜곡, 허위, 과장, 편파 보도 등으로 언론중재위원회에서 확정된 사안이 있는 경우와 조정성립 또는 직권조정을 통해 정정보도를 한 경우, 또는 손해배상 등 결정이나 이와 관련한 벌금 이상의 형이 확정된 경우 1년간 출입기자 등록 취소, 행정광고 등 지원 중단

Chapter 06

언론중재위원회 운영재원 논란의 시작과 끝, 위원회 독립성 제고

명백한 법 규정에도 불구하고 논란의 불씨 꺼지지 않는 이유

　언론중재위원회는 언론중재법에 따라 방송통신발전기금을 운영재원으로 한다. 언론중재법 제12조에 "중재위원회의 운영재원은 「방송통신발전기본법」 제24조에 따른 방송통신발전기금으로 하되, 국가는 예산의 범위에서 중재위원회에 보조금을 지급할 수 있다."고 구체적이고 명확하게 규정하고 있다.

　그러나 법문의 명확성과 달리 언론중재위원회가 방송통신발전기금을 지원받는 것에 대해 방송계와 국회에서 지속적으로 문제를 제기하여 논란의 불씨가 사그라지지 않고 있다. 한마디로 언론중재위원회 예산을 방송통신발전기금에서 지원해서는 안 된다는 주장이다.

기금 일부가 언론중재위원회에 지원되는데 준사법기관인 언론중재위원회의 운영에 정부 일반예산이 아닌 방발기금이 지원되는 것은 미디어 생태계 발전이라는 방발기금 목적과 전혀 부합하지 않는다. (전자신문, 2023년 2월 16일, "발전적 방송통신발전기금을 위한 제언")

심지어 언론중재위원회 운영자금도 엉뚱하게 방발기금을 통해 이뤄지고 있어 기금의 목적성을 일탈한 '눈먼 돈'이 됐다는 언론계 비판이 크다. (매일경제, 2023년 4월 28일, "불공정 논란 방송발전기금 '대수술' 하나")

반복적으로 제기되는 이러한 주장의 근거와 이유를 살펴본다.

먼저 방송통신발전기금 용도에 부적합하다는 지적이다. 방송통신발전기금은 방송통신발전기본법 제26조에 기금의 용도로 방송통신에 관한 연구개발 사업, 방송통신콘텐츠 제작·유통 및 부가서비스 개발 등 지원 등 16가지를 규정하고 있다. 언론중재위원회는 이 가운데 "시청자와 이용자의 피해구제 및 권익증진 사업" 항목 규정에 근거하여 지원하고 있다. 그럼에도 불구하고 언론중재위원회의 업무영역이 방송뿐 아니라 신문, 인터넷언론까지 포함하는 상황에서 방송통신발전기금을 주요한 운용재원으로 하는 것은 적절하지 않다는 주장이다(정두남·윤성옥, 2019, 25쪽). 법 규정이 추상적, 포괄적, 나열적으로 제시되었으니 기금 목적에 부합하도록 구체적으로 개정하고 기금의 용도 항목과 지원사업이 매칭되어야 한다는 것이다.

두 번째, 언론중재위원회의 성격과 지원 예산이 부합하지 않는다는 주장이다. 언론중재위원회는 방송만이 아니라 포괄적인 언론 매체의 보도로 인한 문제를 신속하고 간결하게 처리하는 기관이라는 점에서 그 업무는 국가의 일반적인 업무라고 볼 수 있기 때문에 언론중재위원회의 운용에 필요한 비용은 국가의 일반예산으로 책정되어야 하고 방발기금(방송통신발전기금)으로 지원되기는 곤란하다는 지적이다(최우정, 2016).

언론중재위원회의 독립성 차원에서 국가 일반회계는 오히려 적합하지 않다는 반론이 있으나 현재의 운영재원도 방송통신위원회와 과학기술정보통신부장관이 관리하는 방송통신발전기금이어서 운영재원의 측면에서는 독립성의 차이가 없다는 주장이다(최우정, 2021).

세 번째, 방송통신발전기금을 분담하고 있지 않은 문화체육관광부 소관 기관 예산 지원을 중단하라는 방송계의 압력도 한몫하고 있다. 기금을 분담하고 있는 지역방송에 지원되는 예산도 부족한데 기금 분담금도 납부하지 않는 기관에 대한 지원은 어불성설이라는 주장이다. 지역방송에 대한 방송통신발전기금 지원예산은 문화체육관광부 소관 기관 지원 예산과 비교해 10% 수준이라고 읍소한다. 문화체육관광부 소관 기관은 〈아리랑TV〉, 〈국악방송〉 그리고 언론중재위원회를 말한다.

정리하자면, 방송통신발전기금의 용도에 구체적으로 명시되지 않은 지원 사업이라는 점과 준사법기구가 기금을 지원받는 것이 맞는가, 방송통신발전기금 분담금을 납부하지 않는 기관 지원은 부적절하다는 것이다.

예산지원 부처와 소관 기관 불일치의 핵심은
돈은 우리가 주는데 얻는 것이 없어 배 아픈 상황

그런데 이러한 지적보다 더 큰 이유는 언론중재위원회가 예산지원 부처인 방송통신위원회의 소관 기관이 아닌 데서 비롯된다. 즉, 예산지원 부처와 기관소관 부처와의 불일치가 핵심인 것이다. 돈은 우리가 주는데 얻는 것이 없으니 배가 아픈 상황이다. 언론중재위원회와 기관 성격이 유사하면서 방송통신발전기금에서 기관 운영 예산을 모두 지원받는 민간 독립기구인 방송통신심의위원회에 대한 예산 지원은 전혀 논란이 없는 것도 이러한 배경이 자리잡고 있다. 막연한 느낌이 아님을 국회 예결산 심의 과정에서 제시된 의견을 통해 확인할 수 있다. 2009년과 2010년 국회 결산 검토보고서에는 "현행법상 문체부 장관이 중재위원을 위촉할 때 법원행정처장과 대한변협회장의 추천을 받도록 되어 있지만 방송업무 소관 부처인 방송통신위의 추천 근거가 없으므로 이에 대한 제도개선이 필요하다"는 의견이 제시된 바 있다.

이후 2013년 현 문화체육관광부와 방송통신위원회의 소관 국회 상임위가 당시 교육관광체육위원회와 미래창조과학방송통신위원회로 각각 분리되면서 방송통신발전기금을 다루는 상임위원회(미래창조과학방송통신위원회)에서 언론중재위원회의 소관 기관과 예산지원기관의 불일치 문제를 지속적이고 반복적으로 제기하였다.

하지만 한때는 국회도 언론중재위원회가 국고 지원보다는 방송발전기금을 사용하는 것이 바람직하다는 의견을 밝힌 바 있다.

> 방송이 국민들에게 미치는 영향력 측면과 국고지원 시 독립성 및 중립성 훼손 우려 등을 감안하여 국고지원보다는 방송발전기금을 비롯한 타 관련 기금을 적극 활용하는 방안을 강구할 것 (국회 예산결산특별위원회, 2009년도 예산검토보고서)

언론중재위원회의 운영재원을 국가일반회계로 전환할 경우 언론중재위원회의 중립성이나 독립성을 저해할 우려가 있는 점은 국회도 인정하고 있다.

> 문체부의 국고에서 지원할 경우 현 언론중재법 시행령 제8조 예산 등의 협의조항을 언중위의 독립성·중립성에 대한 논란이 발생하지 않는 방향으로 개정하는 방안과 방통위가 일부 중재위원을 추천하는 방식으로 전환하는 방안을 검토할 필요가 있음. (2009년도 국회 예산결산특별위원회, 2009년도 결산검토보고서)

> 다만, 언중위 재원을 국고로 전환하는 것에 대해서 언중위의 독립성·중립성을 저해할 우려가 있다는 지적도 고려할 필요가 있음. (미래창조과학방송통신위원회, 2015년도 예산 검토보고서)

언론중재법 시행 이후, 언론중재위원회와 정부와의 관계
정부 산하기관에서 준사법 독립기관으로 전환

이러한 주장의 배경을 이해하기 위해서는 먼저 언론중재위원회의 기관의 성격과 정부와의 관계를 짚어보아야 한다. 언론중재위원회는 언론보도로 인한 분쟁을 조정, 중재하고 언론보도로 인한 인격권 침해 보도에 대해 시정을 권고하는 기구로 '준사법적 독립기관'이다. '준사법 기구'는 언론중재위원회의 조정은 재판상 화해의 법률적 효력을 지니고, 중재결정은 확정판결과 동일한 효력을 지니기 때문이다. '독립기관'이라는 점은 중재위원의 직무상 독립(언론중재법 제8조), 사무처 조직 운영의 독립성(제11조) 등 직무수행과 조직 운영에 있어 정부의 개입이나 관여 없이 그 영향력으로부터 자유롭다는 의미이다. 이는 언론중재법 제정, 시행 전 언론중재위원회의 설치 근거 법률과 비교하면 더욱 자명해진다.

언론중재위원회는 과거 정기간행물법 시절에는 문화체육관광부의 산하 기관의 위치에 있었다. 정기간행물법에도 중재위원의 직무상 독립(제17조 제6항)[13]은 보장되어 있었으나 위원회 사업계획 수립이나 규칙의 제·개정은 당시 문화관광부와 반드시 협의해야만 했다.[14] 제반 업무계획이나 사업 시행, 사무처 규정 하나도 사전에 정부에 보고하고 협의해야만 하는 구조였다. 정부가 사사건건 감 놔라 배 놔라 목청을 키우던 그 시절, 언론중재위원회는 독립된 기구라 할 수 없었다.

---

13) 중재위원회의 위원은 법률과 양심에 따라 독립하여 직무를 행하며, 직무상 어떠한 지시도 받지 아니한다(정기간행물법 제17조 제6항).
14) 정기간행물법 시행령 제32조(예산 등) ① 중재위원회는 예산 및 사업계획을 수립하는 때에는 문화관광부 장관과 협의하여야 한다.
② 중재위원회는 그 운영 등에 관한 사항을 정하거나 이를 변경하고자 하는 때에는 문화관광부장관과 협의하여야 한다.

예산지원 기관과 소관 기관 불일치는 언론중재위원회의 독립성 제고 취지

언론중재법은 정부 산하기관에서 명실상부한 독립기구로 전환을 가져왔다. 하지만 산하기관을 잃고 싶지 않았던 당시 문화관광부는 대통령령에 산하기관의 지위를 유지시키기 위한 규정을 담고자 했다. 언론중재법 시행령(안)에 '위원회'가 아닌 '사무처'를 조준하여 사무처의 예산 및 사업계획 수립하는 때, 사무처 운영에 관한 사항을 정하거나 변경하는 때에는 정부와 협의해야 한다는 조항을 고수했다. 이에 대해 당시 규제개혁위원회는 먼저 언론중재위원회 예산은 방송발전기금에서 지원받는 점을 고려할 때 "협의 규정은 행정부로부터 독립성을 제고하려는 모법의 취지와 맞지 않는 과도한 규제"라며 삭제를 권고했고,15) 이 부분이 반영되어 시행령으로 확정되었다. 즉, 위촉권을 가진 정부 부처가 예산까지 지원할 경우 언론중재위원회의 독립성이 저해되므로 예산지원기관과 소관 부처를 달리하여 행정부로부터의 독립성을 제고하고자 한 것이다.

이후 언론중재위원회는 언론중재법 소관 부처인 문화체육관광부와 중재위원 위·해촉과 관련한 행정처리만을 주고받을 뿐 독립적으로 운영하고 있으며, 문화체육관광부 및 국회도 언론중재위원회를 문화체육관광부 소속기관이나 산하기관이 아닌 유관기관으로 분류하고 있다. 또한 국회법상 국정감사 수감 기관이나 국회 본회의 승인 대상기관에 속한다.

15) 규제개혁위원회 행정사회분과위원회, 2005. 6. 15, "「언론중재 및 피해구제 등에 관한 법률 시행령」 제정안 신설·강화규제 심사안"

언론중재위원회의 운영재원 논란은
미디어 통합 부처 신설로 말끔히 해소될 전망

　언론중재위원회의 독립성과 중립성이 필요하다는 점은 더 이상 이론(異論)의 여지가 없을 정도로 사회적 공감대를 형성하고 있다. 국회나 정부도 이를 부정하지 않으나 언론중재위원회 소관 부처와 예산지원 부처가 다르다는 이유로 명백한 법 규정을 무시하고 동일한 지적이 반복되고 있다. 때로는 절충안이 제시되기도 했는데, 언론중재위원회에 대한 운영재원은 방송통신발전기금으로 법에 규정되어 있으니 지원은 하되 인건비와 경상비는 문화체육관광부 일반회계에서 지원하도록 하자는 의견[16], 현행대로 예산지원을 유지한다면 예산지원 부처에게 중재위원 추천권이라도 나눠주자는 견해가 대표적이다.[17] 당근을 주거나 지원예산 일부라도 분담해서 짐을 나누자는 취지이다. 이러한 주장은 방송통신발전기금의 용도에 언론중재위원회 지원의 타당성은 인정하되 언론중재위원회는 방송, 인터넷뉴스서비스뿐만 아니라 신문 등도 언론조정하고 있으니 지원 금액을 방송매체 처리 비중만큼만 부담하겠다는 것으로, 참으로 군색한 논리이다.

　결국은 언론중재위원회 운영재원과 관련한 논란은 부처 간 이해관계의 충돌에서 비롯된 것이다. 여기에 국회 소관 상임위마저 분리되면서 논란의 불씨가 커졌다. 소모적 논란에 종지부를 찍을 방법은 의외로 간단하다. 미디어정책을 담당할 부처를 일원화하면 될 일이다. 문화체육관광부, 방송통

---

16) 국회 미래창조과학방송통신위원회, 2015년도 예산검토보고서
17) 국회 예산결산특별위원회, 2009 회계연도 결산검토보고서

신위원회, 과학기술정보통신부 등 매체별로 산재해 있는 미디어정책을 총괄하는 부처가 신설된다면 예산지원 부처와 소관 부처의 불일치 문제는 눈 녹듯 사그라질 것이다. 미디어 융합 시대에 신문, 방송, 인터넷매체를 구분하기도 어려울뿐더러 각각의 미디어별로 정책을 구분 짓기도 현실적으로 불가능하다. 통합 미디어 부처 신설은 미디어 융합 시대 대응을 위해 필요한 조치라 여겨지고 있어 관련 논의도 상당히 진행되었고 정치권도 호응하고 있는 듯하지만 생각보다 상당히 더딜 전망이라 우려스럽다.

방송통신발전기금이든 국가 일반회계이든 운영재원과 별개로 언론중재위원회의 독립성을 유지하기 위해서는 중재위원 위촉권자를 현 문화체육관광부 장관에서 대통령으로 상향해야 한다. 또한 언론중재법 제7조 언론중재위원회 설치 조항에 위원회의 독립성을 보다 강조하는 "독립적으로 사무를 수행하는" 표현을 추가하여 위원회의 독립성을 명시적으로 밝히는 것이 바람직하다. 현행 언론중재법은 중재위원의 직무상 독립은 규정하고 있으나 조직으로서 위원회 독립성을 언급한 조항이 없기 때문이다.[18]

---

[18] 방송통신심의위원회의 경우 「방송통신위원회의 설치 및 운영에 관한 법률」에 개별 위원의 직무상 독립과 함께 조직의 독립성도 명시하고 있다.

Part 03

언론보도로 인한 손해배상, 현실과 과제

Chapter 01   언론조정과정에서의 과도한 손해배상청구, 개선방안
Chapter 02   시대를 거스르는 언론소송 손해배상액
Chapter 03   언론보도로 인한 손해배상은 왜 이리 적은가
Chapter 04   언론을 겁박하는 전략적 봉쇄 소송을 막을 방안은
Chapter 05   반복되는 징벌적 손해배상제 도입 논란

Chapter

01

언론조정과정에서의 과도한 손해배상청구, 개선방안

언론조정과정에서 실질적인 금전 지급으로 조정 이뤄지는 경우 드물어

언론중재위원회는 언론보도로 인한 분쟁 해결을 위한 첫 단계이다. 잘못된 사실관계를 바로잡아달라는 정정보도나 팩트의 정정까지는 가지 않더라도 당사자의 주장만이라도 실어달라는 반론보도를 구할 수 있다. 아울러 해당 보도로 인해 정신적 고통이나 재산적 피해에 대해 손해배상도 청구할 수 있다. 2005년 언론중재법 제정, 시행과 함께 손해배상도 언론중재위원회에 청구가 가능해지면서 어느새 20년 가까이 제도를 운용해 왔다. 그럼에도 불구하고 언론중재위원회를 찾는 국민들 가운데 손해배상청구가 가능하다는 사실을 아는 이는 많지 않다. 언론조정제도에 대해 상세한 홍보가 미약한 탓도 있지만 언론조정과정에서 충분한 정신적 위자료를 구하지 못하는 사례가 다수이기 때문인 것으로 보인다.

최근 5년간 손해배상청구 가운데 실제로 금전배상이 이루어진 사례는 5%에도 미치지 못한다. 5년간 6천 건에 육박한 손해배상청구 사건 중 단 242건, 불과 4.1%만 금전배상으로 조정이 이뤄졌다.

언론중재위원회 손해배상청구 금전배상 인용률

연 도	청구건수	금전배상 인용건수	인용률 (%)	조정성립 건수	조정성립률 (%)
2018	1,075	59	5.5	329	30.6
2019	1,263	53	4.2	388	30.7
2020	1,132	38	3.4	368	32.5
2021	1,372	74	5.4	363	26.5
2022	1,009	18	1.8	251	24.5
계	5,851	242	4.1	1,699	29.0

그렇다면 나머지 사건은 어떻게 처리되었을까? 언론중재위원회가 발표한 자료에 의하면 손해배상청구 사건의 조정성립률은 정정이나 반론보도청구 등 다른 청구 결과와 별반 차이 없이 대략 30%의 조정성립률을 보이고 있다. 그런데 이 수치는 맥락을 함께 살펴봐야 데이터의 숨은 함정에 빠지지 않는다. 손해배상청구 사건 중 상당수는 정정이나 반론보도청구와 함께 이뤄진 것이고 대다수는 정정이나 반론보도로 조정이 이뤄진 경우 손해배상청구는 취하하거나 조정이 이뤄진 것으로 구분한다. 신청인이 손해배상청구를 조정과정에서 피신청인 언론사를 압박하기 위한 협상 카드로 활용하고 있음을 방증한다.

언론조정과정에서 실질적인 금전배상으로 사건이 종결되는 경우가 드물다고 해도 피신청인 언론사로서는 고액의 손해배상청구는 분명 부담스러울 것이다. 신청인이 내심 조정을 통해 별건의 정정·반론보도문이나 원보도의 수정·열람차단 등의 결과를 얻는 것을 목적으로 한다 해도 고액의 손해배상청구를 받는 입장에서는 조정과정이 부담스러울 수밖에 없다. 2022년 징벌적 손해배상청구 수준인 무려 2,200억 원의 손해배상을 청구한 사건이 접수된 사례도 있으며, 최근 5년간 평균 손해배상청구액도 억대 수준이다. 100억 원 이상의 손해배상을 물게 된다면 우리나라 언론사 가운데 경영을 유지할 수 있는 언론사가 몇이나 될까?

언론중재위원회에 2천억 원 손배청구 사례도 있어
인지대 적용은 득보다 실이 많아

과도한 손해배상청구는 인지대를 부과하지 않기 때문이라는 지적이 있다.[1] 언론중재위원회는 현행법상[2] 수수료를 징수할 수 있도록 한 조항이 있음에도 국민의 제도 이용 접근성을 높이고 편의성을 도모하고자 모든 조정절차를 무료로 진행하고 있다. 당연히 손해배상청구에 대한 인지대도 부

---

1) 서울신문, 2005년 8월 30일, "새 언론중재법 한달… 인지세 규정 보완 시급"
 https://n.news.naver.com/mnews/article/081/0000056204?sid=102
2) 중재위원회는 중재위원회규칙으로 정하는 바에 따라 조정신청에 대하여 수수료를 징수할 수 있다(언론중재법 제18조 제5항).

과하지 않는다. 현행법상 손해배상청구 등 소송을 제기하려면 소송목적의 가액에 따른 인지대를 소송을 제기하는 사람이 우선 납부해야 한다. 인지대에 관한 법에 따르면 1억 원의 손해배상청구 시 45만 원, 10억 원의 손해배상을 청구한 경우 약 400만 원의 인지를 붙여야 한다. 언론조정신청 시에도 이와 같은 규정을 적용한다 해도 1억 원 미만의 손해배상청구에 큰 부담을 지울 것 같지 않고, 언론중재위원회의 재원에도 그다지 도움을 되지 못할 것으로 보인다. 다만 수천억 원 대의 터무니없는 고액의 손해배상청구를 개선하는 데는 분명 효과가 있을 것이다.

하지만 언론보도의 빠른 전파력을 고려, 무료로 신속하게 언론보도로 인한 피해구제 제도를 운용하여 국민의 권익을 보호하고자 한 취지는 퇴색하고, 구제의 길을 좁혀버리는 부작용이 있다는 점을 고려하지 않을 수 없다. 따라서 청구 금액에 따라 인지를 붙이도록 하는 것은 득보다는 실이 훨씬 많은 결과를 초래할 것이 분명해 보인다.

조정절차에서 손해배상청구의 처리보다 중요한 문제점은 금전 지급으로 이어지는 조정 사례가 적다는 점이다. 일부 특별한 사례를 제외한다면 대부분의 손해배상청구사건 청구액은 1,500~2,000만 원 선으로 보인다. 2018년부터 2022년까지 손해배상청구 중앙액이 이를 증명하고 있다.

언론중재위원회 손해배상 청구액 현황

(단위: 원)

연 도	최고액	평균액	중앙액
2018	10,000,000,000	90,317,695	15,000,000
2019	10,000,000,000	149,966,481	20,000,000
2020	158,450,000,000	481,480,644	15,000,000
2021	5,000,000,000	75,435,806	15,000,000
2022	220,000,000,000	372,306,712	20,000,000

한편 손해배상청구 중 금전 지급으로 조정이 성립된 경우 지급 금액은 100~200만 원 선에서 조율된 사례가 가장 많다. 이러한 데이터를 통해 분석해 본다면 손해배상청구액은 보통 2천만 원 정도이며, 실제 지급되는 위자료액은 청구액 대비 10분의 1 수준인 200만 원 정도임을 알 수 있다.

언론중재위원회 손해배상 조정액 현황[3]

(단위: 원)

연 도	최고액	평균액	중앙액
2018	9,000,000	1,960,417	1,000,000
2019	15,000,000	2,550,000	2,000,000
2020	20,000,000	4,009,394	1,000,000
2021	15,000,000	2,085,000	1,000,000
2022	10,000,000	2,592,857	2,000,000

---

[3] 언론중재위원회 자료에 따르면 2019년 조정액 최고액은 1억 원이나 이 사건은 피신청인이 2회 불출석하여 합의간주된 사건으로 양 당사자가 조정심리에 출석하여 조정성립된 사례로 국한하였다.

언론조정은 3,000만 원 이하의 소액사건만 처리하도록 해야
짧은 조정처리기간을 감안할 때 현실적 대안
과도한 손해배상청구 경향 개선도 기대

　과도한 손해배상청구로 인한 조정제도의 남용을 개선하고 짧은 처리기간을 감안한 신속한 조정으로 실질적인 위자료를 지급하게 할 방법은 없을까? 언론중재위원회의 조정은 법정 처리기간인 14일 이내 처리되고 있다. 이 정도의 짧은 기간 내에 처리되는 속성을 감안한다면 고액의 손해배상사건을 처리하기에는 부적절하다고 생각한다. 여러 위자료 산정요인을 면밀하게 살펴보기에는 매우 부족한 시간이다. 따라서 언론중재위원회의 조정절차는 법원의 소액심판사건과 같이 3,000만 원 이하만 처리하도록 하는 것이 합리적이다.[4] 조정청구액의 중앙값도 2,000만 원을 넘지 않는 수준이므로 3,000만 원은 적정 상한으로 판단된다. 3,000만 원을 초과하는 손해배상청구는 법원 소송을 통해 보다 세밀하게 법리적으로 다투고 초상권 침해 등 조정에 적합한 소액의 청구사건만 집중적으로 처리하는 것이 조정의 취지에도 부합한다.

　일부 신청인은 손해배상청구를 정정이나 반론보도를 이끌어내기 위한 카드로 활용하는 경우도 있다. 조정을 통해 정정이나 반론보도를 얻어내고 대신 손해배상청구는 포기하는 것으로 합의하는 사례가 비일비재하다. 때문에 실제 금전 지급하는 사례는 드물지만 손해배상청구에 대한 피해구제

---

4) 민사사건 중 '소송목적의 값'이 3,000만 원을 초과하지 아니하는 사건인 경우 다른 민사사건에 대한 소송보다 간편하게 소를 제기하고 소송을 수행할 수 있도록 하고 있다.

율은 높게 나타나는 것이다. 손해배상청구의 실질적인 효과를 거두기 위해서는 허울을 걷어내야 한다. 2주 남짓한 짧은 조정처리기간과 일회적인 심리절차를 통해 수억 원의 고액 위자료를 다투는 당사자 간 의견을 조율한다는 것은 매우 현실적이지 못하다.

따라서 언론조정 단계에서는 언론사에 대한 손해배상청구를 3,000만 원 이하로 제한하여 신청인이 언론사를 압박하거나 조정과정에서 유리한 고지를 선점하려는 의도로 터무니없이 과도한 금액의 손해배상청구를 하는 관행을 개선할 필요가 있다. 또한 조정에 적합한 손해배상청구 사건에 집중할 수 있게 되어 조정의 내실화도 기대할 수 있을 것으로 보인다.

Chapter
02
시대를 거스르는 언론소송 손해배상액

    2021년은 언론중재위원회가 온 국민에게 깊은 인상을 남긴 해였다. 당시 집권 여당인 더불어민주당이 허위조작보도에 대해 징벌적 손해배상을 도입하는 언론중재법 개정안을 강하게 추진하면서 불거진 논란 덕분이다. 언론중재법 개정 논란은 뜨거웠고 개정 찬반 의견은 첨예하게 대립했다. 언론중재법 개정안은 2021년 8월 19일 국회 소관 상임위원회인 문화체육관광위원회 전체회의를 통과하고 국회 본회의까지 상정되었으나 처리되지 못한 채 2023년 말 현재까지 계류 중이며, 21대 국회 내에 처리될 가능성은 거의 없어 보인다. 논의는 거듭되었지만 논란만 확대 재생산하며 결론 내지 못한 것이다.

    가장 뜨거운 쟁점은 징벌적 손해배상제 도입 여부였다. 징벌적 손해배상제 도입이 필요하다는 주장은 잘못된 언론보도로 인한 정신적, 재산적 피해에 대해 합당한 손해배상을 받지 못하고 있다는 진단에서 출발한다. 사실 이러한 주장의 배경이 된 명예훼손에 대한 법원의 손해배상 인용액을 보면 변호사 수임료를 내기에도 벅찬 현실이니 징벌적 손해배상제 도입 주장은 일단 맥은 정확히 짚었다.

법원이 명한 언론보도 관련 손해배상액 500만 원에도 안 돼
이마저 해마다 감소해 언론중재위원회 조정액과 별반 차이 없어

　징벌적 손해배상제 도입이 필요하다는 주장의 배경이 된 법원의 위자료 산정 현황을 살펴보자. 법원이 언론보도로 인해 명예훼손 등 인격권 침해로 인한 손해배상청구소송에서 인용한 금액 현황은 언론중재위원회가 해마다 언론관련 판결을 분석하여 발표하는 〈언론관련판결 분석보고서〉 자료를 통해 알 수 있다. 이 보고서의 2018년부터 2022년까지 5년 동안 444건의 판결을 분석한 결과, 5년 동안 인용액의 중앙값은 500만 원에도 미치지 못하는 것으로 나타났다. 인용액 중앙값은 손해배상 지급을 명한 사례를 순서대로 나열했을 때 가장 중앙에 위치하는 금액으로 극단값에 따라 영향을 받는 평균의 함정에 빠지지 않고 전체적인 현황을 객관적으로 살피는 데 유용하다.

　인용액 중앙값은 2018년 350만 원에서 2019년과 2020년은 500만 원 수준으로 다소 늘었으나 2021년 475만 원으로 줄더니 2022년에는 345만 원까지 떨어졌다. 2021년 이후에는 500만 원도 채 되지 않은 것이다. 가장 빈번하게 지급을 명한 액수도 5년 동안 500만 원 안팎으로 조사되었다. 평균액은 2018년과 2019년은 1,400여 만 원 수준을 유지하다 2020년 1,800만 원으로 반짝 상승했다. 그 후 2021년 880여 만 원, 2022년은 571만 원으로 급감하였다. 법원 밖에서는 국회를 중심으로 법원의 손해배상액이 현실을 반영하지 못하고 있다며 대책 마련에 골몰하고 있었으나 법원은 이러한 여론에 부응하기는커녕 역행하는 분위기다. 징벌적 손해배상 논의가 치열하게 전개되던 시점 이후 법원의 위자료 산정액은 중앙값, 평균액, 최저액, 최고액 등 모든 통계지표에서 하락 추세를 보였다. 언론보도로 인한 인격권 침해에 대한 법원의 위자료 산정은 현실과 상당히 괴리된, 매우 인색한 태도가 감지되는 결과이다.

심각한 문제는 이처럼 터무니없이 낮은 위자료 수준마저 완연한 하향 추이를 보인다는 점이다. 언론중재위원회의 조정액과 별반 차이도 없다. 2022년 기준 법원 소송 인용액 중앙값이 345만 원, 언론중재위원회에서 조정절차를 거쳐 손해배상이 지급된 금액의 중앙값이 200만 원 수준이니 소송 선고액과 언론중재위원회 조정액 사이의 간극이 상당히 줄었다. 평균으로 보아도 언론조정 평균액이 260만 원으로 법원선고 평균액과 300만 원 정도 차이 날 뿐이다. 최고액도 3,900만 원과 1,000만 원으로 이 정도 차이라면 변호사 수임료와 재판 절차 지연에 따른 심적 고통과 부담 등을 고려할 때 소송 제기의 실익이 없는 수준이다. 가까운 지인이 언론보도로 고통받는 상황이라면 언론중재위원회의 조정절차에 집중하고 소 제기는 신중하게 결정하라는 조언을 건네야 할 듯싶다.

법원 손해배상액 20여 년 전의 10분의 1 수준
2000년대 초반 3,200만 원에서 2022년 350만 원으로 떨어져

　법원이 애초부터 이렇게 명예훼손 등 인격권 침해에 대한 위자료 산정에 엄격한 잣대를 들이대지는 않았다. 2023년에서 20여 년만 시간을 거슬러 가면 놀라운 사실과 직면하게 된다. 1990년대만 해도 손해배상액은 평균액은 3,000만 원, 중앙값도 평균과 크게 차이 나지 않은 2,200만 원 수준이었다. 심지어 2000년대 초반에는 평균액과 중앙액 모두 상승하여 각각 4,250만 원, 3,200만 원으로 정점을 기록했다. 2000년대 초반은 2022년 대비 인격권 침해에 대한 위자료 수준이 평균액은 7배, 중앙액은 9배 이상 늘어난다. 이 순간, 시점을 착각하면 곤란하다. 20년 후가 아니라 20년 전이다. 20년 전으로 돌아가면 위자료 액수가 현재(2023년)와 비교도 할 수 없을 만큼 크다는 믿기 어려운 사실을 마주하게 된다. 20년이면 강산이 두 번 변하는 시기니 법원의 태도나 인식도 바뀔 만도 하다. 다만 시대를 역행하는 흐름을 확연하게 보여 주었다는 것이 놀라운 지점이다.

　언론소송에서 법원이 명한 손해배상액 현황을 연도별로 좀 더 상세하게 살펴보자.[5] 인용액 중앙액은 2005년 2,750만 원을 마지막으로 더 이상 2,000만 원대를 기록하지 못하였다. 2006년 중앙액은 1,000만 원으로 급감하더니 2013년 750만 원으로 하락하였고 2016년 500만 원 미만으로까지 떨어졌다. 손해배상액은 지속적인 하락 추세를 보였고 이윽고 2022년은 역

---
[5] 1990~2022년까지 법원의 손해배상 인용액은 책 말미에 〈자료 3〉으로 제시하였다.

대 가장 낮은 345만 원으로 조사되었다. 평균액은 극단적인 값에 영향을 크게 받는 속성이 있어 일관된 흐름을 보여주지는 않지만 2017년 이후 2,000만 원 이상을 기록한 해는 없을 정도로 하락 추이는 분명하다.

특이한 점은 손해배상액이 전체적으로 지속적인 하락 추이를 보인 것과 달리 최고액은 꾸준히 상승해 왔다. 사회 전반적인 양극화 현상이 법원의 손해배상 산정에도 영향을 미친 것일까? 중앙액, 평균액은 물론 최저액까지 점차 낮아지는 상황에서 최고액은 33억 원까지 높아졌다. 2018년부터 2022년까지 5년간 손해배상액 최저 수준은 100만 원도 안 되는 75만 원이었으나 최고액은 2억 원가량으로 양극화가 심화되는 추이를 보였다.

법원의 손해배상 현황을 금액별 분포라는 또 다른 각도에서도 진단해 본다.

언론소송이라는 단어조차 생소했던 1990년대는 5,000만 원 이상 손해배상을 명한 사례가 가장 많은 것으로 나타났다. 무려 42.7%로 당시에는 10건 중 4건 이상에서 5,000만 원 이상의 고액 배상 판결을 내린 것이다. 그다음 비중이 높았던 배상액은 2,000만 원 초과 5,000만 원 미만으로 41.7%를 차지했다. 적어도 원고가 승소하면 10건 중 8건 이상(84.4%)은 2,000만 원 이상 배상을 받을 수 있었다.

이러한 경향은 2000년대 초반(2000~2004년)까지 이어졌다. 5천만 원 초과 배상판결이 가장 많았고 뒤이어 2,000~5,000만 원 구간 비중으로 나타났다. 각 구간의 비중이 다소 감소하기는 했으나 75% 수준을 유지하였다. 대세는 2천만 원 이상 배상 판결이었다.

2005년부터 분위기가 서서히 바뀌기 시작했다. 2005년 가장 많은 비중을 차지한 구간은 2,000~5,000만 원 이하 구간으로 한 단계 떨어졌다. 이듬해인 2006년에는 다시 두 계단 하락하여 500~1,000만 원 이하 수준으로 판결한 사례가 가장 많은 것으로 조사되었다. 무려 51.3%나 차지했는데 그 다음으로 많은 사례를 차지한 금액대가 500만 원 이하 구간이었다. 1,000만 원 이하로 손해배상을 명한 판결이 전체 사건의 67.5%나 차지했다. 불과 몇 년 사이에 손해배상 산정의 분위기가 급속히 냉각된 것이다. 명예훼손 등 인격권 침해로 인한 손해배상액 산정액이 본격적인 하락 추세로 접어든 시점이라고 할 수 있다. 2007년에는 가장 빈번하게 배상 판결한 금액대가 500만 원 미만으로 한 단계 더 하락하였고, 2009년부터 2022년까지 이 같은 흐름은 바뀌지 않았고 더 공고해졌다.

2009년 인용액 분포를 보면 500만 원 이하가 37%로 가장 많았고, 500~1,000만 원이 27.8%로, 64.8%가 1,000만 원 이하의 소액 배상 판결에 그쳤다. 법원의 소액 배상 판결 경향은 해가 갈수록 더욱 짙어졌다. 2015년에는 500만 원 이하의 배상 판결 비중이 처음으로 절반을 넘은 56.0%로 조사되었다. 배상판결의 절반 이상이 500만 원이었던 것이다. 법원 판결 경향에 변화는 없었다. 2015년 이후 2022년까지 단 한 해도 빠짐없이 500만 원 이하 배상 판결이 절반 이상을 차지했고, 2022년에는 10건 중 7건 이상(75.9%)이 500만 원 배상 판결로 이어졌다. 물가 상승이 꾸준히 이어지고 우리 경제가 날로 그 규모를 키워 왔음에도 불구하고 언론소송 손해배상액은 해가 갈수록 적어졌다.[6]

[6] 1990~2022년까지 법원의 손해배상액 금액대별 분포는 책 말미에 〈자료 4〉로 제시하였다.

이러한 조사 결과를 어떻게 읽어야 할지 고심에 빠졌다. 손해배상액 산정에 패러다임 전환을 가져올 정도의 변화가 아니라면 쉽게 납득하기 어려운 데서 연유한다. 법원의 위자료 산정 요인이나 기준에 획기적인 변화가 있었던 걸까.

손해배상액 산정에 특별한 변화를 가져올 요인 눈에 띄지 않아
법원의 비현실적 소액 위자료 납득하기 어려워

손해배상액의 변화 원인을 시간의 흐름에 따른 미디어 및 법제적 변화 맥락에서 찾으려 한 시도도 있었다. 김정민과 황용석의 연구(2021)는 손해배상청구 건수, 청구액, 인용액의 연도별 추이를 분석하며 2009년 및 2013년에 주요한 변화가 나타났는데 이 두 시기의 법·제도적 변화로 첫째, 포털을 조정대상 매체로 포함한 언론중재법 개정과, 둘째 인격권에 기한 방해배제청구권의 일환으로 기사 삭제를 명한 대법원 판결이 영향을 미쳤다고 주장했다. 언론 관련 판결에서 손해배상액이 낮아지고 있는 연유를 미디어 환경 및 법률 변화, 기사 삭제 등 피해구제 방안의 다각화에서 찾고자 한 시도는 의미 있는 작업이다. 인터넷 매체 수의 증가는 포털 등 뉴스 유통 플랫폼에서 벌어지는 매체 간 경쟁은 소송의 증가로 연결되었고, 동일한 기사 내용에 대해 여러 언론사를 상대로 손해배상을 청구한 경우 책임이 분배되는 경향이 나타나 개별 언론사가 지급하는 배상액이 낮아졌다는 진단이다. 이는 추정일 뿐이며 무엇보다 손해배상액은 피고(언론사 또는 기자) 기준이 아니라 원고 기준으로 조사한 것으로 원고에게 지급을 명한 액수의 총합이라는 점에서 다소 설득력이 떨어진다. 언론소송판결의 손해배상액 변화가 이토록 분명한데 그 배경은 판사의 지극히 주관적인 '양심'과 판결문에서 제시된 산정 요인들을 종합한 '여러 사정'에 기댈 수밖에 없다. '추정과 가능성'밖에 제시할 수 없는 안타깝고 답답한 현실이다.

언론소송에서 보여준 놀라운 법원의 위자료 산정 경향에 대해 법원도 문제점을 이미 인식하고 있었던 것으로 보인다. 2017년 1월, 법원은 〈불법행위 유형별 적정한 위자료 산정방안〉을 마련하여 개선 의지를 담았다. 그 취지를 "법원의 위자료 인정액이 건전한 상식, 국가 경제 규모, 해외 판례 등에 비추어 지나치게 낮게 형성되어 있어 현실화할 필요성이 있었다."고 밝히며, 합리적인 위자료 산정 실무 개선을 모색했다. 하지만 앞서 살펴보았듯 법원의 이 같은 노력은 개별 판결로 이어지지 않았다.

법원이 제시한 중대 피해와 일반 피해의 기준은 이러하다. 중대 피해는 피해자의 기존 개인생활·사회생활·경제활동에 미친 영향이나 훼손된 명예·신용의 가치가 중대한 경우를 의미한다. 직업 또는 사회적 지위가 박탈되거나 직업적·사회적 활동에 현저한 지장이 있는 경우, 사업자의 신용, 상호·상표의 가치가 현저히 저하되어 영업을 유지하기 어려운 경우를 말한다. 일반 피해는 피해자의 기존 개인생활·사회생활·경제활동에 미친 영향이나 훼손된 명예·신용의 가치가 경미한 정도를 넘어 상당한 정도에 이른 경우이다. 일반적인 상식 수준으로는 구분이 모호하다고 느낄 것이다.

명확하지 않은 선은 그 적용에 상당한 애로가 있을 것으로 보인다.

 법원은 이 같은 기준에 특별가중사유에 해당할 경우 1단계 기준금액에서 2배를 적용하도록 하였다. 징벌적 손해배상의 성격을 고려했는지 확인할 수 없지만 '1단계 기준금액과 2단계 가중금액만으로 손해를 전보하기 어려운 경우', '훼손된 가치에 상응하는 실질적인 배상을 위하여 필요한 경우' 기준금액의 2배를 초과하는 가중금액을 인정할 수 있도록 하고 다른 불법행위 유형과 달리 가중의 한도를 설정하지 않았다. 징벌적 손해배상의 성격을 가미한 듯 보인다.

법원의 불법행위 유형별 기준금액 및 특별가중 금액

불법행위 유형		기준금액		특별가중
명예훼손	일반피해	0.5억 원	1억 원	가중사유 중첩 시 초과 가능
	중대피해	1억 원	2억 원	
교통사고		1억 원	2억 원	
대형재난사고		2억 원	4억 원	
영리적 불법행위		3억 원	6억 원	

 법원이 고심 끝에 내놓은 적정한 위자료 산정방안을 실무에서 얼마나 참조했는지는 모르겠으나 결과적으로 별다른 소득이 없는 것은 분명해 보인다. 2017년 이후 적어도 언론소송에서만큼은 위자료액의 하향 추세를 변화시키지 못했고 오히려 '상식과 국가 경제 규모'에 부합하지 않게 역주행하며 급가속까지 하는 모습을 보였기 때문이다.

2021년 언론보도에 대한 징벌적 손해배상제 도입 여부가 뜨거운 사회적 이슈로 달아오른 후에도 법원은 이 논제에 그다지 관심이 없었는지 어떠한 반응도 보이지 않았다. 위자료 산정에 변화는 없었고 하향 추이는 더욱 강한 흐름이 되고 있다. 이쯤 되면 백약이 무효인 상황이다. 내부의 고민과 국회의 입법 움직임, 정치적 촉구 그리고 무엇보다 사회적 논란을 불러일으킨 배경에 대한 법원 내 공감대가 형성되지 않은 듯하다. 위자료 산정 기준 조정은 사법정책적 영역이라 볼 수 있으므로 사법부의 의지와 보다 전향적인 태도가 절실하다.

Chapter
03
언론보도로 인한 손해배상은 왜 이리 적은가

언론보도로 인한 손해배상액은 어떤 연유로 브레이크 없는 역주행을 멈추지 않는 걸까? 대체 법원의 태도를 이렇게까지 바꾸게 한 계기가 있었는지, 그 배경은 무엇인지 궁금하지 않을 수 없다. 언론소송의 손해배상 판결 추이와 판결문에서 밝히고 있는 손해배상 산정 고려 요인을 중심으로 살펴본다.

2022년 기준 20년 전보다 언론소송 6배 증가했으나 원고 승소율은 30%p 낮아져

2022년을 기준으로 5년간의 언론소송 현황과 20년 전을 비교해 보았다. 2022년을 기점으로 5년간 선고된 언론소송판결 건수는 985건으로 20년 전의 5년 동안 선고된 언론 판결 건수 171건 대비 5.8배 증가했다. 선고된 판결 건수가 증가했다는 것은 제기된 언론소송의 증가를 의미하는 것으로 언론보도로 인한 분쟁이 20년 전과 비교할 때 6배가량 늘었다고 해석해도 무방하다. 언론소송의 증가보다 주목되는 것은 원고 승소율의 변화이다. 과거에는 원고 승소 비율이 10건 중 7건에 달했지만 최근에는 절반에도 미치지 못한 것으로 나타난 것이다. 1998년부터 5년 동안 법원이 선고한 판결의 71.3%가 원고가 승소한 것으로 조사되었지만 2020년 전후로는 43.7%에 불과했다.

2022년 기준 20년 전 언론소송 현황과 원고 승소율[7]

연도	판결건수	원고승소건수	원고승소율	연도	판결건수	원고승소건수	원고승소율
1998	37	29	78.4	2018	224	104	46.4
1999	26	20	76.9	2019	236	110	46.6
2000	46	37	80.4	2020	164	67	40.9
2001	34	22	64.7	2021	188	83	44.1
2002	28	14	50.0	2022	173	66	38.2
계	171	122	71.3	계	985	430	43.7

이러한 조사 결과는 무분별한 언론소송의 제기로 인한 결과로 해석될 수 있는 측면도 있다. 또한 언론보도로 인한 명예훼손이나 인격권 침해에 대한 법원의 판단 기준의 변화를 암시하는 자료로도 읽힐 수 있다. 20년의

---

[7] 이 자료는 조준원, 〈언론소송과 판결 읽기〉, 조준원, "1990년대 언론관련 손해배상 판결의 사회과학적 분석", 『언론중재』(통권 76호), 언론중재위원회가 발간한 〈언론관련판결 분석 보고서〉 1998~2022년 내용을 토대로 재구성하였다.

시차를 두고 언론소송에서 원고 승소율이 30%p 가까이 하락했다는 것은 그저 소송 남발이 가져온 변화만으로 해석하기에는 어려운 다양한 변수들이 작용했을 것으로 추정하는 것이 합리적이다. 이 점을 주시하여 법원의 판단 기준의 변화를 판결에 나타난 손해배상 산정 요인을 중심으로 짚어본다.

20여 년 전에는 주간지·월간지의 손해배상액이 취재에 상당한 여유가 있다는 이유 등으로 매체 중 가장 높았으나 인터넷 수시 게재로 고려 요인에서 배제

법원의 손해배상액이 지속적인 하락 추이를 보이고 있는 것은 이미 확인한 바 있다. 전체적인 법원의 손해배상 산정액 하락과 관련해 특히 유심히 살펴봐야 할 자료가 언론매체별 손해배상액의 변화이다. 법원은 손해배상 산정요인으로 매체의 영향력이나 전파력을 주요하게 제시하고 있다. 그런데 언론매체별 손해배상 산정액을 보면 우리가 눈여겨보아야 할 변화가 있다. 1990~2004년까지 언론매체별 손해배상액이 가장 컸던 언론은 주간지와 월간지이다.

1990~2022년 법원의 언론매체별 평균 손해배상 인용액 비교

(단위: 만 원)

연 도	중앙일간지	방 송	주간지	월간지	뉴스통신	인터넷언론
1990~2004	2,335	3,529	5,172	4,614	2,781	2,500
2018~2022	405	1,578	414	275	909	1,467

    매체 영향력이나 전파력 등을 고려한다면 사회 통념상 방송이나 중앙일간신문이 주간지나 월간지보다 독자나 시청자에게 미치는 영향력이 크다고 여겨지지만 당시 법원은 조금 시각을 달리한 것으로 보인다. 진실하다고 믿을 만한 상당한 이유가 있었는지 여부를 판단할 때 드러난다. 법원은 일간신문이나 방송매체보다 주간지나 월간지의 손해배상액 부담이 높은 것은 "일간신문이나 방송과는 달리 취재시간에 상당한 여유가 있다(서울지법 1996. 8. 22. 선고 94가합98592 판결)"거나 "월간지이므로 신속한 보도를 필요로 하는 다른 언론매체보다 신중한 사실 확인의 노력이 필요하다(서울지법 1998. 12. 4. 선고 97가합90841 판결)"고 보는 견해가 상당한 영향을 미쳤다고 판단했다. 소송 대상이 된 언론보도를 게재한 매체의 성격이나 영향력 등은 주요한 위자료 산정 요인임은 분명하지만, 주간지나 월간지의 배상액이 중앙일간지나 방송매체에 비해 현저하게 높게 나타난 것은 매체의 성격이나 발행부수, 배포범위 등이 위자료 산정 요인으로 명시만 되었을 뿐 실질적으로는 크게 고려되지 않은 결과이다. 일본도 2000년대 초반, 특히 고액 판결 배상이 많은 매체는 주간지로 나타나 우리와 유사한 양상을 보이고 있는 것으로 알려졌다(조준원, 2005).

2000년대 접어들어 20여 년의 시간이 흐르는 동안 법원의 손해배상액 산정 기준에 변화가 있었다. 먼저 주간지나 월간지에 손해배상책임을 물은 경우에도 앞서 언급한 취재 시간에 상당한 여유가 있다거나 신속한 보도를 필요로 하는 일간지나 방송에 비해 신중한 사실 확인이 요구된다는 취지의 판결문은 더 이상 찾기 어려웠다. 일간지에 비해 신속성이 덜 요구된다는 이유로 주간지나 월간지는 더 큰 손해배상 책임을 지게 했던 과거와 달라진 지점은 무엇인가?

달라진 미디어 환경이 그 변인 중 하나가 아닐까. 인터넷은 발행주기를 무의미하게 한다. 발행주기와 무관하게 인터넷에 수시로 새로운 기사를 올리고 있다. 종이신문이나 잡지만 간행하는 형태를 고수하고 있는 언론을 찾아보기 어렵고, 발행주기를 이유로 보도의 신속성 여부를 판단하기 어려운 미디어 환경으로 변화했다. 인터넷신문이 언론조정 대상에 포함된 것이 2005년이며, 종이신문이나 방송이 인터넷을 통해 기사 서비스를 시작한 시점이 2000년대 중반인 점을 감안하면 미디어 환경 변화가 영향을 미쳤을 가능성이 있다.

기사 삭제나 수정과 함께 손해배상을 명하는 경우
감액 요인으로 작용

한 주간 신문을 상대로 제기된 손해배상판결에서 그 실마리를 잡을 수 있을 듯도 하다. 피고는 주간신문을 발행하고 인터넷 홈페이지를 운영하는 회사이다. 피고는 주간지 지면과 인터넷 홈페이지에 국회의원인 원고가 지위를 남용해 보좌진을 사적인 일에 동원하고, 보좌진이 받아야 할 출장비를 착복했으며 자신의 딸을 동료 의원실 비서로 채용시켰다고 보도했다. 이에 원고가 2억 원의 손해배상과 정정보도 게재 그리고 인터넷 홈페이지에 게재된 기사의 삭제 등을 구하는 소송을 제기했다. 법원은 600만 원의 손해배상 지급을 명하면서 손해배상액 산정의 고려 요인을 밝혔다. 재판부가 손해배상액을 산정함에 있어 고려한 요인은 이 사건 기사에 대한 원고의 입장 내지 반론을 다음 권호에 즉시 게재한 사정, 이 사건 기사의 양, 게재 경위, 게재 전후의 사정, 원고에게 인정되는 명예회복 처분의 내용 등이다.

여기서 주목할 부분은 바로 '원고에게 인정되는 명예회복 처분의 내용'이다. 재판부는 이 사건 인터넷 기사가 변론종결일 현재에도 피고 신문사 홈페이지에 게재되어 있어 원고의 인격권에 대한 침해 상태는 현재에도 계속되고 있으므로 이를 제거하기 위해 침해행위의 정지 등을 청구할 수 있다면서 인터넷 기사를 삭제할 의무가 있다고 판단했다. 그 삭제의 범위도 기사 일부는 진실하지만 그 전체적인 내용, 허위부분의 분량 및 그 허위성의 정도, 허위 부분과 진실한 내용의 관계 등에 비추어 기사 전체를 삭제하라고 명했다(서울중앙지방법원 2014. 10. 8. 선고 2014가합514184 판결).

재판부는 정정보도 게재, 손해배상금 600만 원 지급, 기사 삭제를 명하며 원고의 손을 확실하게 들어주었다. 손해배상 산정 요인으로 정정이나 반론보도 게재 등은 예전에도 일반적인 감경 요인으로 많이 제시되었다. 원고에게 인정되는 명예회복 처분 내용, 즉 불법행위 책임으로 손해배상지급액을 결정할 때 해당 기사의 전체 삭제를 명한 부분이 손해배상 산정의 분명한 감경 요인으로 작용했음을 밝힌 것이다. 언론사의 기사 삭제 조치 여부가 손해배상청구와 상호 보완적으로 활용되거나 손해배상 범위를 파악하는 고려 요인으로 작용하였다는 연구결과(김정민·황용석, 2021)와도 맥을 같이한다. 인격권 침해를 이유로 한 방해배제청구권으로서 기사삭제를 인정하는 경우 손해배상액의 감액 요인으로 작용한 것은 분명해 보인다.

기사 삭제뿐만 아니라 기사 수정도 당연히 손해배상 산정에 영향을 미친다. 원고(정부 부처 국장)는 한 뉴스통신사를 상대로 원고의 공소사실 중 일부에 대해서만 유죄를 선고받았음에도 공소사실 전부에 대해 유죄판결을 받은 것처럼 허위사실을 적시했다며 정정보도와 손해배상을 청구하였다. 재판부는 7개 공소사실 중 4개는 무죄로 확정되었다는 정정보도와 손해배상 200만 원 지급을 명했는데 피고가 기사를 수정한 사실을 손해배상 산정에 참조했다고 밝혔다. "기사 작성 및 보도 경위, 그 형식과 내용, 원고의 지위, 나이, 경력, 피고가 차지하는 사회적 영향력, 이 사건 소송 중 피고가

이 사건 기사를 수정한 점 등"을 손해배상 산정요인으로 제시하였다(서울고등법원 2014. 5. 23. 선고 2013나2020883 판결 확정). 1심 판결에서 명한 위자료액을 감경하면서 해당 기사에 항의를 받고 당일 수정하고 지면과 웹사이트에 정정보도를 게재한 점 등을 참작하여, 500만 원의 손해배상액을 항소심에서 100만 원으로 줄이기도 했다(서울고등법원 2015. 8. 11. 선고 2015나12795 판결).

인터넷 미디어 환경이 손해배상 산정에 가져온 변화이다. 인터넷에 게시한 기사는 언제든지 수정이나 삭제가 가능하므로 재판 선고일 이전이나 이후라도 소송 대상 기사의 잘못된 사실관계를 수정 내지 삭제했거나 이를 명한다면 이를 감안하여 손해배상을 산정하므로 전체적인 손해배상액이 다소 줄어들 수밖에 없었던 것으로 보인다.

법 감정과 유리된 지나치게 낮은 손해배상액과 산정 요인들

인터넷 신문 영향력에 대한 법원의 시각을 엿볼 수 있는 판결이 있어 소개한다. 우후죽순처럼 난립하고 있는 인터넷신문 실태를 고려하여 인터넷 언론의 영향력 측정을 간접적으로 밝힌 판결이다. 법원은 특정 부문에 대한 보도만 하는 인터넷신문의 영향력을 현실에 기반하여 파악하고 있다. "의료부문에 대한 보도만 하는 인터넷신문에 불과하여 일반 대중에 대하여 그 영향력이 넓다고 볼 수 없는 점, 명예훼손이 인정되는 부분은 전체적인 기사 내용에 비추어봤을 때 지엽적인 부분에 불과하다는 점 등"을 들어 200만 원의 소액 지급을 명했다(서울남부지방법원 2012. 7. 19. 선고 2009가합1574 판결). 우리나라의 수많은 인터넷언론 실태를 간파한 합리적인 결정이다. 그런데 손해배상 산정과 관련 다소 이례적인 주문이 있었다. 이 판결에서 위자료의 액수를 정함에 있어 "당시 다른 언론매체에서 원고에 대한 우호적인 기사도 상당히 게재되어 전체적으로 보았을 때 원고가 적절히 반론할 기회도 있었다고 보이는 점"을 고려 대상으로 제시한 점은 쉽게 이해하기 곤란하다. 명예를 훼손한 언론사의 책임을 묻는데 다른 언론매체에서 정상적인 취재 활동이 있었다는 사실이 위자료 감경 요인이 될 수 있는지 의문이다.

지나치게 낮은 손해배상액 산정은 일반적인 상식을 가진 시민의 입장에서 선뜻 이해하기 어렵다. 2014년 공인이 아닌 원고의 체포·압송 장면을 방송사 메인 뉴스프로그램에 실시간으로 방송하고, 방송사 인터넷 홈페이지에도 게재하여 계속 노출되었고, 원고의 얼굴이 정면으로 클로즈업 방송, 수갑 찬 뒷모습까지 보도했다. 언론중재위원회 조정결과 300만 원의 손해배상금을 지급하라는 직권조정결정이 내려졌으나 피신청인이 이의신청하여 법원까지 가게 된 사건(2014서울조정1226)이다. 법원은 원고의 초상권 침해를 인정하여 피고 방송사가 배상해야 할 금액을 700만 원으로 정하였다(서울중앙지방법원 2015. 7. 8. 선고 2014가합51744 판결). 조정결과 후 재판 선고까지 1년여의 시간이 흐른 뒤 조정결과 액수보다 많은 손해배상을 지급받게 되었지만 초상권과 사생활을 침해받은 피해자는 판결문을 받아들고는 허탈한 마음 가득하지 않았을까? 승소했으나 소송에 들인 시간과 변호사 선임 비용 등을 따진다면 움켜쥔 손에 겨우 남은 모래 수준이다.

판결문을 보면 검찰 등의 수색 과정을 보도하기 위한 공익적 목적에 이루어진 것으로 당시 공익적 목적이나 공적 관심이 매우 컸던 데다가 급박한 수색 현장 상황을 생방송으로 보도하는 중이어서 피고로서는 사생활 침해 여부에 관하여 세심하게 고려하기 어려웠을 것으로 보이고 원고의 얼굴 등에 모자이크 등의 처리가 용이하지 않았던 점까지 손해배상액 산정에 고려했다. 아무리 국민적 관심이 큰 사안이라 할지라도 수색 현장을 굳이 생방송으로까지 전해야 하는지에 의문이지만 재판부는 이에 대한 판단은 유보한 채 공적 인물도 아닌 일반인의 초상을 12분간 방송하고 방송 후에도 인터넷 홈페이지에 계속 노출된 사실을 인정했음에도 불구하고 너무나 인색한 판결이 아닌가 생각한다.

자신이 운영하는 여러 개의 인터넷신문을 통해 단기간 내에 8차례에 걸쳐 허위 사실을 반복적으로 보도하였고 사인 간 법률관계에 지나치게 개입하여 기사의 공익성도 그리 크다고 할 수 없다면서도 위자료를 800만 원으로 정한 판결(서울중앙지방법원 2014. 5. 28. 선고 2013가합90803)도 국민의 법 감정과는 거리가 있다. 성폭력사건 피해자의 실명은 익명 처리했으나 사건 발생일시, 장소, 구체적인 범행 내용 등 피해자를 특정할 수 있는 정보를 함께 보도하여 1억 원의 손해배상을 청구한 사건에서 원고의 명예를 훼손하고 사생활의 비밀 침해를 인정했지만 단 500만 원만 지급하라는 판결(서울서부지방법원 2021. 9. 10. 선고 2020가단291633)도 일반 국민의 입장에서는 수긍하기 어려울 것이다.

법원의 시각은 언론자유의 지평을 넓히는 방향으로 이동 중

　법원은 언론의 자유와 인격권 보호라는 헌법적 가치 가운데 언론의 자유 지평을 서서히 넓히는 방향으로 이동 중이다. 언론이 범죄보도를 하는 과정에서 발생하는 인격권 침해를 바라보는 시각의 변화가 있었다. 이를 통해 법원의 태도를 가늠할 수 있다.

　범죄사건보도의 익명보도 원칙을 천명한 대법원 판결이 1998년에 있었다. 언론보도의 공공성을 부정한 대표적인 사례로 들 수 있는 이 판결은 범죄보도와 관련 익명보도의 원칙을 세운 것으로 평가받는다. 대법원은 "대중매체의 범죄사건보도는 범죄 행태를 비판적으로 조명하고, 사회적 규범이 어떠한 내용을 가지고 있고, 그것을 위반하는 경우 그에 대한 법적 제재가 어떻게, 어떠한 내용으로 실현되는가를 알리고, 나아가 범죄의 사회문화적 여건을 밝히고 그에 대한 사회적 대책을 강구하는 등 여론 형성에 필요한 정보를 제공하는 등의 역할을 하는 것으로 믿어지고, 따라서 대중매체의 범죄사건보도는 공공성이 있는 것으로 취급할 수 있을 것이다. 그러나 범죄 자체를 보도하기 위하여 반드시 범인이나 범죄혐의자의 신원을 명시할 필요가 있는 것은 아니고, 범인이나 범죄혐의자에 관한 보도가 반드시 범죄 자체에 관한 보도와 같은 공공성을 가진다고 볼 수 없다."고 하여 범죄보도의 원칙을 제시했다(대법원 1998. 7. 14. 선고 96다17257 판결).

　10여 년 후 대법원의 태도에 미묘한 변화가 감지된다. 범죄보도에 있어 범인이나 범죄혐의자에 대한 굳건한 익명보도 원칙을 약화시킨 것이다. 대법원은 해악성을 갖는 중대한 범죄를 저지른 자나 공적 인물의 업무와 관련된 공공에 중요한 시사성이 인정되는 경우 등에는 피의자의 실명을 공개 보도하는 것도 허용될 수 있다고 본 것이다.

> 사회적으로 고도의 해악성을 가진 중대한 범죄에 관한 것이거나 사안의 중대성이 그보다 다소 떨어지더라도 정치·사회·경제·문화적 측면에서 비범성을 갖고 있어 공공에게 중요성을 가지거나 공공의 이익과 연관성을 갖는 경우 또는 피의자가 갖는 공적 인물로서의 특성과 그 업무 내지 활동과의 연관성 때문에 일반 범죄로서의 평범한 수준을 넘어서서 공공에 중요성을 갖게 되는 등 시사성이 인정되는 경우 등에는 개별 법률에 달리 정함이 있다거나 그 밖에 다른 특별한 사정이 없는 한 공공의 정보에 관한 이익이 더 우월하다고 보아 피의자의 실명을 공개하여 보도하는 것도 허용될 수 있다. (대법원 2009. 9. 10. 선고 2007다71 판결)

보도의 공익성이 부정된 경우에도 손해배상액 크지 않아

언론보도가 명예훼손이나 인격권을 침해한 경우라도 특정 요건을 갖추었다고 판단되면 그 불법행위로 인한 책임을 벗어날 수 있다. 위법성 조각사유라 불리는 공익성, 진실성, 상당성의 원칙이다. 언론보도로 인한 명예훼손사건에서는 다른 민사사건에서는 찾아볼 수 없는 독특한 위법성 조각사유를 중심으로 피고의 항변이 진행된다. 그 첫째 기준이 바로 보도의 공익성 여부에 대한 판단으로 형법 제310조의 "진실한 사실로서 오로지 공공의 이익에 관한 때에는 처벌하지 아니한다."는 조항이 그것이다. 진실성과 공익성 요건에 더해 "진실이라고 믿을 만한 상당한 사유가 있는 때"라는 상당성 이론이 판례로서 인정되었다. 명예훼손 책임에서 벗어나기 위한 전제는 언론보도의 공익성이다. 언론이 사회의 공기(公器)로 인정받는 이유는 공익성에 있다. 언론매체는 각 사의 소유구조와 관계없이 이윤추구를 위한 단순한 기업으로서의 이상의 의미, 즉 공익성을 가지고 있다. 언론이 주요한 사회제도의 하나로 정착된 이래 언론의 공적 책임성과 윤리성은 사회적으로 강제되어 왔다.

공공의 이익이란 현대 사회에서 표현의 자유의 핵심인 일반 국민의 알권리를 충족시키는 것을 말한다. 사실 언론자유를 위협하거나 취재보도의 위축을 가져올 것 같은 상황이 전개되면 언론인들은 굳이 법조문에 의지하지 않더라도 국민의 알권리를 주창하며 자신을 변호해 왔다. 알권리는 언론계에서 공공의 이익과 동의의 개념으로 받아들여졌고 언론관련 명예훼손 소송에서도 보도의 공공성에 대한 주장은 대부분 인정되어 온 것이 사실이다(조준원, 2005, 66쪽).

보도가 공익성을 인정받지 못한다면 언론에 주어진 헌법적 보호 가치와 사회적 책무를 저버리는 것이다. 공익성이 인정되는 언론보도를 보호하고자 하는 법리와 취지에 대해 법원은 아래와 같이 설명한다.

공익성이 인정되는 언론기관의 보도를 보호하고자 하는 법리는, 언론기관이 우리 사회의 어두운 면을 파헤치고 이를 국민들에게 알려 그에 관한 건전한 여론을 형성, 전달, 집약함에 따라 사회의 전체적인 건전한 발전을 도모하고자 하는 의도로서 그러한 역할을 수행할 경우에는 그 보도가 타인의 명예를 침해하게 된다고 하더라도 표현의 자유로서 보호하고자 하는 데 그 취지가 있는 것이다. 따라서 만약 언론기관의 보도가 그 목적이나 내용에 있어 사회의 전체적인 건전한 발전을 위한 것이 아니라 어느 특정인을 비방 내지 비난하는 데 초점이 맞추어져 있다면 이는 공익성이 인정되는 보도라고 볼 수 없는 것이다. (서울지방법원 2001. 8. 22. 선고 98가합107982 판결)

보도의 공공의 이익에 대한 판단기준으로 두 가지 요건이 고려된다. 대법원은 공공의 이익을 위한 것일 때는 객관적으로 공공의 이익에 관한 것이어야 하고 주관적인 행위자의 주요한 목적과 동기 역시 공공의 이익을 위한 것이어야 한다고 제시했다.

'오로지 공공의 이익을 위한 것일 때'라 함은 적시된 사실이 객관적으로 볼 때 공공의 이익에 관한 것이어야 하며 적시된 사실이 공공의 이익에 관한 것인지의 여부는 당해 적시사실의 구체적 내용, 당해 사실의 공표가 이루어진 상대방의 범위, 그 표현의 방법 등 그 표현 자체에 관한 제반 사정을 감안함과 동시에 그 표현에 의하여 훼손되거나 훼손될 수 있는 명예의 침해 정도 등을 비교·고려하여 결정하여야 하고, 행위자의 주요한 목적이나 동기가 공공의 이익을 위한 것이라면 부수적으로 다른 사익적 동기가 내포되어 있었다고 하더라도 공공의 이익을 위한 것으로 보아야 (한다) (대법원 2000. 5. 12. 선고 2000다5510 판결)

언론보도의 공익성이 부정되는 경우는 대부분 비방의 목적이 있다고 판단한 경우이다. 언론이 사회고발을 빌미로 특정인을 비방하기 위한 수단으로 사회적 공기를 전락시켰다면 그 책임은 무겁게 다루어야 한다. 하지만 공익성이 부정되면 엄청난 손해배상책임을 지게 될 것이라는 다수의 예상과 달리 법원의 손해배상 산정액은 그리 높지 않다. 1,000~2,000만 원 수준으로 공익성은 인정되나 사실관계가 부합하지 않는다거나 진실이라고 믿을 만한 상당한 이유가 없다는 이유로 손해배상 책임을 진 경우와 크게 다르지 않다(서울중앙지방법원 2010. 3. 24. 선고 2009가합2516 판결; 서울고등법원 2010. 5. 12. 선고 2009나52641 판결; 서울고법 2019. 11. 22. 선고 2019나2003743 판결).

이러한 언론보도의 공익성을 부정하는 경우에도 손해배상액을 낮게 산정한 판결들을 보면 징벌적 손해배상제 논의의 빌미는 법원이 제공했다는 인상을 지울 수 없다. 언론보도의 공익성 부정은 언론사의 존재 가치에 대한 부정이기도 하다. 사회의 공기(公器) 역할을 인정받지 못한 결과라고 볼 수 있기 때문이다. 보도의 공익성을 인정하지 못하는 경우 징벌적 손해배상 수준의 고액의 부담을 지게 하는 것이 타당할 것이다.

명예훼손과 인격권 침해에 대한 법원의 손해배상액 산정이 매우 인색하다는 사실은 이미 실증적으로 검증되었다. 전체적인 하향 추세가 쉽게 변화하지는 않을 전망이다. 법원 자체적인 손해배상 산정 기준을 마련하고 개선하고자 했으나 현실은 전혀 개선의 움직임이 없어 보이기 때문이다. 법원이 명예훼손 책임을 국민의 법 감정과 유리된 채 가볍게 처리하는지 그 배경을 다각도로 찾아보려 했다. 다양한 변인들을 나열하고 여러 사정을 언급하고 있으나 손해배상액 산정은 이러한 변인과 사정을 종합적으로 고려한 결과라는 사실만 제시하고 있기 때문이다. 하지만 여러 사정을 살펴본 결과, 법원의 손해배상 산정액이 이렇게 하향 추이를 보이고 있는 배경을 다음과 같이 진단한다.

첫째, 인터넷 미디어 시대에는 과거와 달리 발행주기에 따라 손해배상책임의 경중을 따지지 않는 것으로 보인다. 인터넷언론이 등장하기 전에는 신속한 보도의 필요성이 덜하다고 여겨지는 주간지나 월간지에 대해 일간지나 방송보다 엄한 책임을 물었으나 발행주기가 무의미해지면서 손해배상액 산정 고려 요인으로 부각되지 않고 있다.

둘째, 인격권에 기한 방해배제청구권으로서 피해구제 방안으로 기사 삭제나 수정이 이뤄진 경우나 이를 명예회복의 적당한 처분으로 활용할 경우 손해배상액 산정 고려 요인으로 보고 있음을 확인할 수 있었다.

셋째, 언론의 자유와 인격권 보호라는 헌법적 가치 가운데 점차 언론자유의 확장 방향을 지향하며 손해배상액 산정에도 영향을 미쳤으리라 짐작된다.

넷째, 언론보도의 공익성이 부정된 경우에도 국민의 상식에서 벗어난 낮은 손해배상액을 산정하는 경우가 많다는 점이다. 징벌적 손해배상제 도입 논란은 국민의 법 감정과 유리(遊離)된 법원의 이러한 태도와 인식에서 기인한 바 크다. 징벌적 손해배상제 도입 여부와 무관하게 법원이 자체적으로 마련한 손해배상 산정 기준을 적극적으로 활용한다면 손해배상 산정 추이의 변곡점을 좀 더 빨리 맞이할 수 있으리라 기대한다.

Chapter 04
언론을 겁박하는 전략적 봉쇄 소송을 막을 방안은

언론은 언론중재위원회를 좋아한다?

언론중재위원회에 대한 언론의 애정이 깊어져 간다. 언론중재위원회가 보낸 출석요구서를 받은 기자들의 한숨과 부담을 모르지 않을 텐데 무슨 소리냐고 지레 타박하지 말라. 언론보도로 인한 법적 분쟁이 날로 증가하면서 일선 기자들은 법적 책임의 수위는 높아지고 심지어 경제적 부담까지 떠안아야 하는 현실을 부정하거나 모르지 않는다.

언론보도로 인한 분쟁이 조정신청으로 이어지고 나아가 민·형사 소송으로 번지는 사례가 빈번해질수록 기자들은 위축된다. 2020년부터 2022년까지 3년간 언론을 상대로 정정보도청구나 손해배상청구 등 민사상 소송을 제기한 현황을 살펴보면 2020년 421건, 2021년 425건, 2022년 476건으로 꾸준히 증가하고 있다. 손해배상청구도 지속해서 늘고 있다. 특히 2020년 181건, 2021년 210건, 2022년 271건으로 전체 소송 가운데 손해배상을 구하는 소송 제기가 43.0%, 49.4%, 56.9%로 가파르게 상승하고 있다는 점이 특징이다. 이 가운데 30% 정도는 실제 손해배상 책임을 져야 하는 것으로 나타났다(언론중재위원회, 2023). 이러한 상황일진대 어찌 부담스럽지 않겠는가?

그럼에도 불구하고 기자들은 언론중재위원회에 기대지 않을 수밖에 없다. 역설적이게도 꾸준히 증가하고 있는 언론보도로 인한 법적 다툼 때문이다. 언론보도 피해자들의 소 제기가 빈번해질수록, 그 다툼이 격해질수록 언론중재위원회의 존재가치는 빛을 발한다. 모든 언론은 그 정치적 성향과 관계없이 언론사 경영진이든 노조든 막론하고 언론중재위원회를 거치지 않고 민·형사 소송을 바로 제기하는 것에 대해 깊은 우려와 강한 반감을 표한다.

> 당사자의 반론·정정보도 요청이나 언론중재위 조정 절차도 거치지 않은 상태에서, 자신을 밝히지 않은 누군가가, 제3자에 대한 명예훼손을 이유로, 보도 두 달여가 지난 시점에, 해당 기자를 형사고발하는 게 선뜻 이해되지 않는다. (한겨레, 2022년 9월 7일, "'김건희 보도' 성명불상 형사고발, 언론 위축이 목적인가")

> 언론중재위를 거치지 않고 곧장 소송을 거는 것은 바람직하지 않다. 언론중재위를 통해 사실과 다른 보도에 대해서는 얼마든지 같은 크기로 정정보도를 요구할 수 있고 그것을 받아들이지 않을 때 법정으로 가도 충분하기 때문이다. 중재 절차가 시간을 오래 끄는 것도 아니기에 더욱 그렇다. (한겨레, 2003년 8월 12일, "청와대의 언론소송과 '악의적 보도'")

전국언론노동조합이 최근 언론사를 상대로 언론중재위도 거치지 않고 소송으로 직행한 것을 두고 '언론 길들이기'라고 비판하고 나서면서 글로벌 기업의 명성에도 금이 가고 있다. (전자신문, 2014년 4월 17일, "이건희 삼성전자 회장 귀국, '강도높은 메시지 나오나'")

지금이 독재 정권도 아니고, … 언론중재위 등을 통하지 않고 곧바로 이런 소를 제기한 것을 이해할 수 없다. 언론의 보도를 소송으로 무력화시키는 방식은 적절해 보이지 않는다. (굿모닝충청, 2021년 7월 9일, "≪정문영의 하드코어≫ 이낙연의 '망신'…… 재판부 "언론 보도를 소송으로 무력화시키는 방식은 부적절"")

언론조정 건너뛰고 바로 법원 가는 의도와 목적

언론중재위원회를 거치지 않고 거액의 손해배상을 요구하거나 형사상 명예훼손죄로 소를 제기하는 자는 흔히 말하는 유력 인사나 기업이 대부분이다. 신속한 정정보도나 반론보도 등 피해구제를 구하고자 한다면 보름 남짓한 기간에 이루어지는 조정에 집중하는 것이 정상적 수순이다. 언론조정절차를 생략하는 것은 신속한 피해구제를 구하는 데 목적이 있는 것이 아니라 다른 속내가 있음을 내비치는 것이다. 이들은 못마땅한 언론을 손봐주려는 데 목적이 있기 때문에 언론중재위원회 절차를 형식적이라 생각하고 시간 낭비라고 본다. 본때를 보여 주려는 속셈은 언론사가 아닌 기자 개인을 상대로 한 손해배상청구로 이어진다. 언론중재법상 조정절차에서 손해배상은 기자 개인을 상대로 할 수 없기 때문이다. 그래서 언론조정절차를 건너뛰고 소를 바로 제기하는 경우는 일종의 위협효과를 가진다. 언론조정신청은 언론에 이러한 시그널을 던지기에는 미흡하다. 조정이라는 것이 서로 양보하여 화해를 도모하는 것인데 자신의 분노와 적개심을 표출하는 장(場)으로서는 부적절한 셈이다. 이글거리는 눈빛으로 예리한 칼을 들고 적에게 달려가고자 하는 자에게 언론중재위원회는 "자, 진정하시고 칼 내려놓고 대화로 풀어봅시다." 하며 타협안을 들이대며 설득하려 하니 성에 찰 리 없다. 이렇게 법원으로 직행하는 정치·경제 권력자들을 붙들고 진정시켜 주기를 언론인들은 언론중재위원회에 기대한다. 언론중재위원회는 언론보도 분쟁의 완충작용, 분쟁의 열기를 식혀주는 냉각기 역할을 해주기를 요청받고 있다. 과거 인터넷언론이 법제화되기 전 인터넷언론의 불만 중 하나는 인터넷언론은 "기사에 문제가 생겨도 언론중재위란 완충장치를 거치지 않고 곧바로 소송에 들어간다."는 점이었다.[8]

반면 평범한 시민들이 언론사에 직접 불만을 호소하면 언론중재위원회에 제소(신청)하라는 퉁명스런 답을 듣기 십상이다. 언론분쟁을 언론중재위원회에서 처리하고자 하는 언론의 일관된 태도인 듯 보이나 실상은 그러하지 않다. 설마 정말 하려는지 떠보는 것이다. 정작 언론조정신청이 접수되어 출석요구서를 받고서야 신청인과의 대화에 적극 나서는 경우도 많다. 비교적 간단한 쟁점 사안인 경우 언론중재위원회 조정을 거치기 전에 피해자와 원만히 해결하려는 대응 자세이다.

8) 미디어오늘, 2004년 5월 19일, "기성언론과 차별해서는 안돼"
https://n.news.naver.com/mnews/article/006/0000006941?sid=114

언론중재위원회는 귀찮고 성가신 존재이지만 없으면 아쉬운, 언론인들에게 애증의 기관이다.

언론분쟁사건 중 언론중재위원회를 거치지 않고 법원 직행하는 사건은 10% 미만

언론보도로 인한 분쟁은 먼저 언론조정신청으로 이어진다. 조정과정에서 조정성립이 이뤄지거나 중재부가 직권조정 결정한 내용에 대해 당사자가 이의신청하지 않으면 그대로 종결된다. 당사자 간 조정이 결렬되면 조정 다음 단계로 소송절차가 진행되는데 모든 사건이 법원으로 연결되지 않는다. 이러한 과정 없이 바로 소장 들고 법원으로 달려가는 사람도 있다.

법원에 바로 소를 제기한 과거의 대표적 사례는 노무현 대통령이 〈동아일보〉, 〈조선일보〉, 〈중앙일보〉, 〈한국일보〉 등 4개 언론사를 상대로 각각 5억 원씩 손해배상을 청구한 사례,[9] 국가정보원의 〈동아일보〉와 기자 3명을 상대로 한 형사고소와 11억 원의 손해배상청구 사례,[10] 홍준표 당시 경남도지사가 진주의료원 폐업 관련 보도를 한 〈한겨레〉와 〈부산일보〉 기자들을 상대로 제기한 억대의 민사소송,[11] 채동욱 당시 검찰총장이 〈조선일보〉

---

9) 경향신문, 2003년 6월 13일, "盧대통령 30억 손배訴"
https://n.news.naver.com/mnews/article/032/0000028434?sid=100
10) 동아일보, 2002년 11월 28일, "[국정원 도청 파문] 2년추적 리스트 증언 확보"
https://n.news.naver.com/mnews/article/020/0000164577?sid=100
11) 미디어오늘, 2013년 7월 13일, "홍준표, 출입기자 상대 억대 민사소송"
http://www.mediatoday.co.kr/news/articleView.html?idxno=110976

를 상대로 제기한 정정보도청구소송,12) 삼성전자가 〈전자신문〉을 상대로 3억 원의 민사소송을 제기한 경우 등을 들 수 있다. 이 사례들은 모두 언론중재위원회의 조정절차 없이 고위 공직자나 대기업 등 사회 권력층이 제기한 재갈 물리기 성격이 짙은 소송이었다.

언론중재위원회는 청구 건수 기준으로 매년 3천에서 4천여 건가량의 사건을 처리하고 있다. 언론중재위원회의 조정절차를 거치지 않고 바로 소송절차를 밟은 사건 비중은 얼마나 될까?

법원에 제기된 소 가운데 언론중재위원회를 우회하여 바로 법원으로 직행한 사건은 약 10%에도 미치지 못하는 것으로 조사되었다. 언론중재위원회가 2017년부터 2019년까지 3년 동안 법원이 선고한 판결 가운데 기사삭제를 제외한 정정·반론·추후·손해배상 네 가지 청구권 관련 언론중재위원회를 거친 사실이 있는지 여부를 조사한 결과, 전체 언론분쟁 사건 가운데 8.1%만이 언론중재위원회를 거치지 않은 것으로 나타났다(언론중재위원회, 2019). 언론보도로 인한 분쟁의 대부분은 언론조정절차를 거치는 셈이다.

2020년 이후에도 장관, 국무위원, 당대표, 산업은행, 대장동 개발사업 의혹과 관련한 화천대유, 포스코, 쿠팡 등 굵직한 기업의 억대 소송이 언론중재위원회를 거치지 않은 채 줄지어 법원에 소송이 제기되었다. 일종의 전략적 봉쇄 소송(Strategic Lawsuit Against Public Participation, SLAPP)이라 할 수 있다. 후속 보도를 막기 위한 입막음용 소송이라고도 불리는 전략적

---

12) 미디어오늘, 2013년 9월 13일, "채동욱 혼외자 조선 보도에 정정 청구 소송키로"
http://www.mediatoday.co.kr/news/articleView.html?idxno=112002

봉쇄 소송은 경제적 비용·정신적 압박을 가해 언론사와 기자들의 비판을 위축시키기 위한 목적으로 제기하는 소송을 말한다. 미국은 표현의 자유가 위축되는 것을 방지하기 위해, 법원이 SLAPP으로 판단할 경우 조기 소각하dismissal를 가능하게 하는 반(反)전략적 봉쇄 소송법(Anti-SLAPP법)을 31개 주와 워싱턴 D.C.에서 운용하고 있다.[13]

필요적 조정전치주의 부활로 전략적 봉쇄 소송 줄여야

2021년 징벌적 손해배상제를 도입하고자 한 민주당 주도의 언론중재법 개정안은 전략적 봉쇄 소송을 부추길 가능성이 높다는 비판을 한몸에 받았다. 징벌적 손해 금액에 상당하는 민사소송을 통해 언론의 보도를 막는 전략적 봉쇄 소송으로 악용될 우려가 있다는 주장이 그것이다.

언론중재법이 제정, 시행되기 전 일이다. 언론조정절차를 다룬 정기간행물법에는 반론보도청구의 경우 언론중재위원회의 조정을 거치지 않고 법원에 소를 제기할 수 없도록 규정하고 있었다(정기간행물법 제19조). 법원 소 제기를 위해서는 반드시 조정과정을 거쳐야만 하는 필요적 조정전치주의가 적용되었다. 이후 언론피해구제제도 운용과 절차에 관한 통일된 규율을 담은 「언론중재 및 피해구제 등에 관한 법률」 제정 논의 과정에서 필요적 전치주의 조항은 삭제되었다.

13) 기자협회보, 2021년 10월 5일, "언론중재법 개정 목적 곱씹고, 사실적시 명예훼손죄 폐지 나서야" http://www.journalist.or.kr/news/article.html?no=50222

당시 한나라당은 이에 대해 다른 의견을 가졌다. 한나라당 법안에는 기존 정기간행물법상 중재를 조정으로 대체 정의하고 조정전치주의를 명시해 조정절차를 거치지 않고는 소를 제기할 수 없도록 하였다.14) 언론중재법의 제정을 주도한 열린민주당은 이에 대해 없어지는 추세에 있는 조정전치주의를 과거 회귀성 법안이라며 비판했다. 아마도 재판받을 권리를 침해한다는 주장이 힘을 얻은 듯하다.

이후 지금까지 필요적 조정전치주의에 대한 주장은 수면 저 깊숙이 가라앉고 말았다. 전략적 봉쇄 소송을 긍정적으로 생각하는 정치인이나 언론인은 없다. 서로 전략적 봉쇄 소송을 비난하며, 재발을 막아야 한다고 한목소리로 외친다. 전략적 봉쇄 소송을 막기 위한 입법 추진이 간헐적으로 있었지만 아직까지 의미 있는 진전을 가져오지 못했다.15) 박경신은 반(反)전략적 봉쇄 소송 방지Anti-SLAPP 조항은 미국의 민사소송법상 조기각하 제도와 조화를 이뤄 효력을 내는 것인데, 우리나라에는 민사 조기각하 제도가 없고 입막음 소송이 대부분 검찰 고발 등 형사 절차와 함께 이뤄진다며 보다 근본적인 해법이 필요하다고도 주장했다.16)

전략적 봉쇄 소송의 폐해를 줄이기 위해서는 언론보도로 인한 법적 다툼으로 소를 제기하기 전 반드시 언론중재위원회의 조정절차를 거치도록 해

---

14) 연합뉴스, 2004년 11월 17일, "한나라당 언론관계법 시안 요지-2"
  https://n.news.naver.com/mnews/article/001/0000823661?sid=102
15) 2023년 야당이었던 한나라당이 전략적 봉쇄 소송 방지 법안을 추진한 바 있다(경향신문, 2003년 9월 18일, "'野·언론상대 소송 제한' 논란"). 금태섭 의원이 2018년 관련 법안을 발의했으나 폐기되었다(머니투데이, 2018년 11월 27일, "'금태섭' 사회 혁신, '입막음 소송'부터 없어져야")
16) 중앙일보, 2021년 8월 31일, ""안티슬랩도 없나" 언론재갈법 핵심 찌른 외신기자의 의심"
  https://www.joongang.co.kr/article/25002590

야 한다. 그 이유는 첫째, 언론보도로 인한 분쟁의 대부분(90% 이상)은 이미 언론중재위원회의 조정절차를 거치고 있는 현실을 감안해서이다. 둘째, 언론중재위원회를 건너뛰고 바로 소를 제기하는 것에 대해 언론인들이 가지는 부담감과 반발이 크다는 점을 확인하였다. 조정절차 없이 소송으로 직행하는 경우 소 제기자나 소송가액과 무관하게 언론인들이 느끼는 위축감도 무시할 수 없다. 셋째, 우리나라의 대표적 ADR제도로서 그 유용성이 검증된 언론중재위원회를 통해 분쟁 해결을 위한 사회적 비용을 절감하자는 취지이다.

과거 반론보도청구만 조정절차를 반드시 거치도록 한 데서 나아가 정정·반론·추후보도청구 및 손해배상청구에 이르기까지 필요적 조정전치주의를 도입한다면 정치적·경제적 권력자들이 남용하고 있는 전략적 봉쇄 소송의 상당 부분을 걸러낼 수 있을 것이다. 필요적 조정전치주의 도입은 헌법이 보장하고 있는 재판청구권 제한 논란을 야기할 가능성이 있음을 알고 있다. 하지만 정식 재판의 기회를 배제하는 것이 아니며 법원에 의한 권리보호가 현저히 지연되는 것도 아니다. 조정신청 접수일로부터 14일 정도 소요되는 조정처리기간을 고려할 때 재판 시기가 길어야 한 달 정도 늦어질 뿐이라 재판청구권이 침해되지는 않는다고 본다. 언론중재의 실효성 제고 측면에서도 바람직하다는 견해도 있다. 이재진과 유재웅(2004)은 언론중재의 실효성 제고방안의 핵심은 조정전치의 범주와 조정의 기속력에 있다며, 반론보도청구권만 필요적 전치 대상으로 하고 있는 것을 정정보도청구권 및 손해배상청구권까지 넓혀 언론피해구제에 관하여 원스톱서비스를 하는 것이 바람직하다고 주장했다.

앞서 필자는 언론조정과정에서의 손해배상청구액을 법원의 소액심판청구와 같이 일정 금액(3천만 원)으로 제한할 것을 제안했다. 신속한 피해구제를 목적으로 하는 조정의 성격을 고려한다면 소액의 조정에 집중하는 것이 실효적이라 보았기 때문이다. 하지만 전면적인 필요적 조정전치주의의 도입을 전제한다면 예외적으로 고액의 손해배상청구도 가능하도록 길을 터줘야 할 것이다. 보도의 공익성이 없다고 주장하는 기사나 보도로 인한 영업이익의 저하 등 재산상 손해가 발생한 경우에 한하여는 예외적으로 3천만 원 이상의 금액을 청구할 수 있도록 법 조항을 보완한다면 제한된 금액 이상에 대해서도 법적 다툼이 가능할 것이다.

또한 모든 언론보도 피해자에게 예외 없이 언론중재위원회의 조정을 반드시 따르게 할 필요는 없을 것으로 보인다. 전략적 봉쇄 소송은 정치인, 고위 공직자, 대기업 등 사회적으로 영향력이 지대한 개인이나 기업이 제기하므로 이러한 범주에 포함되는 자[17])에 한하여 필요적 조정전치주의를 도입하고 이 밖의 경우는 임의적 조정전치주의를 적용하는 것도 검토할 만하다. 거액의 손해배상 등을 청구하여 언론의 취재를 위축시키려는 전략적 봉쇄 소송 성격의 분쟁 제기는 반드시 언론중재위원회의 조정과정이라는 냉각기를 거치도록 한다면 이해당사자 간 중재와 조정을 통해 화해를 유도하여 극단적 법적 다툼의 완충 역할을 기대할 수 있을 것이다.

---

17) 2021년 국회 본회의에 회부된 후 미디어특별위원회에서 정리한 징벌적 손해배상 청구권 행사 제외대상으로 삼은 "「공직자윤리법」 제10조 제1항 제1호부터 제12호까지에 해당하는 사람 및 그 후보자와 대통령령으로 정하는 대기업 및 그 주요주주, 임원에 대하여는 적용하지 아니한다."는 조항을 적용하는 것도 한 방안이 될 수 있을 것이다.

Chapter

05

반복되는 징벌적 손해배상제 도입 논란

20년 가까운 시간이 지났지만 여전히 이에 대한 기억을 지우지 않은 사람이 많다. 〈찐빵 소녀〉 이야기다. 국도 주변 한 휴게소에서 일하는 소녀가 임금 착취, 감금, 상습폭행을 당하고 있다고 방송했다. 파장은 컸다. 방송 직후 가해자로 지목된 주인에 대한 온갖 비난이 쏟아졌다. 주인은 구속 기소되었으며 남편과 딸도 수사선상에 올랐다. 불쌍한 찐빵 소녀에 대해 동정 여론이 퍼져갔고 각계의 지원이 잇따랐다. 찐빵 소녀는 병원에 입원해서 치료받고 있다는 가슴이 따뜻해지는 방송이 전해졌다. 춘천지검은 생계비와 치료비를 지원하겠다고 나섰다. 언론의 공적 역할이란 이런 거라고 일깨워주는 방송으로 보였다. 하지만 극적인 반전이 일어났다. 이 방송은 조작된 것이었다. 구속되었던 업주는 6개월 후 벌금 일백만 원 외 상습상해 등 나머지 공소사실에 대해서는 무죄판결을 받고 풀려났다. 휴게소 주인 부부와 딸은 SBS를 상대로 총 10억 원의 손해배상청구소송을 제기했다. 법원은 악의적인 프로그램이라며 당연히 보도의 공익성을 인정하지 않고 총

3억 원을 지급하라고 판결했다. 3억 원은 그때까지 언론 관련 손해배상 지급액 중 최고액이다.

　이 사건을 곱씹어보는 이유는 법원이 언론보도를 허위조작정보 수준으로 판단한 드문 사례로, 허위조작정보와 징벌적 손해배상의 관계를 엿볼 수 있기 때문이다. 판결문을 보면 일명 〈찐빵 소녀〉 방송은 허위사실일 뿐만 아니라 제작진이 미리 사실과 결론을 도출하고 그 의도대로 취재·촬영하고 줄거리에 맞게 편집한 악의적이고 조작한 내용이다. 거의 "가짜뉴스"라고 지탄받을 수위다. 노예처럼 쉴 틈 없이 일만 한다는 인상을 주기 위해 찐빵 소녀가 한 번 구부린 장면을 연속 재생하여 연신 굽신대는 장면을 연출하고, 제작진이 몰래 촬영한 영상을 믿을 만한 제보자로부터 받은 영상처럼 둔갑시키기도 했다. 언론사의 규모나 영향력과 무관하게 지상파 방송사도 이렇게 함량 미달의 콘텐츠를 생산할 수 있음을 보여주는 예일 수도 있겠다 싶어 씁쓸하다.

　SBS '긴급출동 SOS24'는 2008년 9월 16일부터 10월 14일까지 세 번에 걸쳐 한 휴게소 주인이 지적장애 여성을 4년간 감금한 채 일을 시키고 학대했다는 내용을 방영했다. 조작의 정도는 심각하다. 다른 일시, 다른 질문에 대한 답변을 임의로 편집해 허위진술하거나 하지도 않은 말을 한 것처럼 왜곡하고, 이미 병원에 가둔 후 변호사, 사회복지사, 정신과 전문의 등을 모아 솔루션 위원회 회의를 열어 놓고는 시간 순서를 반대로 편집하는 등 자의적 결론을 뒷받침하기 위해 제작 과정 곳곳에서 심각한 조작, 왜곡을 자행했다. 법원은 3억 원의 손해배상액을 산정하며 그 이유를 이렇게 설명했다.

언론기관 및 그 소속 직원들의 부당한 취재행위와 윤리의식이 심대하게 문제되는 사안에서 그 위자료가 미미할 경우 언론기관들이 잘못된 관행을 고치지 않고 손해배상을 감수하고라도 아주 쉽게 타인의 명예를 훼손하고 범법행위를 자행하는 사례가 빈번해질 염려가 있고, 경제적인 관점에서 보더라도 언론기업들은 명예훼손 등의 법익 침해로 인한 배상책임의 한도액을 정확히 예측하여 이를 배상하고 남은 이익이 있으면 명예훼손 행위를 해서라도 기업이윤을 축적해 가려는 영리성에 바탕을 두고 계속적으로 불법행위를 자행할 소지가 있어 이를 방지할 필요가 있다. (서울남부지방법원 2012. 2. 23. 선고 2010가합23150 판결)

본보기 삼아 경종을 울릴 목적으로 고액의 위자료를 산정했음을 문맥에서 느낄 수 있다. 아울러 통상적인 수준의 손해배상을 명했을 경우 배상책임보다 더 큰 이익을 쫓을 것이라는 언론에 대한 깊은 불신을 내비치고 있다. 하지만 법원은 3억 원 이상의 손해배상도 염두에 두었으나 이 정도 수준에 그칠 수밖에 없었던 것으로 보인다. 피고에게 엄중한 책임을 물어야 하지만 언론보도로 인한 피해자들의 기존의 손해배상액의 형평성을 고려하지 않을 수 없었다고 밝힌 것이다. 2심 판결은 이를 보다 명확하게 언급하고 있다. 항소심 재판부도 원심을 그대로 유지하면서 3억 원 이상의 손해배상을 명할 수 없는 사정에 거액의 손해배상금을 부과하는 징벌적 손해배상제도가 인정되고 있지 않은 사정을 덧붙였다. 징벌적 손해배상제도가 도입되었다면 더 큰 액수의 손해배상을 명할 수도 있음을 시사한 것이다(서울고등법원 2013. 1. 11. 선고 2012나28808 판결). 하지만 3억 원의 손해배상 산정에는 이 사건 보도로 방송사가 얻은 3억 원의 광고수익도 위자료 산정에 주요한 고려 요인으로 보는 등 징벌적 수준으로 손해배상액을 산정한 것이 아닌가 생각한다. 실제로 징벌적 손해배상제를 도입하여 보도로 얻은 언론사 매출액을 반영해야 한다는 주장이 10년 후에 제기된 바도 있다. 당시 3억 원의 손해배상은 징벌적 손해배상을 언급만 안 했을 뿐 거의 징벌적 수준으로 손해배상을 명한 판결로 평가한다.

〈찐빵 소녀〉 조작 방송 이후 10년이 지난 시점에 이 사건을 재조명한 기사를 보면 조작방송 피해자는 언론사는 물론 제작에 관여한 그 누구로부터도 공식적인 사과를 받지 못한 것으로 보인다. 장문의 기사를 작성한 기자는 법원의 확정판결 사실을 접하고도 여전히 조작방송 사실을 믿지 못하는 사람들이 많을 것이라며 그 이유를 방송사가 가진 권력에서 찾았다.[18] 이러한 기사를 접하면 안타까운 마음이 절로 난다. 3억 원이 적은 금액은 아니나 수감생활과 사회적으로 매장 당한 억울한 피해 가족에게 합당한 위자료인지 달리 볼 여지가 생긴다. 3억 원의 손해배상이 보도 피해자의 적절한 금액인지에 대한 평가와는 별개로 이 판결 이후에도 언론보도 피해자의 인격권 침해 소송에서 전반적인 손해배상액의 상승의 징후는 어디에도 발견할 수 없었다.

---

[18] 미디어오늘, 2018년 9월 16일, "'찐빵소녀' 조작방송, 그 후 10년"
https://www.mediatoday.co.kr/news/articleView.html?mod=news&act=articleView&idxno=144534

2004년 처음 제기된 언론보도에 대한 징벌적 손해배상제 도입
주장은 본격 논의 진행도 못하고 사그라져
2021년 두 번째 논의는 가짜뉴스의 폐해에 대한 사회적 공감으로
추진 동력 강화

    징벌적 손해배상제 도입 논란은 언론개혁 차원에서 접근하는 시각이 강하다. 언론이 사회적 공기로서의 책무를 방기(放棄)하고 거짓 정보를 확산하여 의도적으로 여론을 왜곡하고, 아무리 잘못된 언론보도를 해도 합당한 벌을 받지 않는다는 언론에 대한 불신에서 출발한다. 오보로 타인의 명예를 훼손하고 재산적 피해를 가해도 푼돈에 불과한 위자료만 지급하면 되니 언론의 못된 관행이 개선되지 않고 있다는 울분도 서려 있다. 오보를 하면 당연히 정정보도로 정보를 바로잡고, 정신적 고통과 재산적 피해에 대해 합당한 손해배상 책임을 져야 한다는 것은 마땅한 주장이다. 당위성이 충분한데도 이를 바라보는 국민의 시선이 그리 따스하지 않은 것은 일부 언론을 표적으로 한 손보기가 아니냐는 의구심을 떨치지 못하기 때문이다. 왜 언론이 개혁 대상으로 상정되고, 왜 언론을 징벌적 손해배상으로 손을 봐주려는 것일까? 미디어권력이 정치권력을 창출한다는 믿음 때문이다. 특정 언론이 특정 정치세력을 지지하고 후원한다는 불신은 무책임한 보도관행에 대해 철퇴를 가해야겠다는 의지로 연결된다.
    불신의 뿌리는 생각보다 깊다. 속 시원하게 해소되지 못하니 주장은 반복된다. 세월이 지나도 논거는 별반 다르지 않으니 해묵은 논쟁으로 전락

한다. 그렇다. 언론보도에 대해 징벌적 손해배상제를 도입하자는 주장은 꽤 오래전인 2000년대 초반부터 일부 언론학자들과 법조계를 중심으로 간헐적으로 주장하기 시작했다. 법안의 형태로 제안된 것은 2004년 한 시민단체(언론개혁국민운동)가 입법청원안에 인터넷언론에 의한 피해구제방안 마련, 사망한 사람에 대한 인격권 보호조항 신설, 선거관련 보도에 대한 중재절차 특칙 마련 등과 함께 악의적 허위보도에 대한 징벌적 손해배상제 도입을 담았다. 이런 시민단체 움직임에 당시 여당인 열린우리당이 "징벌적 손해배상은 언론의 악의적 보도를 경계하는 상징적인 의미가 있다."며 입법을 추진하겠다고 화답하면서 본격적인 국회 논의가 시작되었다.

당시에도 논란은 거세게 일었다. 당초 징벌적 손해배상제 도입에 불을 지핀 시민단체가 먼저 한 발 빼고, 언론계의 강한 반발에 적극 추진하겠다던 여당도 곧 한 걸음 물러났다. 불과 몇 달 사이에 벌어진 전개이다. 변죽만 요란하게 울리다가 슬그머니 접은 양상이다.

그 후 논의는 수면 아래로 잠겼다가 2021년 다시 징벌적 손해배상제가 뜨거운 화두로 떠올랐다. 2004년으로부터 20년 가까운 시간이 흐른 시점에 언론중재법 개정안에 징벌적 손해배상이 포함되면서다. 논의는 과거보다 더 뜨겁게 진행되었다. 징벌적 손해배상의 도입을 담은 여러 개정안이 제출되어 구체적인 입법이 추진되었고 소관 상임위를 통과하여 국회 본회의까지 올라갔다. 예전과 다른 양상으로 전개된 것은 "가짜뉴스"가 화두로 떠오른 데 힘입었다. 가짜뉴스에 대한 사회적 폐해에 공감하는 시선이 늘면서 징벌적 손해배상제 도입 논의를 이끌었다. 가짜뉴스는 사회적 악으로 지목받았고 정부 여당은 "가짜뉴스는 민주주의 교란범"이라며 가짜뉴스와의 전쟁을 선포하였다. 그런데 막상 전쟁을 선언했지만 상대가 없다. 생산 주체가 빠진 채 생산물만을 악마화하니 전투가 제대로 될 리 없었다. 가짜뉴스가 사회적 화두로 회자될 때 통상적 의미는 언론보도가 아닌데도 기사의 형태를 띤 사실이 아닌 거짓 정보로 이해된다. 정치·경제적 이익을 위해 의도적으로 유포되는 특징을 지녔다. 가짜뉴스의 '가짜'는 정보의 허위성도 담고 있지만 언론을 사칭했다는 의미도 지녔다. 애당초 가짜뉴스는 언론사의 오보를 전제하고 있지 않은 용어다. 가짜뉴스의 온상으로 유튜버나 1인 미디어가 지목받았고 그들이 활동하는 유튜브와 SNS가 가짜뉴스 진원지로 여겨진 것은 당연했다.

가짜뉴스라는 말이 점차 정치적 수사로 전락하면서 개념은 확장되었다. 각 정치 진영의 입맛에 맞지 않는 언론보도가 포함되었고, 자신을 비판하고 불편하게 만드는 뉴스가 가짜뉴스에 편입되었다. 이런 가짜뉴스를 잡는 데 가장 주력 무기로 삼은 것이 징벌적 손해배상이다.

징벌적 손해배상제 도입을 적극 추진했던 당 대표는 "가짜뉴스 근절을 위해 추진하는 징벌적 손해배상 대상에 기성 언론사를 포함시키기로 했다."며 "우리 당이 추진하는 언론개혁 법안들은 피해자 구제를 위한 미디어 민생법이자 국민의 권리와 명예, 사회의 안정과 신뢰를 보호하는 최소한의 장치"라고 주장했다. 극단적 정치적 주장을 위해 검증되지 않은 정보를 활용하는 유튜버 등이 "가짜뉴스와의 전쟁"의 주된 표적이 아니었음을 드러냈다.

징벌적 손해배상제를 담은 언론중재법 개정안들

징벌적 손해배상의 표적은 분명해졌고, 관련 법안이 제21대 국회에서 속속 제출되었다. 징벌적 손해배상제 도입을 담은 언론중재법 개정안은 모두 5개이다. 먼저 정청래 의원이 대표발의한 언론중재법 개정안을 살펴본다. 정청래 의원은 이전 국회에서도 유사한 법안을 발의했고 21대 국회에서도 가장 먼저 개정안을 제출하며 징벌적 손해배상제 도입에 적극적인 태도를 보였다.

> **정청래 의원 대표발의 언론중재법 개정안**
> **제30조의2【손해배상 책임】** ① 법원은 언론사가 악의적으로 제30조 제1항에 따른 인격권을 침해한 행위가 명백하다고 판단되는 경우에는 같은 조 제2항에 따른 손해액의 3배를 넘지 아니하는 범위에서 손해배상을 명할 수 있다.
> ② 제1항에서 '악의적'이란 허위사실을 인지하고 피해자에게 극심한 피해를 입힐 목적으로 왜곡보도를 하는 것을 말한다.

다른 법안에 비해 간결하다. 이러한 법안을 제안한 취지를 보면 언론보도 피해자 구제 차원에서 접근하고 있다. 미국은 악의적 보도에 대해 징벌적 손해배상으로 피해자를 보호하고 있지만 손해배상청구 원고 승소율이 40%에도 미치지 않는 우리 사회 현실에서 악의적인 보도로 인격권을 침해한 경우 손해액의 3배 이내에서 징벌배상을 명할 수 있도록 해야 한다고 주장했다.

최강욱 의원이 대표발의한 언론중재법 개정안의 징벌적 손해배상제는 보다 정교하다. 징벌적 손해배상이 적용되는 언론보도를 비방의 목적을 가진 거짓 또는 왜곡 보도로 규정하고 비방의 목적을 지녔다고 판단하는 경우의 요건도 제시했다. 눈여겨볼 부분이 있다. 바로 손해배상 산정 기준을 '언론사의 이익을 초과하는 범위'라고 규정하고 언론보도가 있은 날부터 삭제된 날까지의 '언론사 1일 평균 매출액'으로 설정한 부분이다. 손해배상 산정방식의 새로운 발상이며 내용도 구체적이다. 하지만 이러한 발상의 전환에 대한 평가는 그리 긍정적이지 못하다. 이는 과잉 제한으로서 위헌이며, 언론사가 아무리 위법한 보도행위로 막대한 이득을 얻었더라도 1일 평균 매출액 전부를 그 이득으로 추정하는 것은 전혀 논리적이지도 현실적이지도 않다고 혹평을 가한 학자도 있다. 1일 평균 매출액에는 합법적인 보도행위로 올린 매출도 포함되어 있고 보도행위가 아니라 다른 기업 활동을 통해 올린 매출도 포함되어 있을 것인데 일률적으로 모두 위법한 보도행위로 얻은 수익으로 추정하는 것은 언론사에 대한 적대적 법 감정을 드러낸 것뿐이라는 비판이다(김상유, 2021).

> **최강욱 의원 대표발의 언론중재법 개정안**
>
> **제30조의2【징벌적 손해배상】** ① 언론사등이 사람을 비방할 목적으로 언론보도등을 통하여 공공연하게 거짓 또는 왜곡된 사실을 드러내어 제30조 제1항에 따른 손해가 발생한 경우에는 법원은 같은 조에서 산정한 손해액을 초과하여 배상액을 정하여야 한다.
> ② 다음 각호의 어느 하나에 해당하는 경우에는 언론사등이 비방할 목적을 가진 것으로 추정한다.
> 1. 언론보도등으로 인하여 사람의 명예나 권리, 인격권을 중대하게 침해한 경우
> 2. 언론보도등으로 얻는 이익이 그로 인해 부담하게 되는 제30조에 따른 손해배상액보다 많을 것으로 예상한 경우
> 3. 언론보도등을 하는 과정에서 사실관계를 자의적으로 선별하거나 취재원에 대한 위법행위를 한 경우
> ③ 법원은 제1항에 따른 손해배상액을 산정하는 경우 해당 언론보도등으로 인하여 언론사등이 얻은 이익을 초과하는 범위에서 배상액을 정하되, 다음 각호의 사항을 고려하여야 한다.
> 1. 고의 또는 손해 발생의 우려를 인식한 정도
> 2. 언론보도등으로 인하여 발생한 손해의 규모
> 3. 언론보도등으로 인하여 언론사등이 취득한 유·무형의 이익
> 4. 동종 또는 유사 언론보도등의 기간 및 횟수
> 5. 언론사등의 피해구제 노력의 정도
> 6. 언론사등의 존속기간 및 재산 상태
> 7. 언론사등이 해당 언론보도등으로 인하여 형사처벌 또는 행정처분을 받은 경우 그 형사처벌 또는 행정처분의 정도
> ④ 제3항에서 언론사등이 얻은 이익이란 해당 언론보도등이 있은 날부터 삭제된 날까지 총 일수에 해당 언론사등의 1일 평균 매출액을 곱한 금액으로 한다. 이 경우 1일 평균 매출액의 산정 방법 등에 관련된 사항은 대통령령으로 정한다.

다소 생경한 논리를 펼친 배경을 최강욱 의원은 개정안 제안 이유에서 밝히고 있다. 그는 먼저 사회적 지탄을 받는 가짜뉴스의 범주에 언론보도도 포함된다는 뜻을 분명히 밝히고 있다. "이른바 '가짜뉴스'라고 불리는 언

론사의 거짓·왜곡보도 등 불법행위로 인한 폐해가 날로 심각해져 가고 있음에도, 최근 2년간 언론 관련 손해배상 인용 사건의 약 60%는 인용액이 500만 원 이하에 불과"한 현실을 지탄했다. 이렇게 법원의 소극적인 손해배상액으로는 가짜뉴스를 막을 수 없어 징벌적 손해배상제 도입이 필요하다는 논리다. 언론의 가짜뉴스 생산 배경에는 언론의 "사회·경제적 이익 추구"가 자리잡고 있으므로 "가짜뉴스로 취득한 이익을 박탈하는 경우 가짜뉴스를 퍼뜨릴 동기를 제거할 수 있을 것"으로 설명했다.

윤영찬 의원과 박정 의원이 각각 대표발의한 언론중재법 개정안의 징벌적 손해배상 내용은 매우 유사하다. 징벌적 손해배상 상한을 3배 이내로 제한하고 언론사가 고의 또는 중과실이 없음을 입증한 경우에는 그 책임을 면할 수 있도록 하였다.

윤영찬 의원 대표발의 언론중재법 개정안
제30조에 제5항부터 제7항까지를 각각 다음과 같이 신설한다.
⑤ 제1항에도 불구하고 언론등이 허위의 사실을 드러내어 타인의 명예를 훼손함으로써 손해가 발생한 경우에 손해를 입은 자는 그 손해에 대한 배상을 언론사등에 청구할 수 있다.
⑥ 법원은 제5항에 따른 그 손해액의 3배를 넘지 아니하는 범위에서 손해배상액을 정할 수 있다. 다만, 손해를 입힌 언론등이 고의 또는 중대한 과실이 없음을 입증한 경우에는 그러하지 아니하다.
⑦ 법원은 제5항 및 제6항에 따른 손해배상액을 정할 때에는 다음 각 호의 사항을 고려하여야 한다.
1. 고의 또는 손해 발생의 우려를 인식한 정도
2. 위반행위로 인하여 입은 피해 규모
3. 위반행위의 기간·횟수
4. 손해를 입힌 언론사등의 재산상태
5. 손해를 입힌 언론사등이 피해구제를 위하여 노력한 정도

> **박정 의원 대표발의 언론중재법 개정안**
> 제30조에 제5항부터 제7항까지를 각각 다음과 같이 신설한다.
>   ⑤ 제1항에도 불구하고 신문, 방송, 잡지 등 정기간행물, 뉴스통신, 인터넷멀티미디어방송으로 허위의 사실을 드러내어 타인의 명예를 훼손하여 손해가 발생한 경우에는 법원은 그 손해액의 3배를 넘지 아니하는 범위에서 손해배상액을 정할 수 있다. 다만, 손해를 입힌 신문사업자, 방송사업자, 잡지 등 정기간행물사업자, 뉴스통신사업자, 인터넷멀티미디어방송자가 고의 또는 중대한 과실이 없음을 입증한 경우에는 그러하지 아니하다.
>   ⑥ 제1항에도 불구하고 「정보통신망의 이용촉진 및 정보보호 등에 관한 법률」 제2조 제3호에 따른 정보통신서비스 제공자인 언론등이 같은 법 제44조의7 제1항 제2호에 따른 정보 중 거짓의 사실을 드러내어 타인의 명예를 훼손하는 내용의 정보를 유통하여 손해가 발생한 경우에는 법원은 그 손해액의 3배를 넘지 아니하는 범위에서 손해배상액을 정할 수 있다. 다만, 손해를 입힌 언론등이 고의 또는 중대한 과실이 없음을 입증한 경우에는 그러하지 아니하다.
>   ⑦ 법원은 제5항 및 제6항의 손해배상액을 정할 때에는 다음 각호의 사항을 고려하여야 한다.
>   1. 고의 또는 손해 발생의 우려를 인식한 정도
>   2. 위반행위로 인하여 입은 피해 규모
>   3. 위반행위의 기간·횟수
>   4. 손해를 입힌 정보통신서비스 제공자 또는 이용자의 재산상태
>   5. 손해를 입힌 정보통신서비스 제공자 또는 이용자가 피해구제를 위하여 노력한 정도

　　김용민 의원 대표 발의한 징벌적 손해배상제를 담고 있는 언론중재법 개정안은 앞서 언급한 개정안에 비해 손해배상 범위를 3배 이상 5배 이내로 넓혀 징벌적 성격을 보다 강조한 것이 특징이다. 구체적인 금액 산정이 어려운 경우에도 5천만 원 이상을 하한선으로 정하였다. 다만 정무직 공무원이나 대기업 주요주주에 대한 보도는 징벌적 손해배상의 책임을 완화하고 있다.

김용민 의원 대표발의 언론중재법 개정안

제30조의2부터 제30조의5까지를 각각 다음과 같이 신설한다.

제30조의2【허위·조작보도에 대한 특칙】 ① 언론등의 고의 또는 중대한 과실로 인한 허위】조작보도에 따른 재산상 손해를 입거나 인격권 침해 또는 그 밖의 정신적 고통을 받은 자는 기준손해액의 3배 이상 5배 이하의 배상을 언론사등에 청구할 수 있다.

② 제1항에 따른 기준손해액은 구체적인 금액으로 산정할 수 있는 경우 그 금액으로 하고, 구체적인 금액을 산정하기 어려운 경우 5천만원 이상 1억원 이하의 금액 중 보도에 이르게 된 경위, 피해 정도 등을 종합하여 정한다.

③ 제1항의 경우 정무직공무원 및 그 후보자와 대통령령으로 정하는 대기업 및 그 주요주주, 임직원에 대한 허위·조작보도에 대하여는 그 피해자를 해(害)할 목적이 있는 경우에 한정하여 적용한다.

제30조의3【제목에 대한 독립적 손해배상 청구】 ① 언론등의 기사제목이 다음 각호의 어느 하나에 해당하여 재산상 손해, 인격권 침해, 그 밖의 정신적 고통을 받은 자는 기사 본문과 독립하여 손해배상을 청구할 수 있다.
1. 제목과 기사 내용을 다르게 한 경우
2. 제목과 기사 내용을 조합하여 새로운 사실을 구성하는 경우
3. 제목을 통한 명예훼손 또는 인격권 침해가 있는 경우

제30조의4【고의·중과실의 추정】 언론보도등이 다음 각호의 어느 하나에 해당하는 경우 언론사등의 고의 또는 중과실이 있는 것으로 추정한다.
1. 취재원의 발언이 없음에도 있는 것처럼 허위로 인용하거나, 취재원의 발언을 왜곡하여 인용하는 경우
2. 법률을 위반하여 보도한 경우
3. 인터넷신문사업자 및 인터넷뉴스서비스사업자가 정정보도청구등이나 정정보도등이 있음을 표시하지 않은 경우
4. 정정보도청구등이나 정정보도등이 있음을 표시한 기사에 대하여 별도의 충분한 검증절차 없이 복제·인용 보도한 경우
5. 계속적이거나 반복적인 허위·조작보도를 통해 피해자와 사이에 금품을 수수·요구·약속하는 경우

제30조의5【면책규정】 언론보도등이 다음 각호의 어느 하나에 해당하는 경우 그에 따른 손해배상책임을 면한다.
1. 법률 위반에 정당한 사유가 있는 경우
2. 진위 여부에 대한 검증절차를 충분히 거친 것으로 인정할 수 있는 명백하고 객관적인 사실이 있는 경우

김용민 의원의 개정안을 살펴보면 최강욱 의원과 철학적 사고의 궤를 같이하고 있는 것으로 보인다. 김용민 의원은 가짜뉴스를 허위·조작 정보로 명명하며, "허위의 사실 또는 사실로 오인하도록 조작한 정보를 언론, 인터넷뉴스서비스, 인터넷멀티미디어방송을 통해 보도하거나 매개하는 행위"로 개념 지었다. 가짜뉴스에 언론보도를 포함하고 있는데 나아가 사실로 오인하도록 조작한 정보뿐만 아니라 허위사실 보도까지 가짜뉴스로 인식하고 있음을 드러냈다. 물론 징벌적 손해배상을 적용함에 있어서는 허위조작보도 중에서도 언론의 고의 또는 중과실로 인한 보도로 국한하고 있어 그 범위를 대폭 줄였다. 하지만 고의 또는 중과실이 추정되는 사유로 정정보도 청구 등이 있음을 알리는 표시를 하지 않은 경우, 이러한 보도를 인용 보도한 경우, 법률을 위반한 경우 등을 제시하여 과연 이러한 보도가 허위조작보도로 징벌적 손해배상의 책임을 져야 하는 것인지 의문을 자아내게 했다.

다섯 개의 개정안은 언론중재법 소관 국회 상임위원회를 거치면서 '대안'의 형태로 다듬어졌다. 가짜뉴스는 허위·조작보도로 지칭되었고 개념도 변함이 없었다. 다만 1일 매출액은 언론의 전년도 매출액과 사회적 영향력 등을 고려하는 것으로 포괄적으로 규정하였고 손해배상의 상한선은 두되 5배로 수위를 높였다. 이러한 징벌적 손해배상을 청구할 수 있는 자도 고위공직자 등 범위를 다소 확장하여 제한하였다.

제2조 17의3 "허위·조작보도"란 허위의 사실 또는 사실로 오인하도록 조작한 정보를 언론, 인터넷뉴스서비스, 인터넷멀티미디어방송을 통해 보도하거나 매개하는 행위를 말한다.

제30조의2 【허위·조작보도에 대한 특칙】 ① 법원은 언론등의 고의 또는 중과실로 인한 허위·조작보도에 따라 재산상 손해를 입거나 인격권 침해 또는 그 밖의 정신적 고통이 있다고 판단되는 경우에 보도에 이르게 된 경위, 보도로 인한 피해정도, 언론사등의 사회적 영향력과 전년도 매출액을 적극 고려하여 손해액의 5배를 넘지 않는 범위에서 손해배상액을 정할 수 있다.
② 법원은 언론보도등이 다음 각호의 어느 하나에 해당하는 경우 고의 또는 중과실이 있는 것으로 추정한다.
1. 보복적이거나 반복적으로 허위·조작보도를 한 경우
2. 정정보도·추후보도가 있었음에도 정정보도·추후보도에 해당하는 기사를 별도의 충분한 검증절차 없이 복제·인용 보도한 경우
3. 기사의 본질적인 내용과 다르게 제목·시각자료(사진·삽화·영상 등을 말한다)를 조합하여 새로운 사실을 구성하는 등 기사 내용을 왜곡하는 경우
③ 제1항의 경우 「공직자윤리법」 제10조 제1항 제1호부터 제12호까지에 해당하는 사람 및 그 후보자와 대통령령으로 정하는 대기업 및 그 주요주주, 임원에 대하여는 적용하지 아니한다.
④ 제1항의 경우 공공복리 등 공공의 이익을 위한 언론보도등으로 다음 각호에 해당하는 경우에는 적용하지 아니한다.
1. 「공익신고자보호법」 제2조 제1호의 공익침해행위와 관련한 사항에 대한 언론보도
2. 「부정청탁 및 금품등 수수의 금지에 관한 법률」에서 금지하는 행위와 관련한 사항에 대한 언론보도
3. 그 밖에 제1호 및 제2호에 준하는 공적인 관심사와 관련한 사항으로 제4조 제3항에 따른 언론의 사회적 책임을 수행하는데 필요하다고 인정되는 언론보도

하지만 이 정도로는 언론계의 비난 수위를 낮출 수 없었다. 여전히 시선은 곱지 않았다. 먼저 가짜뉴스를 허위·조작보도로 명명하며 정의한 내용

부터 잘못되었다는 비판이 제기되었다. '대안'에 따르면 허위·조작보도는 허위이면서 조작된 보도인 'AND'가 아니라 허위 또는 조작 보도인 'OR'라며, 결과적으로 허위사실을 보도한 것도 허위·조작보도에 해당한다고 볼 수 있다는 것이다. 또 고의 또는 중과실 추정 요건도 광범위하고 부적절하게 규정되면서 원고 입장에서는 징벌적 손해배상을 고발 보도를 봉쇄하거나 고발 보도에 대해 보복할 수 있는 수단으로 활용할 수 있는 길이 열렸다고 비판했다. 이 법안이 그대로 통과된다면 2016년 겨울 촛불집회를 촉발시켰던 JTBC의 태블릿 PC 보도는 확산되지 못했을 가능성이 크다고 진단했다. 왜냐하면 최순실 씨가 해당 보도에 대해 언론조정신청을 했다면 이를 인용 보도하는 후속 보도는 징벌적 허위조작보도의 고의·중과실에 해당될 가능성이 높다고 보기 때문이다.[19]

징벌적 손해배상 도입, 언론개혁의 전부가 될 수 없으며
법원의 위자료액 전반적 상승효과 기대하기 어려워

언론에 징벌적 손해배상을 적용하는 문제는 간단치 않다. 반대 여론도 만만치 않다. 자칫 언론자유 침해 논란에 휩싸일 수도 있다. 법리적으로도 어려움이 많다. 그럼에도 불구하고 잊힐 만하면 논제를 제기하고 예전과 별반 다르지 않는 논거로 반복되는 주장이 오고가는 이유는 무엇일까?

19) SBS, 2021년 8월 2일, "언론 징벌적 손해배상법은 어떤 보도를 위축시킬 것인가"
https://news.sbs.co.kr/news/endPage.do?news_id=N1006415257&plink=ORI&cooper=NAVER

징벌적 손해배상제는 크게 두 가지 측면에서 제기된다.

하나는 언론보도 피해자에게 합당한 피해배상이 이루어지고 있지 않다는 것이다. 언론보도 피해자의 피해 회복 방안으로서 고려된다. 이러한 문제제기는 타당한 측면이 있다. 법원의 손해배상은 물가상승률을 역행하며 해마다 위자료액이 감소되고 있음을 확인했다. 이제 쉽고 빠르고 비용도 무료인 언론조정절차에서 얻을 수 있는 손해배상액과 비슷한 수준까지 떨어졌다. 불행하게도 가까운 지인이 언론사나 기자를 상대로 손해배상소송을 제기한다 하면 변호사 수임료도 못 건질 가능성을 조언해야 한다. 배보다 배꼽이 더 클 수 있는 소송 제기를 말려야 한다. 하지만 잘못된 언론보도 중에서 비방의 목적이 있는 악의적 조작 보도를 징벌적 손해배상으로 다루는 데 그 입법 취지가 있다면 전반적인 위자료액의 상승을 이끌어 내는 데는 한계가 있을 것이다. 소송 대상이 된 언론기사 가운데 허위조작보도라 할 만한 것은 극히 일부에 불과할 것이고, 설사 이에 대해 상징적으로 고액의 징벌적 손해배상을 명한 사례가 있다 하더라도 그 온기가 일률적으로 다른 일반적 인격권 침해 소송에 퍼질 가능성은 낮아 보인다.

또 하나는 악의적 언론보도의 폐해를 줄일 수 있는 방안으로서 징벌적 손해배상만한 것이 없다는 인식이다. 언론개혁의 입장에서 징벌적 손해배상을 바라보는 시각이다. 징벌적 차원, 즉 가해자를 응징하고 앞으로 유사한 불법행위를 차단하는 데 효과적인 수단으로 간주하는 것이다. 징벌적 손해배상의 주된 기능은 징벌 기능과 억지 기능이다(김상유, 2021). 징벌 기능을 목표로 한다는 점에서 징벌적 손해배상은 준(準)형사적인 제도라고 한다. 가해자의 징벌을 통해 가해자의 행위를 교정하고 사회 구성원 전체의 불법행위를 억지하는 기능도 징벌적 손해배상을 통해 기대하는 효과이다. 억지 효과에 대해 실증적 연구 결과가 합의에 이른 것도 아니지만 현행 법상 개별법에서 징벌적 손해배상제도를 도입한 사례는 여럿 있다. 하지만 다른 영역과 달리 언론 자유의 과도한 제한으로 위헌 여부와 관계없이 징벌적 손해배상이 과연 최선의, 유일한 방안인지는 검토할 가치가 있다.

징벌적 손해배상제를 운용하고 있다고 대표적으로 언급되는 미국과 달리 준사법기구인 언론중재위원회의 반론보도청구권 등 조정절차와 형사상 명예훼손죄, 사전금지청구권, 명예회복에 필요한 조치 등 다양한 구제수단이 있다는 점도 고려될 수 있다. 사실적시 명예훼손죄가 있는 우리나라에 징벌적 손해배상제마저 도입되면 지나친 이중규제라는 지적이 있고, 징벌적 손해배상제를 도입하고 대신 현행 사실적시 명예훼손죄를 폐지하자는 주장도 정치권과 법조계에서 꾸준히 제기되고 있다.

우리도 2011년 「하도급거래 공정화에 관한 법률」(하도급법) 개정을 통해 처음으로 징벌적 손해배상제도가 도입되었다. 갑질 등으로 인한 손해배상의 경우 실제 피해의 최대 3배까지 배상할 수 있다는 내용이 담겼다. 이후 2018년 기준 「환경보건법」 개정까지 약 10개의 법률에서 징벌적 손해배상제도가 도입되었다. 다만 징벌적 손해배상이 실제로 청구된 경우는 매우 적고, 그나마도 청구가 인용된 예는 거의 없는 것으로 알려졌다. 이는 미국법을 참고해 법안을 만들다 보니 실제 해석·적용에 어려움이 많다는 평가이다.[20]

징벌적 손해배상제는 언론개혁 차원에서 또는 언론보도 피해자의 현실

---

20) 뉴스토마토, 2023년 12월 4일, "[토마토레터 제245회] 징벌적 손해배상제도, 전면 도입해야 할까?" https://www.newstomato.com/ReadNews.aspx?no=1199103

적인 구제방안으로서 유효한 대안으로 반복적으로 떠오른다. 그만큼 매력적인 수단으로 다가오는 것이다. 한국에서의 징벌적 손해배상제 논의 촉발 '주범'으로 열악한 위자료 제도를 지목한 학자는 5배 이하의 손해배상 수준의 징벌적 손해배상제도는 위자료 현실화법이라 부르는 게 맞다며 언론계의 양보를 촉구했다.[21] 징벌적 수준에는 미치지 못할 정도지만 현실적 위자료 산정을 유도할 만한 수준이라는 주장이다. 하지만 징벌적 손해배상제가 언론자유의 침해를 최소화하면서 언론보도 피해자의 손해를 회복하는 유일한 대안은 될 수 없다. 징벌적 손해배상제가 도입된다한들 극히 이례적인 사안에 국한하여 적용될 것이고, 터무니없이 낮다고 평가되는 위자료액의 현실화에는 별 도움이 되지 않을 것으로 보인다.

법원이 위자료 산정 기준을 개선하여 위자료 산정을 현실화하는 것도 언론의 자유를 과도하게 제한하지 않으면서 언론에 의한 인격권 침해를 해소하는 보다 나은 방안이라는 주장(김상유, 2021)에 깊이 공감하는 이유이다. 소모적이고 반복된 논의를 그칠 수 있는 방안은 위자료액을 점차 높여 나가는 것이다. 법원은 위자료 산정 가이드를 형식적으로 마련한 데 그치지 말고 위자료액을 현실화할 수 있도록 사법정책 방향을 설정하고 보다 적극적으로 추진해야 한다. 국민의 법 감정과 동떨어진 판결 흐름이 바뀌지 않는다면 불행하게도 피로한 논쟁은 재연될 가능성이 크다.

---

21) 미디어스, 2020년 11월 3일, "언론 징벌적 손해배상제? 위자료 현실화법"
https://www.mediaus.co.kr/news/articleView.html?idxno=197058

자료 1 편익-비용 분석항목 구조

항목			측정지표	측정방법
편익	구제 편익	피해구제 보도	지면, 인터넷, 방송에 정정이나 반론보도를 게재 또는 방송했을 때 발생하는 편익	
		손해배상	법원 평균 손해배상액 - 조정액	(법원 평균 손해배상 인용액/소요기간) - 조정액
	절감 편익	변호사 수임비	소송을 위한 변호사 선임료	비재산적 소송목적 값의 수임비용×사건수
		인지대, 송달료 등	소송절차를 이용하기 위한 수수료 및 소송의 행정처리를 위해 소요되는 비용	인지대: 소송가액 대비 수수료×사건수 송달료: 우편료×소송당 송달 횟수×소송당사자×사건수
		소요기간 절감비용	법원소송에 소요되는 기간	소송평균소요기간×1일 최저임금×사건수
비용	운영 예산	인건비	조정업무처리 담당 직원 인건비	조사관 및 조정업무 관련 직원 인건비
		사업비	중재위원 수당 등	중재위원 심리수당 집행액
		경상비	사무공간, 수도, 광열, 각종 소모품비	전체 경상비 집행액×0.74
	소요시간		조정에 소요되는 기간	조정평균소요기간(2주)×1일 최저임금×사건수
추계액 계(NET)				

자료 2   2020~2023년 언론중재위원회 조정제도 운용 편익-비용 분석 추계결과

(단위: 원)

항목			추계액	비고
① 편익	구제편익	보도 구제	0	
		손해배상	2,184,180,000	
	절감편익	변호사 선임비	27,755,200,000	성공보수금 제외
		인지대, 송달료 등	1,917,632,000	
		소요기간	188,008,019,556	
	소계		215,496,671,556	
② 비용	운영예산	인건비	6,480,000,000	
		사업비	1,291,500,000	
		경상비	7,020,386,961	
	처리비용	소요기간	7,850,849,008	
	소계		22,642,735,969	
추계액 계(①-②)			192,853,935,587	

자료 3 1990~2022년 법원의 손해배상 인용액 현황

(단위: 만 원)

연 도	건 수	평균액	중앙값	최빈값	최저액	최고액
1990~1999	103	3,071	2,180			
2000~2004	101	4,250	3,210			
2005	30	3,120	2,750	1,000	300	8,000
2006	37	2,001	1,000	1,000	300	9,000
2007	67	1,714	1,000	1,000	100	10,000
2008	50	2,340	1,100	1,000	100	15,000
2009	54	2,348	800	500	10	27,288
2010	33	2,424	1,000	1,000	100	10,000
2011	69	2,358	1,000	300	100	27,512
2012	55	2,712	1,000	500	150	30,000
2013	64	1,550	750	500	100	30,000
2014	95	885	700	1,000	30	40,500
2015	159	1,073	500	300	30	42,731
2016	106	3,844	400	300	100	330,000
2017	124	853	400	1,000	300	15,740
2018	141	1,421	350	250	75	42,731
2019	93	1,465	500	500	50	20,524
2020	55	1,801	500	500	100	20,524
2021	72	882	475	300	100	7,000
2022	83	571	345	500	50	3,900

자료 4   1990~2022년 법원의 손해배상액 금액대별 분포

기 간	건 수	500만원 이하	1,000만원 이하	2,000만원 이하	5,000만원 이하	5천만원 초과
1990~1999	103	3(2.9%)	10(9.7%)	21(20.4%)	43(41.7%)	44(42.7%)
2000~2004	101	3(3.0%)	5(5.0%)	17(16.8%)	36(35.6%)	40(39.6%)
2005	30	3(10%)	6(20%)	5(16.7%)	9(30%)	7(23.3%)
2006	37	6(16.2%)	19(51.3%)	5(13.5%)	2(5.4%)	5(13.5%)
2007	67	22(32.8%)	17(25.3%)	13(19.4%)	11(16.4%)	4(6.0%)
2008	50	11(22.2%)	13(26.0%)	5(10.0%)	2(4.0%)	5(10%)
2009	54	20(37.0%)	15(27.8%)	6(11.1%)	4(7.4%)	3(5.6%)
2010	33	10(30.3%)	8(24.2%)	7(21.2%)	1(3.0%)	7(21.2%)
2011	69	29(42.0%)	7(10.1%)	10(14.5%)	20(29.0%)	3(4.4%)
2012	55	22(40%)	10(18.2%)	10(18.2%)	9(16.4%)	4(7.3%)
2013	64	27(42.1%)	19(29.7%)	9(14.1%)	7(10.9%)	2(3.1%)
2014	95	43(45.2%)	30(31.6%)	16(16.8%)	6(6.3%)	-
2015	159	89(56.0%)	32(20.1%)	28(17.6%)	6(3.8%)	3(1.9%)
2016	106	64(60.4%)	25(23.6%)	12(11.3%)	3(2.8%)	2(1.9%)
2017	124	68(54.8%)	38(30.6%)	9(7.3%)	7(5.6%)	2(1.6%)
2018	141	93(66.0%)	26(18.4%)	11(7.8%)	8(5.7%)	3(2.1%)
2019	93	50(53.8%)	21(22.6%)	7(7.5%)	9(9.7%)	6(6.4%)
2020	55	32(58.2%)	12(21.8%)	3(5.5%)	3(5.5%)	5(9.1%)
2021	72	44(61.1%)	16(22.2%)	5(6.9%)	6(8.3%)	1(1.4%)
2022	83	63(75.9%)	11(13.3%)	4(4.8%)	5(6.0%)	-

참고문헌

권태상 (2020). 명예훼손과 기사삭제청구권: 대법원 2013. 3. 28. 선고 2010다60950 판결을 중심으로, 〈언론과 법〉, 19권 2호, 233-263.
김경호 (2023). 언론 상대 고위공직자 명예훼손 소송 연구: 대법원의 위법성조각 판단 기준을 중심으로. 〈언론과 법〉, 22권 2호, 31-67.
김민정 (2019). 가짜뉴스(fake news)에서 허위조작정보(disinformation)로: 가짜뉴스 규제 관련 국내 법안과 해외 대응책에 나타난 용어 및 개념정의 비교. 〈미디어와 인격권〉, 5권 2호, 43-81.
김상우 (2010). 〈인터넷 미디어에서의 반론권 적용에 관한 법제도적 연구〉. 한양대학교 대학원 박사학위 논문.
김상우·이재진 (2015). 언론중재위원회 손해배상 제도의 기능과 효율성에 관한 연구. 〈언론과 법〉, 14권 3호, 173-211.
김상유 (2021). 언론사의 위법한 보도행위에 대한 징벌적 손해배상의 합헌성 검토. 〈언론과 법〉, 20권 1호, 31-72.
김은혜 (2009). 〈국내 주요일간지 정정보도 기사 비교연구: 4대 일간지 '바로잡습니다' 섹션을 중심으로〉. 중앙대학교 대학원 석사학위 논문.
김정민·황용석 (2021). 언론보도로 인한 손해배상청구 관련 시계열 데이터 분석: 2005~2019년 언론조정신청 및 언론관련 판결을 중심으로, 〈미디어와 인격권〉, 7권 1호, 67-104.
김창룡 (2007). 선거보도심의기구를 둘러 싼 쟁점과 해결방안. 〈언론중재〉, 여름호(통권 103호), 35-45.
박아란 (2017). 〈가짜 뉴스에 대한 법률적 쟁점과 대책〉. 'Fake News(가짜 뉴스) 개념과 대응방안' 토론회. 서울: 한국언론학회.
박아란·김현석 (2021). 디지털 시대 피해구제수단으로서 기사삭제 및 열람차단에 관한 연구. 〈미디어와 인격권〉, 7권 1호, 105-151.
박용상 (1987). 새 「정기간행물의 등록 등에 관한 법률」의 언론중재제도. 〈언론중재〉, 겨울호(통권 25호), 49-67.
박용상 (1997). 〈언론과 개인 법익: 명예·신용·프라이버시 침해의 구제 제도〉. 서울: 조선일보사.
박형상 (2000). 선거보도의 법적·제도적 고찰: 선거기사심의를 중심으로. 〈언론중재〉,

봄호(통권 74호), 51-61.
반흥식 (1998). 〈소송 외 분쟁해결제도에 관한 연구〉. 전북대학교 대학원 박사학위 논문.
심석태 (2023). 초상권 판단 기준의 구조화 가능성: 판례와 실무적 쟁점을 중심으로 한 시론적 연구. 〈언론과 법〉, 22권 2호, 1-29.
안명규 (2020). 선거보도심의제도 운영의 실제와 입법·정책적 제언. 〈언론중재〉, 봄호(통권 154호), 40-59.
안명규·김성영 (2022). 선거보도 심의제도 관련 공직선거법 체계에 관한 비판적 고찰. 〈미디어와 인격권〉, 8권 2호, 1-43.
양경승 (1996). 반론보도청구사건의 주요 쟁점. 〈언론중재〉, 겨울호(통권 61호), 27-84.
윤진희 (2019). 언론중재법상 추후보도 제도 개선방안에 관한 연구. 〈언론과 법〉, 18권 3호, 109-138.
이문한 (2020). 〈가짜뉴스 형사처벌과 언론·출판의 자유: 허위사실 표현에 대한 형사적 규제와 그 헌법적 한계〉. 서울: 한국학술정보.
이승선 (2012). 선거보도 심의제도의 현황 및 개선방향. 〈언론중재〉, 여름호(통권 123호), 30-45.
이예찬 (2022). 당사자에 의한 언론조정 결과 왜곡 공표의 법적 문제점: 실제 분쟁 사례를 중심으로. 〈미디어와 인격권〉, 8권 2호, 87-144.
이예찬 (2023), 추후보도청구권의 법적 성격 고찰, 〈언론중재〉, 가을호(통권 168호), 30-45.
이재진·유재웅 (2004). 언론중재제도의 조정전치 기능에 대한 재고찰: 소송에 갈음하는 분쟁해결방안(ADR)의 효율성 관점에서. 〈한국언론학보〉, 48권 2호, 267-293.
이재진·이성훈 (2003). 명예훼손 소송에서 위법성 조각사유로서의 공익성에 대한 연구. 〈언론정보학보〉, 통권 20호, 141-176.
이진아·조준원·최숭민 (2007). 선거보도관련 피해구제 시스템 개선 방안: 조정신청 사례 분석을 중심으로. 〈언론중재〉, 가을호(통권 104호), 98-112.
이택길 (2011). 금융분쟁조정 전치주의와 재판청구권. 〈월간법제〉, 2월호, 35-50.
정두남·윤성옥 (2019). 〈융합환경 대응을 위한 방송통신발전기금제도 개선 방안 연구〉. 서울: 한국방송광고진흥공사.
정민·백다미 (2017). 가짜 뉴스(Fake News)의 경제적 비용 추정과 시사점. 〈한국경제주평〉, 736권, 1-15.
정세훈 (2017). 〈가짜뉴스의 정의 및 국내·외 대응 현황: 가짜뉴스(Fake news)의 정의, 사례 및 대응책〉. '가짜뉴스 해법, 어디서 찾을 것인가' 언론중재위원회 정책토론회 정책보고서, 1-37.

조경완 (2021). 조정결과에 대한 자의(恣意)적 보도·유포를 어찌할 것인가. 〈언론중재〉, 가을호(통권 160호), 70-79.
조소영 (2022). 선거보도와 반론권. 〈미디어와 인격권〉, 8권 2호, 45-86.
조준원 (2000). 1990년대 언론관련 손해배상 판결의 사회과학적 분석. 〈언론중재〉, 가을호(통권 76호), 33-53.
조준원 (2005). 〈언론소송과 판결 읽기: 법적 쟁점과 판결 경향 분석〉. 파주: 한울.
조준원 (2010). 언론중재법 시행과 조정 양상 변화 연구. 〈언론중재〉, 겨울호(통권 117호), 81-100.
조준원·김진하 (2018). 언론중재위원회 조정제도 운용의 경제적 가치 평가. 〈언론중재〉, 여름호(통권 147호), 76-89.
조홍식 (2006). 대안적 분쟁해결제도(ADR)의 경제학: 환경분쟁조정제도에 대한 평가를 중심으로. 〈서울대학교 법학〉, 47권 1호, 13-75.
최우정 (2016). 방송통신발전기금 운용의 법적 문제점과 개선방향. 〈방송문화〉, 겨울호(통권 407호), 161-189.
최우정 (2021). 〈미디어 생태계의 변화와 방송통신발전기금의 부과, 사용, 관리의 문제〉. 방송통신발전기금 제도 합리화 방안 정책 세미나.
황용석 (2017). 〈가짜뉴스 관련 국내 입법안 분석과 그 한계〉, '가짜뉴스 해법, 어디서 찾을 것인가' 언론중재위원회 정책토론회 정책보고서, 39-69.

언론중재위원회 (2000~2004). 2000~2004년도 〈연차보고서〉. 서울 : 언론중재위원회
언론중재위원회 (2008). 〈2005-2007년도 언론소송 판결분석〉. 서울: 언론중재위원회.
언론중재위원회 (2009~2023). 2008~2022년도 〈언론관련판결 분석보고서〉. 서울: 언론중재위원회.
언론중재위원회 (2010~2023). 2009~2022년도 〈연간보고서〉. 서울: 언론중재위원회.
언론중재위원회 (2011~2023). 2010~2022년도 〈언론조정중재 사례집〉. 서울: 언론중재위원회.
언론중재위원회 (2020~2023). 2019~2022년도 〈시정권고 사례집〉. 서울: 언론중재위원회.
언론중재위원회 (2020). 〈2019년도 언론관련판결 분석보고서〉. 서울: 언론중재위원회.
언론중재위원회 (2023). 〈2022년도 언론관련판결 분석보고서〉. 서울: 언론중재위원회.
한국언론진흥재단 (2023). 〈2022 신문산업 실태조사〉. 서울: 한국언론진흥재단.

Gans, H. J. (2003). *Democracy and the news*. Oxford, UK: Oxford University Press. 남재일 (역) (2008). 〈저널리즘, 민주주의에 약인가 독인가〉, 서울: 강.